Jean Delaunay

FEMMES DE SOLDATS

D'HIER ET D'AUJOURD'HUI

Témoignages recueillis
par le général Jean Delaunay (CR)

« Vous m'empêcherez d'être un médiocre ! »
(Le futur général Leclerc à sa fiancée...)

Éditions CHRISTIAN
14 rue Littré - 75006 Paris

Du même auteur

La foudre et le cancer, Pygmalion 1985, Prix Vauban 1986
L'antimilitarisme, une composante de la subversion, UNI 1987
Visiter les prisonniers, Fayard Le Sarment Guide Totus 1992
Sous les drapeaux, Fayard Le Sarment Guide Totus 1993
Histoire de l'armée blindée cavalerie 1942-1992, Héraclès 1992
Lettres à mes petits-enfants sur des sujets qui fâchent.
Pierre Téqui 2000, Prix Renaissance 2001.

En collaboration :
Les parents de Julie ou l'éducation par le bon sens, MDP/CDG. Créations.
Les grands-parents de Julie ou la famille dans le bon sens, MDP/CDG. Créations.

***

ISBN 2-86496–125–3

INTRODUCTION

POURQUOI CE LIVRE ?

Cet été, sortant de chez Madame « Tom » Morel, la veuve du héros des Glières de 1944, j'ai rencontré la jeune épouse d'un officier parti, une fois de plus, en « Opération Extérieure ».

Cette coïncidence a déclenché chez moi un déclic. En effet, j'avais, depuis longtemps, envie de consacrer un livre aux femmes de soldats. Ayant vu beaucoup d'entre elles à la tête de leur famille, veuves de guerre ou épouses d'un mari toujours absent, j'ai conçu pour elles une vive admiration. (Elles récusent le titre « *Mères Courage* »... et pourtant...)

Or, si des milliers d'ouvrages ont été écrits sur les soldats, études de sociologie militaire et biographies des grands capitaines, rien de tel n'a été fait, à ma connaissance, pour mettre en lumière le rôle des **femmes de soldats.** Leur vie reste fréquemment méconnue, alors qu'elle est toujours pleine d'abnégation, souvent douloureuse, quelquefois héroïque.

Par expérience personnelle, je voulais également démentir le proverbe qu'on me répétait à la popote quand j'étais sous-lieutenant : « *Un officier qui se marie perd 50 % de sa valeur !* ». Nous sommes beaucoup à penser maintenant le contraire...

J'ai tenu à réaliser mon projet d'autant plus, qu'en cette époque de sinistrose, je crois nécessaire de donner des exemples aux jeunes.

J'ai choisi de le faire sous la forme d'un recueil de cent témoignages pour l'Histoire de femmes de soldats de diverses générations. J'ai ainsi sollicité un certain nombre d'entre elles.

Des veuves de guerre ont accepté de revenir, pour nous, sur la déchirure de leur existence et la façon dont elles ont dû faire face. Je leur exprime ma gratitude.

La génération des épouses des combattants de la Libération, d'Indochine et d'Algérie, celle que je connais le mieux, fournit le plus gros contingent des textes qui suivent. Après les veuves de guerre et les femmes de déportés, ce sont en effet celles qui ont enduré les plus sévères épreuves. À l'époque, il n'existait ni permissions, ni mails, ni portables. Les soldes étaient maigres, les logements rares et les familles militaires souvent nombreuses. Le mérite des épouses de cette époque n'en a été que plus grand, face notamment à l'indifférence ou à l'hostilité de l'opinion.

Les temps ont changé, mais les femmes de soldats d'aujourd'hui continuent à avoir une vie difficile.

Les Opérations Extérieures se sont multipliées alors que l'armée est réduite et que, même en métropole, les nécessités du service amènent les cadres à être très souvent absents du foyer. « *J'ai été seule cette année près de neuf mois sur douze !* », me disait une femme de Para.

Les communications privées lointaines sont certes plus faciles aujourd'hui mais la diversité et la complexité des interventions extérieures introduisent, pour celles qui restent, un réel facteur d'inquiétude. Il s'ajoute à la fatigue morale née de la fréquence des départs et du cumul des séparations.

D'autant plus que la mentalité des Françaises a changé. Ce qui allait de soi en 1914, le culte du devoir et l'amour de la Patrie, a été occulté au fil des ans par *l'air du temps*. Les femmes de soldats d'aujourd'hui n'en ont que plus de mérite à se démarquer fréquemment des autres, même si beaucoup d'entre elles ont une occupation professionnelle.

***

Avant de leur laisser la parole, je tiens à faire quatre remarques.

La première concerne **l'éventail** des femmes sollicitées. Je n'ai pas fait appel à un institut de sondage pour présenter scientifiquement une somme de témoignages rigoureusement équilibrés sur le plan sociologique. J'ai plutôt cherché à contacter celles que je connaissais directement ou indirectement.

Certains s'étonneront que je n'aie pas fait appel davantage à des femmes de marins et d'aviateurs. C'est un choix arbitraire car je ne voulais pas faire un trop gros livre. Pourtant, si, dans ma génération au moins, l'armée de terre a payé un plus lourd tribut que les autres sur le plan de la souffrance physique et morale de ses cadres, les épouses des autres armées ont souffert, autant que les nôtres, de la séparation et du danger qui menaçait leurs maris.

Je salue même le véritable héroïsme dans la durée de femmes comme ma sœur Jacqueline. Épouse d'un officier de marine, elle l'a vu partir à bien des reprises pour des campagnes lointaines. Il est revenu d'Indochine gravement atteint et elle a accompagné son calvaire, trois ans de suite, contribuant largement à sa guérison.

Sans doute a-t-elle payé plus tard tous ces soucis à travers une maladie mortelle contre laquelle elle s'est battue pied à pied, nous donnant, toute sa vie, l'exemple du courage opiniâtre, de la dignité et du sens de l'humour. En souvenir d'elle, j'ai quand même tenu à inclure, au milieu des autres, le témoignage d'une femme de marin.

Je ne méconnais pas plus le courage au quotidien des femmes de pilotes (et autres navigants) d'avions de combat dont chaque sortie d'entraînement (sans parler des missions de guerre) est un véritable défi contre la mort. J'imagine leur état d'esprit et le degré d'amour et de confiance dans la vie que représente leur choix.

***

Ma seconde remarque est relative au **contenu** des témoignages qui suivent.

Toute expérience humaine est, sinon incommunicable, au moins difficile à rendre avec de pauvres mots. A fortiori, celle des femmes de soldats. C'est pour cela que beaucoup d'entre elles ont renoncé à témoigner. L'une d'elles me répond : « ... *Vous n'avez que faire de témoignages qui ressasseraient l'attente des lettres, l'angoisse des « accrochages », l'espoir de solutions politiques et celui de relève anticipée, ce qui fut notre lot quotidien...* »

D'autres ont accepté d'écrire mais leurs témoignages sont, pour la plupart, très **pudiques** et, par exemple, couvrent en deux lignes les trente mois d'absence du mari.

...Trente mois pendant lesquels il a souvent fallu à la rédactrice attendre un bébé, le mettre au monde, rassurer les autres jeunes enfants et préserver l'équilibre familial, maîtriser les paresses scolaires et les crises d'adolescence des plus grands, le tout en bouclant les fins de mois, en déménageant quand c'était nécessaire, et surtout, en cachant ses angoisses personnelles et ses larmes, et en encourant l'indifférence de la plupart des citoyens, et l'hostilité déclarée de certains...

Dans ce qui suit, il faut donc **savoir lire entre les lignes...**

***

La troisième est un démenti à l'adresse de ceux qui croiraient qu'à travers ce livre, je juge le monde militaire meilleur que la société civile et que je veux mettre toutes les femmes de soldats *sur les autels.*

Certes, ce livre veut exalter leur immense mérite, à celles notamment qui ont choisi de se marier au temps des bruits de bottes hitlériennes sur le Rhin, pendant la sinistre Occupation ou quand l'équivalent d'une promotion de Saint-Cyr tombait chaque année outre-mer...

Elles ont dit « oui » pour le meilleur et pour le pire, et, chacune selon son destin, elles ont connu l'un et l'autre...

Cela dit, le milieu militaire évolue comme notre société. Il connaît aussi des drames conjugaux et familiaux. Les séparations longues et fréquentes ne sont jamais bonnes pour l'équilibre des couples et l'éducation des enfants. Certains foyers de ma génération ont à cet égard connu des difficultés et j'entends dire que c'est parfois le cas actuellement encore.

Je crois cependant que les notions **d'engagement, de fidélité, de responsabilité et de devoir font partie de l'éthique du soldat** et que cette culture aide souvent, chez nous, les hommes et les femmes en crise à régler leurs problèmes sans « *tout casser tout de suite* » comme la société actuelle nous en donne chaque jour l'exemple.

Il y a, bien entendu, des exemples contraires (et il est probable que la féminisation des armées n'arrangera rien...) mais j'en connais d'autres très encourageants, voire héroïques, y compris chez les jeunes où la tentation du divorce est plus vive encore qu'autrefois.

Et il me semble que le mérite des femmes est à cet égard plus grand que celui des maris.

Je compatis à la souffrance morale d'un soldat détaché en Afghanistan ou en Bosnie. Mais il n'a pas tellement le temps d'avoir des états d'âme : il a une mission à remplir, il fait son métier et il baigne dans l'ambiance militaire qui est « porteuse ».

Autrement plus difficile, me paraît en revanche, la vie de sa jeune femme laissée seule pendant des mois dans un environnement défavorable, notamment quand elle n'a pas encore d'enfant...

***

La quatrième concerne la **toile de fond** de ces témoignages. Sans vanité excessive, je considère que ce modeste ouvrage retrace en fait, indirectement, près **d'un siècle de l'histoire de l'armée française et de la France,** vue à travers le témoignage inédit des femmes de ses soldats. Je crois que cela lui donne d'autant plus de valeur.

***

Je souhaite que le lecteur conserve tout cela à l'esprit en lisant les pages qui suivent.

Je les dédie respectueusement et affectueusement à celles à qui nous devons tant, nous, non seulement leurs maris et leurs familles, mais aussi le pays tout entier.

Celles d'hier ont bien mérité de la Patrie et celles d'aujourd'hui au moins autant ...

Jean Delaunay

***

N. B.

Pour bien montrer, dans ce qui suit, que ce livre est davantage « leur » livre que le mien, leurs témoignages sont écrits en caractères droits et mes textes de liaison en italique.

***

La plupart des femmes sollicitées ont préféré être désignées par leur seul prénom. C'est donc la règle qui a été adoptée pour toutes, sauf exceptions concernant des personnes très connues ou décédées.

Papa sait-il qu'on est vainqueur ?

(Novembre 1919 - Dessin Abel Faivre)

LE CONTEXTE HISTORIQUE

QUELQUES REPÈRES CONCERNANT L'HISTOIRE DE L'ARMÉE FRANÇAISE 1904-2004

1904-1914. La montée vers la guerre.

La France est divisée entre son vieux fond rural et conservateur et les « idées nouvelles ».

À l'intérieur du pays règne à la fois un état d'esprit nationaliste (« La Ligne bleue des Vosges », les dessins d'Hansi, Déroulède...) et son contraire (socialisme, antimilitarisme et anticléricalisme virulents, du temps notamment du ministère Combes...).

La doctrine militaire est résolument offensive et le moral de l'armée est très élevé malgré les scandales de l'Affaire Dreyfus et des « fiches » et l'utilisation de l'armée en maintien de l'ordre. (« Inventaires » des églises et rébellion du 17e de ligne engagé à Sète contre les vignerons grévistes).

L'Alliance Russe et l'Entente Cordiale avec l'Angleterre visent à briser la solitude française et à prendre l'Allemagne sur deux fronts.

Le service militaire de trois ans est voté pour compenser la faiblesse démographique française.

C'est l'achèvement des conquêtes coloniales :

Il est symbolisé par la convergence au Tchad de trois colonnes venant respectivement du Niger, de l'Algérie et du Congo. La conquête du Maroc reste à faire, pomme de discorde entre la France, l'Allemagne et l'Angleterre. Elle est initiée par le débarquement de troupes françaises à Casablanca en 1907 et la pression simultanée de Lyautey, commandant la division d'Oran, sur les confins Algéro-Marocains. Fès est pris en 1911.

Les parents de jeunes filles à marier sont partagés entre la fierté de voir leur fille épouser un militaire, car le prestige de l'uniforme reste vivace, et la crainte de la voir partir au loin pour une vie nomade aux côtés d'un homme quelquefois qualifié de « traîneur de sabre, coureur de filles, voleur de dot... »

1914-1918. La « Grande Guerre »

Le 2 août 1914, deux millions d'hommes de 20 à 45 ans (et presque autant de chevaux) sont appelés sous les drapeaux.

L'enthousiasme initial est identique dans les deux camps (« A Berlin ! », « Nach Paris ! »).

L'armée allemande viole la neutralité belge et lance à marches forcées une offensive massive. L'armée française en pantalons rouges réagit en attaquant en Lorraine et à Charleroi au prix de lourdes pertes (100 000 morts au cours des premières semaines) ...

Elle est obligée de retraiter en combattant.

9-10 septembre 1914 : le « miracle » de la Marne.

La « course à la mer » et l'enlisement sur la ligne Dunkerque-Bâle.

Dans les familles, dans les champs, dans les usines, les femmes font face !

1915. Les coûteuses offensives (Artois, Champagne, Argonne, les Dardanelles...)

1916. La sanglante bataille de Verdun.

1917. « L'année terrible ». (Guerre sous marine et crise politico-militaire... Caporetto et révolution russe)...

L'intervention américaine renverse la situation sur le plan psychologique.

1918. L'offensive « décisive » allemande de juillet, le deuxième miracle de la Marne.

Octobre-novembre. La marche au Rhin. L'Armistice du 11 novembre et l'occupation.

« On m'a volé ma victoire *! », dit Foch.*

Les effets pervers du Traité de Versailles.

L'Allemagne humiliée est en proie à une crise économique... Les pays nés du démembrement de l'Empire Autrichien sont artificiels... Les Bolcheviques cherchent à exporter leur révolution...

Bilan humain	*Morts*	*1 357 800*
(côté Français)	*Blessés*	*3 595 000*
	Veuves de guerre	*600 000*

Des millions de femmes ont perdu leur mari, leur fils ou leur fiancé ou l'ont retrouvé diminué !

1919-1939. L'entre deux guerres.

La reconstruction française est difficile compte tenu de l'étendue des destructions, des pertes humaines et de la faiblesse politique du pays, divisé.

La montée du pacifisme au nom du « Plus jamais ça ! »

Les TOE (Théâtres d'Opérations Extérieures) : 1925-1934 Maroc (révolte d'Abd El Krim 1925) et Syrie (révolte du Djebel Druse 1925-1926), Indochine (révolte à Vinh 1930).

Hitler est nommé chancelier le 30 janvier 1933. Émeutes à Paris 6 février 1934.

Guerre d'Espagne 1936.

Elections de 1936 ; le Front Populaire au pouvoir : montée du communisme en France.

Deux doctrines militaires : « Guerre-éclair » et Ligne Maginot. Guerre d'Ethiopie 1938.

Les reculades Franco-Britanniques (Autriche et Tchécoslovaquie 1938, Pologne 1939...)

23-8-1939. Pacte germano-soviétique. 3-9-1939 : début de la Deuxième Guerre mondiale.

1939-1945

Automne et hiver 1939-1940. La « drôle de guerre » : inaction et rodomontades françaises.

10 mai 1940. Offensive-éclair allemande et débâcle de nos armées (malgré le courage des combattants : 120 000 morts en un mois de guerre) conjuguées à l'exode.

Un million et demi de soldats sont faits prisonniers et constituent autant d'otages.

Un million et demi de femmes continuent à élever seules les enfants, à faire tourner les entreprises, à faire face aux difficultés de ravitaillement et aux autres misères nées de l'Occupation.

La France Libre et le début de la Résistance

Le tournant de novembre 1942 (débarquement allié en Afrique du Nord et Stalingrad).

L'armée de l'Armistice est dissoute en métropole. Beaucoup de cadres militaires et de jeunes (candidats à Saint-Cyr notamment) s'évadent de France, via les Pyrénées et l'Espagne, pour rejoindre l'armée d'Afrique.

La création du STO intensifie la Résistance : les premiers maquis se constituent.

L'armée d'Afrique rentre dans la guerre : campagne de Tunisie 1942-1943.

Mobilisation des Français de souche (« pieds noirs ») en Algérie, Tunisie et Maroc et recrutement de nombreux soldats indigènes pour nos régiments de Tirailleurs et de Spahis et les goums du Maroc.

Des milliers d'autres femmes restent seules

Le CEF (Corps Expéditionnaire Français, commandé par le général Juin) prend une part déterminante à la campagne d'Italie 1943-1944.

Les maquis se multiplient, sous diverses obédiences, souvent rivales entre elles.

6 juin 1944, débarquement allié en Normandie (dont la deuxième Division Blindée de Leclerc à partir d'août).

15 août 1944, débarquement de la première Armée (de Lattre) en Provence.

Hiver 1944-1945, bataille d'Alsace.

Printemps 1945, campagne d'Allemagne.

8 mai 1945, l'Armistice à l'Ouest (il n'interviendra avec le Japon qu'après les bombes atomiques d'août 1945).

***

1945-1962. *La période est marquée à la fois par une implacable* ***Guerre Froide*** *entre l'Est et l'Ouest et, pour la France, par la décolonisation et les guerres d'Indochine et d'Algérie.*

Guerre Froide

Les Alliés occupent conjointement l'Allemagne mais, après le « bras de fer » soviéto-américain à Berlin 1948, la prise en main des pays de l'Est par l'URSS fait apparaître la volonté de Staline de conquérir le monde par tous les moyens.

Les USA entendent s'y opposer, utilisent l'ONU et l'OTAN dans ce but et réarment notamment l'armée française (Plan Marshall militaire = PAM).

La tension entre les deux blocs est permanente sur fond de menace nucléaire réciproque. Plusieurs crises majeures sont évitées de justesse.

En Asie, après sa « longue marche », Mao achève le contrôle de la Chine en 1950.

Contre l'Occident, l'URSS utilise conjointement l'espionnage, le noyautage et la propagande (via les partis communistes et leurs « courroies de transmission »), la désinformation et la diplomatie Onusienne, sans compter la distribution gratuite d'armes à ses alliés et aux pays « non alignés » qui vont devenir autant de poudrières.

Les guerres d'Indochine et d'Algérie sont à replacer dans ce contexte.

En Extrême-Orient

Rappel de quelques évènements intéressant la France :

septembre 1940, attaque japonaise au Tonkin et début du contrôle de l'Indochine par les Japonais qui s'empareront bientôt de la Malaisie, des Philippines et de la Birmanie.

Décembre 1941, Pearl Harbour ; début de l'implacable guerre aéro-navale du Pacifique.

9 mars 1945, attaque généralisée des garnisons françaises d'Indochine par les Japonais.

15 août 1945, deux bombes atomiques larguées sur Hiroshima et Nagasaki : capitulation des Japonais.

Débarquement de Leclerc en Indochine en vue du rétablissement de la souveraineté française (alors que les Britanniques et les Américains ont décidé de donner l'indépendance à l'Inde et aux Philippines.) En réaction, Ho Chi Minh prend le maquis après l'échec des négociations de Fontainebleau et le coup de force du 19 décembre 1946. Il appelle les Vietnamiens au soulèvement. et se réfugie dans son « sanctuaire » tonkinois.

1946-1947. Les deux camps essaient d'améliorer leurs positions mais les Viet Minh contrôleront jusqu'à la fin certaines zones dont le Nord Annam (Vinh), certaines régions du Tonkin et même de Cochinchine.

1948. Le but de guerre français devient le soutien aux nouveaux gouvernements vietnamien, cambodgien et lao (mars 1948, attaque du convoi de Dalat).

1949. Bouclages et ratissages, patrouilles et embuscades se succèdent dans la misère matérielle. (soulignée par le rapport Revers). Les communistes chinois arrivent à la frontière tonkinoise.

Juin 1950. Guerre de Corée. Elle durera jusqu'en 1953 et sera très dure.

Octobre 1950. En Indochine, offensive généralisée des Viets facilitée par le soutien chinois car Mao contrôle la frontière tonkinoise par où transitera l'armement VM.

1951, arrivée du général de Lattre.

1951 – 1952 – 1953 – 1954 : dures batailles au Tonkin et renforcement progressif des Viets.

Incertitude politique grandissante en France quant à l'Indochine et l'Algérie.

Les prisonniers français subissent un véritable calvaire dans les camps Viets.

8 mai 1954. Chute de Dien Bien Phu.

1955. Évacuation de l'Indochine.

***

Remarque importante.

Tous les cadres de l'armée de terre française se sont succédé en Indochine où l'équivalent d'un promotion de Saint-Cyr tombait chaque année. La guerre a été menée par des cadres et un petit nombre de soldats de métier français, encadrant des troupes à dominante autochtone, des tirailleurs nord-africains (notre défaite a été un fâcheux exemple pour eux), quelques bataillons africains et beaucoup de légionnaires.

Le contingent n'y participant pas, la population s'en est pratiquement désintéressée avant Dien Bien Phu, sauf le Parti Communiste qui a combattu activement la guerre (agitation-propagande, sabotages...)

***

En Algérie

Signes avant-coureurs de la rébellion nombreux, notamment en 1945 à Sétif.

(L'indépendance va bientôt être accordée au Maroc et à la Tunisie)

1954. La « Toussaint sanglante » : la rébellion éclate dans les Aurès et s'étend rapidement.

Le Gouvernement, faible, ne sait quelle attitude prendre.

1955. Il envoie pourtant des renforts importants.

1956. La rébellion s'étend. Rappel des réservistes en vue du maillage généralisé du territoire. Capture des chefs du FLN (interception de l'avion Rabat-Tunis).

L'expédition franco-anglaise de Suez (soutien à Israël) avorte du fait de la pression soviéto-américaine.

Batailles diplomatiques à l'ONU : la France est isolée.

1957. Sur le terrain, bouclages et ratissages et début de l'organisation défensive des frontières.

1957. La situation intérieure française se détériore.

13 mai 1958. Tournant politique : retour du général de Gaulle au pouvoir.

Le Plan Challe : Reprise de l'initiative militaire et succès correspondants consolidés en 1959 et 1960 : barrages frontaliers solides, commandos de chasse, réserves générales utilisées dans de grandes opérations avec participation importante d'hélicoptères.

Action psychologique parallèle mais trop tardive, en direction notamment des femmes et des jeunes.

Ces succès militaires sont contrebalancés par des défaites diplomatiques à l'ONU et la volonté de plus en plus visible du général de Gaulle de « se débarrasser » du fardeau Algérien.

D'où l'exaspération croissante des pieds noirs et des partisans de l'Algérie Française aboutissant au Putsch d'avril 1961.

L'échec de celui-ci accélère le processus de désengagement.

En 1962, l'évacuation de l'Algérie est un véritable **drame humain** *pour les pieds noirs qui sont obligés de tout abandonner sous la menace, en violation des Accords d'Evian, et les quelques centaines de harkis que des initiatives individuelles ont pu sauver, contrairement aux ordres officiels.*

Les **représailles du FLN** *s'abattent sur les autres harkis et les populations qui nous étaient restées fidèles : nombreux cas de tortures, de tueries et d'autres violences.*

Les séquelles de ce drame durent encore.

Un grand nombre de cadres militaires choisissent à ce moment de quitter l'armée.

Remarque importante.

À l'exception de la Légion et des tirailleurs nord-africains, tous nos régiments sont à base d'appelés. Leur moral et leur conduite au feu sont en général excellents.

À la différence de l'Indochine et pendant près de huit ans, tous les soldats du contingent passent 27 mois en Algérie. À partir de 1958, il y a là bas 500 000 soldats français avec une noria quotidienne de bateaux et d'avions entre les deux rives de la Méditerranée.

Il en résulte que presque toutes les familles françaises sont concernées.

L'impact sur l'opinion publique est donc important mais cette opinion est divisée.

Là encore, les séquelles du drame algérien durent encore.

Le soutien à la guerre d'Algérie est l'objectif majeur du reste de l'armée française dont beaucoup d'unités en métropole et en Allemagne sont en quasi sommeil.

***

1962-1989. La guerre froide. La garde au Rhin et les OPEX

La politique militaire française est fondée sur la **dissuasion nucléaire** *qui absorbe la majorité des crédits. Les forces classiques sont négligées en conséquence.*

La France se retire de l'organisation intégrée de l'OTAN en 1966.

Mai 1968. Au milieu de la « chienlit » généralisée, l'armée reste fidèle au gouvernement, remplit de nombreuses missions de service public et se prépare à toute éventualité.

Elle bénéficiera en échange de légers avantages matériels pour le personnel et le CEMA obtiendra l'amnistie des condamnés politiques (des deux bords ...) inculpés pour des faits en rapport avec les évènements d'Algérie.

1973-1975 : agitation antimilitariste généralisée. Des comités de soldats se créent dans certaines casernes, animés de l'extérieur par les trotskystes.

Une nouvelle série de cadres militaires décide de quitter l'armée.

1978. Premières interventions extérieures : Tchad, Kolwesi et Mauritanie.

Quelques unités d'intervention, à base de soldats de métier, sont constituées.

Mai 1981 : changement de majorité en France.

1981-1983 : intervention au Liban dans le cadre de l'ONU.

Toute une compagnie para française est anéantie dans le cadre d'un attentat contre l'immeuble Drakkar.

(Avril 83. Je suis amené à démissionner de mon poste de chef d'état major de l'armée de terre pour protester contre les projets du gouvernement concernant cette armée.)

L'opinion prend conscience que le terrorisme (notamment islamiste) est une nouvelle et sérieuse menace.

Nouvelles interventions au Tchad et dans d'autres pays d'Afrique.

Ces interventions se multipliant, organisation d'une force d'intervention composée de soldats de métier et de volontaires, la Force d'Action Rapide (FAR).

1989-2004

L'implosion de l'URSS en 1989, l'éclatement de l'ex-bloc soviétique concrétisé par la « chute du mur », l'échec apparent du communisme et l'affaiblissement de la Russie amènent une ***nouvelle donne*** *politique et stratégique qualifiée de « détente ».*

Des hommes politiques français en profitent pour réclamer de toucher les « dividendes de la détente », c'est-à-dire de faire des économies sur le budget militaire qui sert dès lors de variable d'ajustement financier.

La mort de Tito en 1980 provoque a posteriori ***l'implosion de la Yougoslavie*** *et la guerre entre Croates et Serbes, et entre Serbes et Bosniaques.*

Les troupes françaises sont appelées à intervenir à divers titres dans ces pays, soit au nom de l'ONU, soit au nom de l'OTAN ou de l'Europe. Ces interventions durent encore et impliquent des relèves d'unités tous les six mois.

L'Afrique *connaît une série de drames qui durent encore et qui justifient notre ingérence.*

Réorganisation de l'Armée de terre et OPEX. Montée du terrorisme.

1991. Guerre du Golfe contre l'Irak.

La constitution de la Division Daguet (composée exclusivement de soldats de métier et de volontaires) nécessite des mois de préparation et un véritable bricolage militaire.

Elle fait apparaître la nécessité d'une adaptation des armées françaises aux conditions nouvelles de leur emploi.

Elu en 1995, le nouveau chef de l'Etat impose la suppression de la conscription et l'organisation d'une ***armée de métier.***

Celle-ci voit progressivement le jour à partir de 1996, ce qui implique une diminution drastique des effectifs de l'armée de terre, réduite à 130 000 hommes. Dissolution de 89 régiments. De nombreuses garnisons sont abandonnées. La « Réserve », creuset traditionnel du lien Armée-Nation devient quasi-symbolique.

L'attentat du 11 septembre 2001 et tous les autres révèlent la capacité de nuisance des ***terroristes.*** *L'Armée de Terre prend, à l'intérieur, une part accrue à la protection des installations sensibles en renforcement de la police et de la gendarmerie... (plan Vigipirate, gros consommateur d'effectifs).*

Tout en poursuivant sa réorganisation et en accomplissant les missions précédentes, elle se déploie à la demande sur tous les continents dans le cadre ***d'Opérations Extérieures*** *(OPEX). Toutes les unités sont dorénavant concernées ; les séjours durent de quatre à six mois, et on voit par exemple un bataillon de Chasseurs alpins envoyer des unités successivement en Bosnie, en Côte-d'Ivoire, en passant par le Kosovo, l'Afghanistan et le Tchad...*

Dans ces conditions, que complique le jeu normal des mutations périodiques, la vie des femmes de soldats reste une vie nomade marquée de fréquentes séparations.

***

Guerres et condition féminine ([1])

*« **Quand j'ai revu ma femme, je ne l'ai pas reconnue**… », dirent beaucoup de soldats en 1918. Les femmes ont fait l'expérience de la solitude, du travail à l'extérieur et de la responsabilité. À l'arrière, elles étaient exploitantes agricoles, « munitionnettes » dans les usines d'armement ou conductrices de trams. Une loi de 1915 leur donnait le droit « d'assumer les pleins pouvoirs paternels » (elle fut abrogée à la fin de la Guerre).*

***Une femme nouvelle est née de la Première Guerre**. Elle a raccourci ses cheveux et ses jupes, abandonné corset, chapeau et chignon. Elle s'est mise à fumer, à conduire et à occuper des emplois nouveaux : 40 000 employées en 1914, 190 000 en 1941. En 1924, L'Education Nationale accepte enfin de préparer les filles au bac. L'École Centrale les admet dès 1918, l'agrégation de Médecine en 1923.*

***La guerre 1939-1945 accentue encore cette tendance** mais il faudra attendre la fin de la Deuxième Guerre pour que leur soit donné en France le droit de vote.*

***

([1]) D'après un article de Solenn de Royer, paru dans le supplément 2004 de *La Croix*.

LE REPOS DU GUERRIER ?

RÉFLEXIONS SUR LA FEMME DE SOLDAT

Femme, le repos du guerrier ?

Beaucoup de femmes peuplent nos chansons de marche : « Auprès de ma Blonde » *déjà sous Louis XV,* « La Madelon » *en 1918,* « Anne-Marie », « Véronika » *et* « Monika » *dans les rizières et les djebels. De* « Fanchon » *à* « Jeanneton », *il y a finalement* « Des cailloux sur toutes nos routes et des filles sur tous nos chemins ! ».

Certaines de nos rengaines n'étaient pas pour autant « fleur bleue » et, dans le jargon folklorique des soldats d'autrefois, un peu machistes, l'expression « femme repos du guerrier » a une indéniable connotation sexuelle... Elle reprend la formule de Nietzsche de 1883 dans « Ainsi parlait Zarathoustra », « L'homme doit être élevé pour la guerre et la femme pour le délassement du guerrier ».

Je ne veux pas m'appesantir ici sur cet aspect des choses mais, bien que je cherche d'abord à rendre hommage à nos femmes légitimes, je pense qu'elles ne m'en voudront pas de dire en passant un mot du courage de certaines femmes souvent méprisées car se consacrant surtout au délassement en question.

« L'Ange de Dien Bien Phu », Geneviève de Galard, souligne elle-même l'admirable dévouement des pensionnaires du BMC du camp retranché. Dès le début du siège, elles se sont mises à la disposition des médecins pour soigner les blessés sous le feu. Les Viets leur firent payer leur généreux engagement en les massacrant à l'issue des combats.

Neuf ans plus tôt, beaucoup de nos soldats d'Indochine avaient une « co » autochtone et, lors du coup de force japonais du 9 mars 1945, certaines d'entre elles eurent une attitude héroïque. Bravant la surveillance haineuse des Nippons, elles ont arraché des blessés français à la fosse commune où leurs bourreaux les avaient jetés.

Elles leur épargnèrent une mort atroce en les cachant chez elles. D'autres venaient visiter nos soldats prisonniers dans les casernes transformées en geôles et amenaient à manger aux affamés, le tout au péril de leur vie.

Cela ne rend que plus triste le destin de celles de ces femmes qui étaient abandonnées en fin de séjour. Leur situation représente un aspect douloureux de notre passé.

***

Aujourd'hui, l'évolution des mœurs en France et notamment l'émancipation sexuelle de beaucoup de jeunes filles et, sans doute, la féminisation de l'armée posent cet aspect du problème en termes tout à fait différents…

***

Ces choses, déplaisantes pour certains mais vraies, ayant été dites, il reste que la ***dimension affective*** *des liens entre le soldat et la femme était et reste la plus importante.*

Le soldat est un être simple et d'autant plus sentimental. Chacun a une femme dans son cœur, la sienne ou une image.

Durant les années 40, des soldats allemands et polonais ont été capturés par les Soviétiques et transférés au Goulag arctique pour exploiter les mines de la Kolyma. Certains ont réussi l'exploit surhumain de s'évader à travers la Sibérie et les déserts d'Asie Centrale.

J'ai recueilli des témoignages analogues de rescapés français des camps de la mort.

Ces survivants prodigieux ont tous dit qu'ils avaient tenu dans des conditions effroyables parce qu'ils étaient portés par l'amour de leur femme.

Ceci explique, plus simplement, que beaucoup de soldats et de femmes de soldats aient connu – et connaissent aujourd'hui – une belle histoire d'amour.

Elle est sans doute d'autant plus intense qu'ils cherchent à chaque retrouvaille à profiter à plein de l'instant présent, assurés qu'ils sont d'être bientôt séparés à nouveau.

De plus, parce que les soldats côtoient fréquemment la mort, ils connaissent le prix de la vie. C'est pourquoi ils cherchent à exalter ce qu'elle comporte de meilleur, c'est à dire l'amour.

Cela étant, la citation imputée à Lyautey : « Un militaire qui se marie perd 50 % de sa valeur *», me paraît injuste car la plupart des soldats ne mettent pas en balance leur bonheur personnel et l'accomplissement de leur métier.*

Toutes les femmes dont j'ai recueilli le témoignage, à commencer par la mienne, reconnaissent que nous les avions prévenues de ce que serait leur vie et que, dans le déroulement de celle-ci, ***le service a toujours prévalu****.*

C'est à cet égard que, dans l'acception la plus noble du terme, la femme est bien le « repos du guerrier » : ***il sait qu'il peut se reposer entièrement sur elle.*** *Elle fera face quoi qu'il arrive. Les témoignages qui suivent sont là pour le prouver.*

Que certains militaires en aient profité ou en profitent pour ne pas assumer totalement leurs responsabilités d'époux et de père, c'est indéniable.

Il est vrai aussi que les ***contraintes spécifiques de la vie militaire,*** *marquée, même en temps de paix, par le nomadisme**,** sont, dans chaque famille**,** **assumées principalement par la femme**. Le mari militaire considère un peu que son épouse n'a pas à avoir d'état d'âme. Elle est là pour **assumer**... D'ailleurs, « elle a signé »...*

« Ils s'en vont... On attend. On fait face et on assume ! » *(m'écrit l'une d'elles...)*

Il change périodiquement d'affectation et c'est alors souvent à elle de trouver un logement, de déménager et d'emménager, de rechercher des écoles, d'y inscrire les enfants. Le tout, en aidant ceux-ci à s'adapter à leur nouveau milieu géographique et humain, et en prospectant éventuellement les organismes d'embauche pour elle- même.

Même en garnison, le mari militaire est fréquemment ***absent****. Quand il n'est pas parti au loin, il y a les gardes, les permanences (y compris les fins de semaine ou à Noël) les manœuvres, les stages, les réunions etc... D'où nécessité pour la femme de faire face pendant ce temps là, d'être à la fois père et mère...*

Bien que la vie sociale, et notamment son aspect mondain, soit aujourd'hui simplifiée par rapport aux siècles derniers, les relations publiques y ont pris une telle place que le militaire a ce qu'il est convenu d'appeler des ***obligations,*** *de plus en plus contraignantes au fur et à mesure que l'homme monte en grade.*

Dans ces circonstances, que ça lui plaise ou non, qu'elle soit douée pour cela ou non, la ***femme*** *est* ***« de service »*** *en même temps que le mari et son attitude à elle n'est pas sans influence sur la façon dont lui sera perçu et jugé...*

Cela étant, je trouve que le militaire a une ***mauvaise appréhension*** *générale des facteurs matériels. Cela réagit sur la vie de sa femme.*

Il admet a priori que ses ressources soient relativement faibles compte tenu de sa qualification et de ses charges spécifiques. (D'ailleurs, l'officier notamment affecte fréquemment de mépriser l'argent.)

Il a dû s'accommoder trop longtemps du fait que le budget militaire accorde peu de place au domaine familial et social, (par rapport par exemple à l'EDF...)

Pendant des années, les grands chefs (dont j'ai été ...) se sont sans doute trop peu préoccupés de cet aspect des choses mais le passage à l'armée de métier a changé la donne... (J'avais aussi l'impression, que l'Administration militaire Terre prenait davantage en compte la sauvegarde des deniers de l'Etat que l'intérêt du personnel et des familles. Le Commissariat Marine ou Air m'a toujours semblé avoir un autre état d'esprit...)

Il y a interférence quotidienne entre la vie familiale et la vie professionnelle.

Qu'on le veuille ou non, le sort de la famille et son image dépendent de l'avancement du père, d'où des crises psychologiques fréquentes au moment du « tableau » annuel, fin novembre.

J'ai souvent constaté que la famille (et notamment la femme) vivait très mal le fait que le mari se dise mal aimé, qu'il s'estime injustement noté, a fortiori qu'il soit placé « hors créneau » d'avancement, ou qu'il échoue aux examens et concours...

Dans un milieu aussi fermé qu'un régiment dans une petite garnison de province, il est inévitable que les épouses comparent leurs destins respectifs, d'où des jalousies et des rancœurs possibles...

Il en découle aussi, pour le militaire soucieux de son avenir, la nécessité de travailler personnellement à la maison pour se mettre dans les meilleures conditions possibles en préparant examens et concours. Cela réagit inévitablement sur la vie de famille dans la mesure où la femme est obligée de dire, à la porte de son F 4 : « chut les enfants ! Papa travaille ! »

Les civils connaissent mal la vie militaire.

Nous avons passé, ma femme et moi, bien des années heureuses dans l'armée en ayant beaucoup d'amis civils mais nous avons entendu bien des bêtises et quelques calomnies, s'agissant notamment de notre vie matérielle :

Vous qui disposez d'un logement gratuit !... Vous qui avez un ordonnance !... Vous qui avez une voiture de fonction !... Vous qui ne payez pas d'impôts !...

Le tout alors que nous roulions en 2 CV personnelle depuis 15 ans et que, comme tous les autres chef de corps, je n'avais droit à l'époque ni au logement ni à des frais de représentation... (A cet égard, les choses se sont améliorées depuis... mais on continue à ne pas ne faire fortune dans ce métier...)

Cela dit, la mobilité n'est plus une exclusivité militaire mais l'incompréhension demeure fréquemment en ce qui concerne les **contraintes du métier, danger et absences** *notamment. Les femmes d'aujourd'hui entendent encore souvent des phrases comme :*

« Il l'a voulu ; d'ailleurs il est payé pour ça !... »

Il existe aussi des déformations « professionnelles » pour les femmes.

Je tiens à rendre ici hommages aux très nombreuses femmes de grande qualité humaine que j'ai rencontrées pendant 40 ans et dont j'entends parler depuis ma retraite. Je salue l'esprit de service et d'entraide, et le désintéressement de la plupart d'entre elles.

Cela ne rend que plus regrettable l'attitude de celles « qui ne se sentent pas concernées » par le métier du mari, le célibat géographique devenant de plus en plus répandu dans l'armée. C'est un fait de société que, personnellement, je déplore, même si je le comprends...

Dans une communauté aussi nombreuse et aussi diverse, il est par ailleurs inévitable qu'on rencontre aussi quelques paresseuses ou, au moins négligentes, quelques snobinettes, de plus en plus rares, quelques « glorieuses », voire « avancitardes », quelques jalouses, ou indélicates.

Mais, je le répète, ce qui domine chez elles, c'est la simplicité, la gentillesse, la générosité, le sens de l'honneur et celui des responsabilités... Cela saute d'ailleurs aux yeux à la lecture des témoignages qui suivent, criants de spontanéité.

***

*Ne la prenez donc pas en mal, Mesdames, je ne veux ici que vous rendre hommage et si j'emploie l'expression « **le repos du guerrier** », c'est parce qu'elle est fréquemment chez nous une heureuse réalité, toute à votre honneur.*

C'est parce que nous avons confiance en vous, parce que nous nous reposons sur vous de quantité de choses... que nous pouvons jouer à fond notre rôle, exercer à fond notre métier et accomplir au mieux notre idéal.

Cela suppose que vous nous aimiez (beaucoup), que vous aimiez un peu notre genre de vie et que vous ayiez les dons nécessaires : débrouillardise, faculté d'adaptation, sang-froid et sens de l'humour, désintéressement, dévouement sans limites...

*Parmi vous, heureusement, **ces dons là sont largement répandus** et c'est ce qui nous aide à vivre.*

De façon encore plus profonde, je fais mienne l'admirable formule d'Hélie de Saint Marc (reprise plus loin) :

« Par leur capacité à durer, à endurer, à construire, à dilater les sentiments, le tout en changeant perpétuellement, (les femmes) nous enracinent dans l'existence. »

*En nous permettant d'être pleinement hommes, vous nous aidez à réaliser notre vocation militaire, en ce qu'elle a de plus noble : **le service**.*

C'est dans cet esprit que le futur maréchal Leclerc disait à sa fiancée :

« Vous m'empêcherez d'être médiocre ».

Merci, Mesdames, d'être ce que vous êtes.

***

PREMIÈRE PARTIE

FEMMES DE SOLDATS D'HIER

VEUVES DE GUERRE

Ce sont elles que je veux honorer d'abord car elles ont le plus grand mérite.

J'ai d'ailleurs eu du scrupule à leur demander de témoigner ici. L'une d'entre elles me répond :

« Merci de faire appel à moi et de me montrer que vous êtes fidèle au souvenir de P. mais je suis incapable de vous apporter le moindre témoignage. J'ai tout perdu le jour de la disparition de mon mari et je ne peux en dire plus »...

Et pourtant, elle a fait face de façon exemplaire. Elle a appris un métier, tout en élevant ses deux filles qui se sont mariées et lui ont donné sept petits-enfants... Elle se dévoue aussi dans de nombreux domaines...

Elles sont nombreuses dans ce cas...

Veuves de Guerre 1914-1918

J'étais ce matin à Notre-Dame-de-Lorette, en Artois, haut lieu de mémoire au nord d'Arras sur le terrain même des combats acharnés de mai 1915. À elle seule, la conquête de 20 km de ces crêtes coûta à l'armée française 102 500 soldats tués, blessés et disparus. Sur une stèle, je lisais ceci : « Cette chapelle existait depuis des temps immémoriaux. Elle a été complètement détruite pendant les combats acharnés de la Guerre 1914-1918.

C'est à travers les larmes des **Veuves de Guerre** qu'elle a été reconstruite au milieu de l'ossuaire national.

Cet ossuaire, comme celui de Douaumont à Verdun, est évocateur des pertes effroyables subies par nos soldats entre le 2 août 1914 et le

11 novembre 1918 : près d'un million et demi de morts dans la force de l'âge, sans parler des dizaines de milliers de blessés dont beaucoup mutilés à vie.

Indirectement mais combien douloureusement, leurs femmes ont, elles aussi, porté le poids de cette guerre.

***

À défaut d'un témoignage véridique, le passage qui suit m'a semblé susceptible de nous mettre dans l'ambiance de cette tragique époque. Il est extrait du livre « En attendant minuit *» de Claude Michelet (éditions Robert Laffont).*

En souvenir de ceux qui étaient là-bas et de celles qui les attendaient...

« Un mois aujourd'hui... Il faisait beau mais frais et j'étais dans la cour en train de donner du grain à la volaille lorsque le hurlement a retenti...

Jamais, jusqu'à mon dernier souffle, je n'oublierai cette longue et insoutenable plainte qui a résonné de vallon en vallon. Ce cri de détresse était si puissant qu'il a fait s'envoler un gros vol de palombes occupées jusque là à gober les glands de notre chênaie, à vingt pas d'ici. Il était tellement inhumain ce cri, tellement chargé d'une indicible douleur que j'ai tout de suite compris.

Alors j'ai couru au Pradel, cœur au bord des lèvres. J'ai couru chez Francette, vers cette ferme d'où fusait toujours ce terrifiant et pathétique chant de détresse. J'ai parcouru ces 500 pas en serrant les dents pour ne pas joindre mes gémissements à ceux de mon amie.

À ceux de Francette, folle de douleur au milieu de la cour qui se frappait le visage et le crâne de ses poings et que tentait en vain de calmer Victor Delbos, ce pauvre maire, une fois de plus messager de la mort.

Je revois la scène, je la revois et la redoute car je sais qu'elle me menace et que, demain peut-être, Victor Delbos sera là, figé devant moi, défait, muet. Qu'il sera là et n'aura rien à dire, rien à annoncer puisque sa seule présence proclamera la nouvelle...

Je revois la scène et je la refuse. Je la rejette comme chaque soir depuis un mois.

Je revois Francette anéantie et qui se martèle la face comme pour se punir d'avoir trop aimé et trop attendu celui dont la définitive absence la rend maintenant folle, décidée à se jeter dans le puits, ouvert devant elle, et dont Victor interdit l'approche en la maintenant à bout de bras.

Moi qui ne peux rien dire car je ne veux formuler l'abominable évidence, à savoir que l'un n'empêche pas l'autre, que la mort d'Edouard ne garantit pas la vie de Jean ([1]) et que peut-être déjà... puisque, sur le front, chaque seconde est un risque...

Car tel est mon cauchemar maintenant, ma hantise. Comment pourrait-il en être autrement puisque la mort qui frappait déjà alentour depuis 28 mois vient de franchir un nouveau pas dans ma direction. Elle est désormais installée là, dans cette ferme du Pradel, à portée de voix de chez nous. Là dans les pitoyables sanglots de Francette, mon amie de toujours, ma sœur, qui ressasse cette question à laquelle je ne peux pas répondre : « Pourquoi lui et pas un autre ? »

***

Marie

Je l'ai connue à la fin de sa longue vie alors qu'elle avait conservé intactes sa foi et son caractère bien trempé. Son mari a été tué en 1915 à la tête de son régiment. Elle avait donc mené l'essentiel de sa vie de femme d'officier entre 1880 et 1914. Sa mentalité me paraît caractéristique de celui des femmes de soldats de cette génération. Veuve, elle a continué à traverser la vie avec une dignité admirable.

Son petit-fils Pierre témoigne :

« Malgré le temps, j'ai encore en mémoire l'état d'esprit qui l'animait :

– Un ardent patriotisme et le souvenir douloureux de l'humiliation subie en 1870 à travers la perte de l'Alsace-Lorraine et celui d'une volonté marquée de revanche chez les cadres militaires et dans leurs familles.

– Corollairement, de violents sentiments anti allemands se traduisant volontiers par une caricature du « Boche » et le culte de documents exaltant cette tendance, comme les dessins de Hansi.

([1]) L'époux de Marthe, fermière des environs de Brive, deux enfants. Il a été mobilisé 28 mois auparavant en août 1914.

– Cela n'excluait pas chez elle le désir de bien connaître l'ennemi potentiel, de parler allemand et de l'enseigner à ses enfants. À cet effet, ils étaient volontairement confiés à des « Fraulein » chargées de les initier, tout jeunes, à leur langue. Elle pressentait qu'une nouvelle guerre était inévitable et formait ses enfants dans cet esprit. De fait, elle et ses deux filles seront infirmières pendant la Guerre 1914-1918.

– Cette période, parfois qualifiée de *La Belle Epoque,* avait ses rites sociaux spécifiques. La société militaire n'échappait pas à la règle. Comme toutes les femmes d'officiers, elle avait « son jour » qui figurait dans le petit fascicule régimentaire.

– Malgré la modicité des soldes, la lenteur de l'avancement et la fréquence des déménagements, sa vie matérielle a sans doute été plus facile que celles des femmes des générations postérieures, d'autant plus que les militaires étaient alors mieux considérés. L'ordonnance couchait à la caserne mais rendait des services à la maison et pouvait parfois accompagner les enfants en promenade.

La vie de garnison était animée, voire gaie, avec, cependant, une certaine rivalité entre les armes. Femme de fantassin, Grand-Mère conservait encore le souvenir de la morgue (sic) des cavaliers d'une petite ville de garnison où elle a vécu plusieurs années.

– Sur le plan moral, elle a incarné, jusqu'à sa mort à 102 ans, **le courage**, et même une certaine dureté. Ses mots d'ordre étaient, sinon « *Marche ou crève !* », (la devise du régiment de son mari), au moins « *Quand on veut, on peut !* »

Pour elle, « la dépression, ça n'existe pas », la sensiblerie est interdite.

Par dessus tout, **on ne transige pas avec son devoir** et on ne se lamente pas sur son sort.

C'est pour cela qu'elle ne nous parlait pas volontiers de la Guerre 1914-1918. On savait cependant que cela avait été une hécatombe autour de sa famille.

Ses enfants avaient vu disparaître, outre leur père, leurs fiancés, leurs amis, leurs anciens danseurs... Une grande solidarité était née à cette époque entre les veuves.

Elle eut la chance de trouver des amis plus âgés qu'elle et que la guerre avait épargnés qui l'aidèrent à régler ses affaires et à s'adapter à sa nouvelle vie de veuve.

Cela ne l'empêchait pas d'aimer se distraire de façon conventionnelle. (On dirait aujourd'hui bourgeoise : bridges, thés..)

Je revois dans son salon, en position centrale, la plaque de cuivre sur laquelle était gravée la citation de son mari, encadrée par sa Légion d'honneur et sa croix de guerre.

Elle conservait pieusement dans un tiroir les lettres reçues de tous les soldats de son mari après la mort de celui-ci ainsi que de l'aumônier du régiment.

Tout cela a constitué son univers pendant 60 ans. »

***

Anne L.

« A propos de « *Mère courage* », toute ma famille pourrait témoigner, comme moi, de la vie de notre grand-mère. Son mari est tombé en 1917 lui laissant 9 enfants de 15 à 1 ans qu'elle a élevés seule. En 1936, elle a choisi de venir aider son fils aîné, officier, qui avait perdu accidentellement sa jeune femme, laissant quatre enfants dont l'aîné avait 4 ans. En 1939, elle a accueilli dans sa maison de campagne, et jusqu'en 1945, toutes ses filles et belle-filles avec leurs enfants, alors que tous les hommes, officiers d'active ou de réserve, étaient à la guerre, aux Chantiers de Jeunesse ou prisonniers. Son troisième fils, aviateur, a été tué en juin 1940.

Cette femme énergique mais modeste, généreuse et affectueuse nous a laissé un magnifique exemple. »

(...)

« En ce qui me concerne, j'ai vécu dans des conditions si médiocres et si spartiates qu'elles sont sans doute incompréhensibles aux moins de 50 ans. Nos six ans dans le bled aux Affaires Indigènes du Maroc, puis en Algérie, n'avaient par exemple rien à voir avec le luxe actuel du Paris-Dakar ou des virées en 4 x 4 au Sahara...

Et, en rentrant, dans une petite ville française de garnison, nous n'avons trouvé comme logement pour six personnes, qu'un 65 m^2 dans une HLM réservée aux employés communaux.

Et pourtant, portés par l'exemple de notre grand-mère et par notre idéal, nous n'avons pas été malheureux. »

***

« Les Veuves de la Grande Guerre »

Plutôt que d'en citer des extraits, je préfère renvoyer le lecteur à l'ouvrage qui vient de sortir sous ce titre. Il est écrit par Stéphanie Petit.

Historienne et arrière-petite-fille de deux veuves de la Grande Guerre, l'auteur rend hommage à ses aïeules ainsi qu'à ces 600 000 femmes qui furent doublement victimes de la guerre et de l'oubli.

En effet, *dit-elle,* « Leur histoire demeure encore plus inconnue que celle du célèbre soldat… »

Editions Maisonneuve et Larose SERVEDIT 15 rue Victor Cousin 75005 Paris.

***

« Les Veuves de 40 »…

Son père, officier de réserve d'artillerie, père de 5 jeunes enfants, a été tué en mai 1940 en tirant à vue directe sur les Panzer. Le fils en a conçu une admiration sans bornes pour celle qui lui a servi à la fois de mère et de père et qui a consacré une partie de ses forces à soutenir ses sœurs dans le malheur.

Dominique Chavanat, orphelin de guerre, président de l'Association et Entraide des veuves et orphelins de guerre, témoigne :

« On sait bien que toutes les veuves de toutes les guerre ont subi le même calvaire ou, pour être plus précis, le même chemin de croix jalonné de stations le plus souvent douloureuses mais aussi parfois réconfortantes – comme le Christ lui-même a rencontré dans son épreuve Simon de Cyrène, puis les Saintes Femmes.

D'abord l'annonce, le choc. Dans l'ambiance tendue et inquiète des jours de guerre, le coup de sonnette du maire ou de l'officier qui a la tâche redoutable de faire part de la mort ou de la disparition de celui qui ne reviendra plus. L'échange silencieux des regards qui disent déjà tout et seront cependant suivis de mots sincères et maladroits qui n'ajoutent rien…

La prise de conscience solitaire, ensuite, de l'effondrement d'un monde. Rien ne sera plus comme avant. L'avenir conçu en commun est aboli. Tout projet est remis en question. On est seule.

Comment le dire aux enfants, leur expliquer les larmes, les consoler ?

Et puis le partage de la peine avec les voisins, les proches, qui ne savent que dire mais font preuve d'une gentillesse, d'une solidarité extraordinaires.

Il faut se ressaisir, faire face aux problèmes pratiques, administratifs, financiers. L'action empêche de trop penser. Les ressources d'abord : quelles seront les rentrées ? De toutes façon, je vais devoir travailler, donc, pour commencer, me recycler, acquérir une qualification rapide, puis trouver un emploi et organiser mon temps pour être présente aux enfants hors des heures de classe.

Souvent un déménagement s'impose pour faire face à la baisse du niveau de vie, à la nécessité d'être proche du nouveau travail et des écoles des enfants.

Enfin il faut trouver sa place dans la société environnante entre famille, voisins et amis, la place que vous laisse votre vie bien remplie de chef de famille. Il faut trouver et garder l'équilibre, quoi qu'il arrive, retrouver la sérénité, gérer seule son temps et celui des enfants. Il faut penser à leur orientation, à leur avenir, répondre à leurs questions, être pour eux la seule référence vivante tout en entretenant dans leurs cœurs la mémoire de leur père disparu.

Ces situations difficiles, toutes les veuves de toutes les guerres les ont vécues. Mais celles de 1940 ont dû y faire face dans des conditions exceptionnellement tragiques.

La défaite inimaginable de nos armées en un temps extrêmement bref et l'exode massif de millions de gens jetés sur les routes dans des moyens de transport de fortune a généralement laissé dans la mémoire collective le sentiment d'un lâche abandon, d'une fuite devant l'ennemi, d'une débâcle honteuse. Or, en réalité, à côté d'erreurs stratégiques incontestables des hauts responsables civils et militaires du pays, nos forces armées ont mené sur le terrain d'innombrables actions héroïques avec un esprit de sacrifice et un sens de l'honneur que la victoire temporaire de nos adversaires a fait oublier. Pour preuve de la violence des combats et de la vigueur de la résistance de nos troupes, il suffit de rappeler qu'en moins de six semaines, à partir du 10 mai 1940, 120 000 soldats français tombèrent au champ d'honneur ; beaucoup plus qu'en aucune période comparable de la guerre 1914-1918 !

Dans ces conditions, alors que la population était dispersée, les familles repliées sans adresses fixes loin de leurs bases ; alors qu'aucun service postal ou téléphonique ne fonctionnait plus normalement et que le commandement militaire n'était plus en mesure de suivre l'état des unités ni de comptabiliser les pertes, l'angoisse étreignait toutes les femmes, toutes les mères sans nouvelles de leur mari. Pour être rassurée ou pour apprendre le pire, il fallut des semaines, parfois des mois. Pour savoir où se trouvait une tombe, il fallut d'innombrables et incertaines correspondances. Pour connaître les circonstances de la mort, il fallut attendre des mois, parfois des années. Pour retrouver les témoignages des chefs et des camarades de combat prisonniers dans quelque lointain Oflag ou Stalag, pour voir reconnu et récompensé l'héroïsme, pour obtenir le texte d'une citation décernée à titre posthume, il fallut, au long des mois et des années, courir les ministères, faire intervenir le maire et le curé.

Puis, sous l'occupation de l'ennemi, dans une ambiance où, il est vrai, bien d'autres personnes partageaient avec les veuves de guerre les privations et les contraintes diverses, il a fallu se grouper en association pour faire entendre aux pouvoirs publics la voix des victimes de guerre dont les ressources se limitaient à une très modeste « *délégation de solde* » et dont les enfants avaient besoin d'être reconnus « *pupilles de la nation* » pour pouvoir poursuivre leurs études. Dans cette dure période, il n'existait pas de cellules de soutien psychologique pour les personnes en difficulté, mais heureusement la grande solidarité spontanée des heures de crise apportait souvent la chaleur et le réconfort qu'appelait la rigueur des temps.

De cette époque, je garde personnellement un souvenir contrasté, un peu comme celui que laisse une randonnée entre amis sous la pluie et le vent : rude mais fort et vivifiant. J'avais huit ans à la mort de mon père en 40. J'étais l'aîné de cinq dont la dernière avait un mois.

Maman, formée à l'école du scoutisme, était extraordinairement généreuse et pédagogue mais possédait pour tout bagage un prix du Conservatoire de musique de Lille. Il lui fallut donc suivre rapidement des cours de secrétariat pour arrondir au plus vite des fins de mois difficiles. La création et les débuts de « *l'Association et entraide des veuves et orphelins de guerre* » lui offrirent à la fois la sécurité d'un emploi et l'occasion d'un service conforme à ses aspirations profondes.

Dans cette ambiance, formés par notre mère avec rigueur, économie et affection, dans le souvenir d'un père toujours présent, mes frères et sœurs et moi avons le sentiment d'avoir eu une enfance privilégiée : l'essentiel nous a été donné et rien de trop.

Tout cela, nous le devons à une femme qui, comme tant d'autres, a su faire face à une situation dramatique dans les circonstances particulièrement tragiques de 1940.

***

Veuves des Guerres d'Indochine

Andrée

Mon oncle Etienne est sorti de Saint-Cyr dans l'Infanterie Coloniale. Il fait ses premières armes au Maroc (prise de Fès en 1911). Très marqué par ce premier contact, il demandera plus tard son détachement aux Affaires Indigènes du Maroc. Ramenée en France dès 1914, la Division Marocaine est à la pointe de tous les offensives de la Grande Guerre. Gravement blessé lors de l'attaque de la Malmaison et resté sur le terrain lors de la contre-attaque allemande, Etienne trouve la force de s'adresser dans leur langue aux brancardiers ennemis qui viennent chercher leurs blessés. Il reçoit les premiers soins à leur poste de secours. Libéré le lendemain par une nouvelle attaque des nôtres, il est hospitalisé en France.

En 1918, un bras en écharpe, il est en convalescence dans un hôtel de Cannes. Ma mère, infirmière militaire depuis 1914, s'y repose quelques jours avec ses parents et sa jeune sœur. Celle-ci échange un regard avec ce capitaine inconnu.

Le lendemain, il la demande en mariage, et quelques mois après, ils se marient... Son fils Jacques raconte :

« Ma mère a 21 ans, mon père 32. Dès 1919, ils partent au Maroc où les opérations de pacification ont repris. Mon père est affecté aux Affaires Indigènes à Kalaa Desles. On n'y accède qu'après une longue journée de piste à dos de mulet. Ma mère est la seule femme européenne à 80 km à la ronde. Son installation est spartiate et la sécurité relative.

Début 1921, elle retourne chez ses parents pour mettre au monde son premier fils. Mon père est affecté à Paris pour préparer l'École de Guerre. Entre temps, moi aussi, je suis né. La vie matérielle du ménage en région parisienne s'avère très difficile. Mon père renonce à l'École de Guerre et demande à être affecté en Indochine. Nous habiterons donc Hanoï jusqu'en 1927, il y est promu chef de Bataillon.

Ma mère s'adapte bien à ces changements de vie, passant de l'isolement complet dans le bled à la grande gêne en région parisienne, puis à la découverte de l'Extrême-Orient.

En 1927, il est de nouveau affecté aux A. I. d'abord à Midelt, puis à Azrou, enfin, de 1928 à 1933, à Azilal au Moyen Atlas. C'est pour elle une période heureuse malgré l'insécurité et les absences fréquentes du mari partant « en colonne » avec ses partisans et son goum. De 1931 à 1933, ont lieu en effet les dernières opérations de pacification du Grand Atlas. Ma mère se retrouve seule avec l'inquiétude pour compagne. Je la revois cependant rayonner le calme et la bonne humeur. Épouse du commandant de Cercle, elle est aussi amenée à recevoir des personnalités militaires et civiles. Sa vie matérielle est plus facile mais il n'est pas question alors de faire du tourisme dans une région qui est loin d'être pacifiée...

Elle consacre une partie de son temps au dispensaire des Affaires Indigènes. Pendant la Guerre de 1914-18, elle a été aide infirmière. À Azilal, elle prend en charge une fillette de sept ans blessée et seule survivante d'une famille berbère assassinée pendant son sommeil. Les insoumis de la tribu voisine sont venus punir une fraction ralliée aux « Roumis ». Par chance, l'enfant dormait sur le ventre et sa carotide ne fut pas tranchée. On réussit à la sauver. Une fois rétablie, « Toudda » devint notre sœur pendant trois ans. Lorsque nous avons quitté le Maroc, en 1933, mes parents préférèrent la laisser dans son milieu. Ils la dotèrent largement et la confièrent au Caïd de l'endroit.

Mon père devenu lieutenant-colonel était en effet affecté à Toulon. Puis en 1937, il est promu colonel et nommé au commandement du 3e Tirailleurs Tonkinois.

Nous logeons à Bac Ninh dans une villa entourée d'un jardin en bordure de la citadelle.

(...)

Après l'armistice de juin 1940, les Japonais ne vont pas tarder à se manifester. Ils occupent partiellement la Chine depuis 1937 et contrôlent la frontière de l'Indochine. L'Angleterre et la France ravitaillent Chang Kaï Chek en camions américains par la route de Birmanie. Le gouvernement japonais profite de la situation française pour exiger l'arrêt de cette aide et le passage de ses troupes au Tonkin. Or, en Indochine, l'armée française n'a pratiquement rien comme armement moderne et de nombreux soldats de métier ont été rapatriés en 1939.

Les pourparlers entre Tokyo, Paris et Hanoï s'éternisent pendant que les troupes nippones perdent patience à la frontière.

Elles passent à l'attaque le 22 septembre 1940. Les combats se poursuivent jusqu'au 25 septembre. Un obus éclate dans la grotte PC de mon père, le blessant grièvement. Il meurt dans la nuit.

Ma mère se retrouve seule, coupée de ses deux fils. Mon frère est mobilisé et je travaille dans une plantation d'hévéas.

Mon père avait été proche du général Catroux, devenu gouverneur général destitué en juin 1940 et remplacé par l'amiral Decoux. Ma mère sera victime d'ostracisme de 1940 à 1945 et ne bénéficiera pas du soutien moral qu'elle était en droit d'attendre comme veuve d'un beau soldat tué à la tête de son régiment. Elle en restera profondément blessée.

Pendant une année, elle travaille à Saïgon. Puis sa santé étant ébranlée par les épreuves, elle part se reposer à Dalat, puis rejoint mon frère à Phan Thiet.

C'est là qu'elle est arrêtée – comme de nombreux Français – au moment du coup de force japonais du 9 mars 1945 et internée dans des conditions très sévères. Un ami témoigne :

« Les Japonais attaquèrent partout par surprise et par traîtrise. Nos officiers « invités » furent assassinés et nos soldats furent massacrés. Le 10 mars 1945, vers 7 h 30, je pars à l'école, des soldats japonais me poussent en hurlant devant de grandes affiches en français, annamite et chinois ; je lis : « Français, en attaquant lâchement les Armées Impériales Japonaises, vous avez rompu les accords concernant la défense de l'Indochine. Vous êtes vaincus. Avant 12 h, ce jour, vous devrez remettre à la Kempetaï toutes vos armes, postes radio, jumelles, appareils photo. Vous devrez libérer vos domestiques indigènes et rester chez vous à la disposition des Forces Japonaises. Le couvre-feu est instauré à partir de 17 h tous les jours ».

Radio-Saigon n'émet plus. New Delhi informe le monde de l'offensive japonaise... À la Kempétai, on m'interroge sur mon identité. Puis les Nippons me font sortir par l'arrière. J'aperçois trois cages en bambou en plein soleil. Dans chacune, un homme est affalé. Les dimensions de la cage l'empêchent de se lever, de se coucher, d'allonger les jambes. Ce sont des aviateurs américains.

La journée se passe. Notre boy parvient à nous acheter un sac de riz, quelques fruits et des œufs. Des barbelés délimitent le périmètre du camp de concentration à 100 m de notre villa. Sentinelles jour et nuit.

Ils ont établi sept camps de concentration à Hanoï, Vinh, Hué, Nha-Trang, Saïgon, Phnom Penh et Vientiane. Y sont regroupés tous les Français, hommes, femmes, enfants, civils et militaires. Nous sommes abandonnés au milieu de ce monde asiatique en ébullition, désarmés, désemparés, humiliés. Une nuit, nous entendons hurler les malheureux aviateurs américains torturés par les Nippons. Ainsi sommes-nous avisés de ce qui peut nous arriver. L'aviation américaine continue à bombarder les voies ferrées, les ponts, les gares…

Fin mai, nous n'avons plus de vivres. Alors, s'approchant des barbelés qui nous enferment, des Indochinois anonymes nous lancent des tomates, des épinards, des bananes, des sachets de riz, du nuoc-mam..

Le choléra survient. Les moribonds remplissent l'hôpital du camp. Les morts sont évacués. Une vie au ralenti s'instaure, entrecoupée par les attaques aériennes américaines et les corvées auxquelles nous soumettent les samouraïs. Les Viets grouillent autour de nous et les Japs peuvent nous torturer férocement.

La capitulation japonaise intervint après les bombes atomiques sur Hiroshima et Nagasaki. Nous sommes les seuls à l'ignorer. Les Viets, jusqu'ici tenus à l'écart du camp, font irruption un matin, brassard rouge frappé d'une étoile jaune. Parti chercher la soupe, je suis arrêté par un « Halte ou je tire ! ». L'intonation est annamite mais les sommations sont françaises. Je suis surpris. Six fusils sont pointés sur ma pitoyable personne. Je suis prisonnier des Viets ! Leur chef exige mon identité. Il vérifie ma gamelle puis me dit en français : « *Tu n'as pas le droit de circuler sans autorisation des nouvelles autorités du Viêt-Nam !* » Avec gravité, il m'explique que le Viet-Minh administre l'Indochine et que je dois me plier aux nouvelles lois. » …

***

Ma mère sort du camp, très affaiblie. Grâce à l'intervention du général Leclerc qui vient de débarquer, elle est rapatriée. Nous allons, mon frère et moi, l'embrasser à Saïgon.

Elle débarque à Marseille, veuve, avec une petite valise. Tout ce qu'elle possédait a été volé pendant son internement. En arrivant, elle apprend que ses meubles laissés au garde meuble à Toulon ont disparu lors du bombardement de la ville…

Elle devait vivre encore trente ans en repartant à zéro avec l'aide de sa famille.

Sa vie de femme d'officier était achevée, jalonnée d'étapes – exaltantes ou déchirantes – vécues dans les coulisses de l'Epopée coloniale. »

***

Louise

C'est l'histoire de milliers de femmes de sous-officiers, ces cadres militaires qui constituent l'ossature de l'armée et dont la compétence, le dévouement et la modestie sont exemplaires. Comme beaucoup de veuves de cette génération, Louise a eu une vie très dure. Pourtant, elle n'a jamais récriminé ni revendiqué et elle est restée fidèle à son mari. Comme lui et dans son genre, elle a été héroïque.

***

« Je suis née à Puttelange, près de la frontière allemande. En 1939, à 17 ans, j'ai épousé Gabriel, alors sergent-chef d'Infanterie Coloniale. En septembre 1939, première séparation… La Lorraine, zone des armées, étant évacuée, je trouve refuge chez mes beaux-parents dans un petit village de Picardie où naît notre premier enfant.

En juin 1940, comme des millions d'autres réfugiés qui fuient devant l'invasion allemande, je marche sur les routes avec mon bébé dans les bras. Je me retrouve à Angoulême où je survis tant bien que mal, attendant des nouvelles de mon mari.

Au bout de quelques mois, j'apprends qu'il a été blessé et qu'il est prisonnier. Comme il a des éclats d'obus dans la tête, qu'on ne peut extraire, les Allemands le libèrent. Il me rejoint et, grâce à des complicités, nous passons en fraude en zone libre.

Il réintègre l'armée qui l'envoie au Sénégal. Je reste seule à Toulouse. Cette année est marquée par la naissance, puis le décès de notre deuxième fils. Je réussis à rejoindre mon mari au Sénégal où naît notre troisième fils. Mais nous sommes en 1942 et on met sur pied, en Afrique du Nord, l'armée de la Libération. Gabriel est, dans ce but, affecté au Maroc. J'arrive à passer quelques semaines avec lui à Agadir.

Il participe au débarquement de 1944 en Provence avec la 9e DIC. Son véhicule saute sur une mine dans la région de Toulon. Il est à nouveau blessé.

En 1945, je parviens à le rejoindre en Allemagne. Mais, dès 1946, il est envoyé en Indochine. Pour moi et mes enfants, c'est le retour en Picardie. Au printemps 1947, il est porté disparu au cours d'une reconnaissance vers un village de Cochinchine, Thuan Li.

Ma délégation de solde est aussitôt supprimée et je ne reçois ma pension de veuve que deux ans après quand son décès est officiellement reconnu. Son corps sera rapatrié en 1951.

Pendant tout ce temps et depuis, il a bien fallu vivre et élever seule mes deux fils. J'ai travaillé dur. Je suis contente car ils ont réussi ; ils sont tous les deux cadres supérieurs à la SNCF. Mais je n'ai pas vécu, au total et permissions comprises, plus de deux ans avec mon mari.

Telle a été ma vie… »

***

Denyse

« Je suis née à Colmar dans cette Alsace qui venait de redevenir Française. Mon père était revenu sain et sauf de la guerre 1914-1918 avec le grade de colonel. Je lui vouais une grande admiration. Je ne me lassais pas d'entendre ses récits de guerre et ses anecdotes sur la conquête de Madagascar à laquelle il avait participé en 1895. Ma mère était alsacienne et nous élevait avec tendresse et fermeté, mon frère Jacques et moi-même.

Mon aîné exerça sur moi une heureuse influence. C'est par lui que je fis connaissance de Franck, mon futur mari, son camarade de promo. Il était parti pour l'Indochine en 1947 et revenu en 1949, chevalier de la Légion d'honneur. Nous nous sommes mariés en 1950, peu avant son départ pour son deuxième séjour.

Dès mars 1948, ma jeunesse avait été profondément marquée par la mort au combat de mon frère chéri, tombé sur la RC 4 près de Cao Bang. En 1949, la Légion nous a invités à Sidi-Bel-Abbès pour célébrer sa mémoire. Mes parents étant trop éprouvés, j'y suis allée seule et on a accroché sur ma veste sa Légion d'honneur décernée à titre posthume.

Mon mari est mort au combat, le 12 décembre 1951. C'est un de ses oncles qui s'offrit pour m'annoncer l'horrible nouvelle. Ma vie bascula brutalement, d'autant plus que mon père s'est écroulé en syncope en apprenant ce nouveau drame. Moi, qui étais si fière d'épouser un officier et de partager son idéal, mon rêve s'acheva.

Il fallait que je me ressaisisse rapidement, pour moi-même d'abord, et pour montrer à mes parents que j'envisageais courageusement l'avenir.

Des amis m'ont apporté l'aide nécessaire pour trouver ma voie. Résidant à Annecy, j'ai pu obtenir, de la Fondation Maréchal de Lattre, une bourse d'études pour l'École d'interprètes de l'Université de Genève. Pendant cinq années très denses et éprouvantes, j'alternais l'enseignement à Genève et des séjours prolongés en Angleterre et en Italie pour maîtriser ces langues et obtenir les certificats nécessaires. Je participais à la vie sociale et culturelles des pays concernés, ce qui m'aida à reprendre confiance en moi.

Quand je revenais à Annecy, j'avais cependant un pincement au cœur en rencontrant mes amies qui promenaient joyeusement leurs enfants.

Le ministère des Affaires étrangères m'a offert un poste au service de presse et j'ai accepté ce travail très vivant et quelquefois harassant pour préparer la conférence de presse quotidienne du ministre. (Cela m'a valu par exemple d'assister à celles du général de Gaulle à l'Elysée ainsi qu'à la réception du président Kennedy).

Ma jeunesse et ma vie intéressante m'aidaient à surmonter la tristesse de mon veuvage, en plus de ma foi profonde et le secours amical de personnalités comme le Père Carré.

Mais, avec ma maigre pension de veuve de lieutenant et le peu que je recevais de l'Administration, je ne pouvais pas envisager de faire carrière aux Affaires étrangères car, dans ces années là, les diplômes étrangers n'étaient pas reconnus en France.

Il a fallu changer mon fusil d'épaule. À la Sorbonne, le professeur Malavard, titulaire de la chaire d'aviation et de mécanique des fluides, cherchait un collaborateur bilingue pour lui servir d'interprète et traduire les thèses de ses étudiants étrangers. Ce domaine ne m'attirait guère mais il sut me convaincre d'accepter le poste. Peu à peu, je m'adaptai aux murs verdâtres de la Sorbonne qui tranchaient avec les dorures du quai d'Orsay.

Ce fût compensé par l'ambiance de travail, la fréquentation des visiteurs de marque de mon patron et la nature de ses travaux, par exemple l'aérodynamisme de l'aile de la Caravelle. Ce fût également lui qui conçut la propulsion des bateaux du commandant Cousteau. M. Marcel Dassault venait aussi prendre ses conseils. En 1961, le ministre des Armées demanda au professeur de créer la DRME (Direction des Recherches et Moyens d'Essai). C'est ainsi que j'y suis arrivée avec d'intéressantes fonctions et des garanties sur mon sort, mes diplômes étant enfin reconnus. Après cinq années, j'ai été nommée responsable du recrutement et de l'engagement des interprètes de conférence pour les besoins des rencontres internationales et régler leurs accréditations ou leurs habilitations.

Il m'est souvent arrivé dans mon travail de rencontrer des camarades de mon mari et de mon frère. Comment ne pas penser, avec un sentiment de tristesse mais avec une certaine fierté, que, par ma présence au ministère de la Défense, je prolongeais, en quelque sorte, leur souvenir, leurs aspirations.

C'est dans le même esprit que j'ai accepté ou recherché des tâches de responsabilité ou de réflexion dans plusieurs associations se consacrant au Devoir de Mémoire.

En effet, à partir de la si douloureuse disparition des miens, je me suis sentie dépositaire de leur idéal, de leurs ambitions, de leur amour de la vie ; de tout ce qu'ils auraient souhaité voir, découvrir, entreprendre au fil des années.

J'aurais tant voulu que mon mari soit fier de moi dans l'exercice malaisé de ma restructuration, malgré les difficultés que j'ai dû surmonter afin de poursuivre seule la route. »

***

FEMMES DE GRANDS BLESSÉS

Mais d'autres femmes ont subi, d'une autre façon mais très douloureusement et pendant des années, les conséquences de ces guerres.

Marie-Antoinette 1

« En 1914, mon père, trop jeune pour partir, a falsifié sa date de naissance pour s'engager. Blessé à la tête à Verdun, il a été trépané. Apparemment guéri, il a connu Maman après la guerre et ils se sont mariés. Alors qu'ils avaient déjà quatre enfants, Papa a commencé des crises d'épilepsie. Quand moi, la dernière de huit enfants, j'avais trois ans, il a eu sa première crise de folie, cassant portes et meubles et voulant se jeter par la fenêtre. Par la suite, j'ai vécu dans une panique continuelle, de jour et de nuit. Maman, trouvant sa force dans sa foi, a été d'un courage extraordinaire. Elle ne l'a fait hospitaliser que pendant les crises et vivait avec ce grand malade et huit enfants à élever, sans ressources et sans Sécurité sociale.

Papa ne nous parlait jamais de sa guerre. Maman avait tellement de soucis qu'elle n'en parlait pas non plus. Je ne veux donc pas m'étendre sur ce sujet. Mon témoignage est pauvre mais, croyez-le, lourd de souffrances.

Sur huit enfants, nous ne sommes plus que quatre. Mon frère aîné s'est engagé à son tour. Il est passé par Cherchell, a fait toutes les guerres et est commandeur de la Légion d'honneur. »

***

Agnès

« A vingt-et-un ans, étais-je préparée à être femme d'officier, je ne sais, mais femme de grand blessé, certes pas ; et pourtant, depuis quarante-trois ans, la vie s'écoule à peu près normalement, avec ses joies et ses peines comme dans toute famille normale.

En apprenant la blessure de mon mari – il a perdu une partie du visage en Algérie – j'ai éprouvé un très grand choc et, bien sûr, je me suis révoltée. Il m'a fallu accepter cette mutilation très impressionnante et, surtout, admettre que la réparation serait longue et le résultat totalement aléatoire.

Alors a commencé le temps de l'hospitalisation, sept ans, avec, Dieu soit loué, quelques brèves convalescences pour goûter un peu à la vie familiale. Brusquement parachutée à Paris, j'ai dû résoudre une quantité de problèmes matériels, tout en passant un maximum de temps à l'hôpital : trouver un logement, une solution pour la garde des enfants, me débattre dans des problèmes administratifs…

Tout cela a fini par s'arranger, heureusement car, dans le même temps et surtout, il me fallait tenir le choc moralement, inquiète à chaque nouvelle intervention (39 au total), redoutant ses souffrances physiques et parfois morales, et la perpétuelle angoisse des greffes ratées et qu'il a fallu recommencer.

Et pendant tout ce temps, penser à sourire, à dire que tout s'arrange à vue d'œil, et faire en sorte de comprendre les gestes, puis les borborygmes par lesquels il tentait de s'exprimer.

Tout cela pour rassurer mais, heureusement, j'étais bien épaulée par le milieu médical, chirurgiens, prothésistes, infirmières qui, chacun à sa manière, s'ingéniaient à créer la confiance. Et puis, il y avait les enfants qui nous empêchaient de trop nous appesantir sur nous mêmes.

Au bout de sept ans, l'essentiel de la reconstruction étant acquis, mon mari a repris la vie active malgré les problèmes d'élocution, d'alimentation, un état physique médiocre au début, une défiguration qui ne facilite pas les rapports humains, et toujours la crainte des rechutes éventuelles, qui n'ont d'ailleurs pas manqué de se produire, avec de nouveaux retours à l'hôpital... Et pour moi, de nouveau, le cortège des angoisses s'est représenté : tiendra-t-il le coup physiquement ? Retrouvera-t-il sa place dans l'armée ? (heureusement oui). Comment sera-t-il accepté dans le monde civil ou militaire ? Je ne pouvais plus l'aider en rien ; il fallait faire confiance, et c'est parfois bien difficile. Je ne pouvais plus servir d'interprète – et pourtant, c'est encore maintenant parfois utile – ni gérer les petits handicaps de la vie quotidienne. Et puis, petit à petit, j'ai trouvé une *vitesse de croisière* mais j'avoue que, aujourd'hui encore, j'accepte difficilement la curiosité souvent malsaine et blessante de trop de gens que l'on croise.

Plus le temps passe, plus il faut assumer les séquelles… et continuer à « *faire avec* » et, comme me le suggère la devise de l'Association des « *Gueules-Cassées* », il me faut *« sourire quand même »*.

***

Elizabeth

« (...) Petite fille de militaire et de marin, un certain goût d'aventure et de sens du devoir courait déjà dans mes veines. 1966, 23 ans, fiancée à un saharien et bientôt mariée. Arrivée au Sénégal, je me retrouve seule dans les vingt-quatre heures. Bonne mise en condition !

Mutation six mois après en Allemagne où naîtra notre fils, puis stages de capitaine et d'état-major. Naissance de notre fille. J'ai toujours suivi avec enfants et bagages, même pour quatre mois. Puis Carpiagne, deux ans de joie où nous épongeons nos pleurs d'avoir perdu notre numéro trois. Les enfants connaissent la maternelle et la vie dehors.

1972, l'ONU et Israël : je prend le bateau pour rejoindre Haïfa et mon mari, précurseur d'un mois. Locataires d'une maison d'Onusiens, notre groupe est gai dans un contexte difficile. Un an plus tard, nous partons pour Damas, les enfants vont à l'école française. Population accueillante mais la guerre du Kippour nous rejoint. Un matin, j'envoie un télégramme en France : « *Tout va bien* ». Une envie pressante de ma petite F. me déroute : une bombe tombe sur l'avenue que nous venons de quitter ! Une amie nous accueille chez elle avec son fils, au rez-de-chaussée, deux rues plus loin ; sa maison s'écroule. Plus de peur que de mal !

Départ en convoi des familles sur Beyrouth. Des camarades de promo nous recueillent pendant trois semaines.

Ces deux ans au Moyen Orient furent d'un très grand enrichissement et un bon souvenir.

Au retour, la Bretagne, dépaysement terrible ! Cinq ans de bonheur malgré un séjour de cinq mois au Tchad où, pour la première fois, je ne peux pas le suivre. Son départ a lieu le jour de la profession de foi d'A. La mort de ma belle-mère fut un grand chagrin à affronter seuls l'un et l'autre.

À son retour, nouveau départ, vers le Zaïre. Cela ne me réjouit pas avec nos deux petits... mais j'aime l'Afrique. Direction M'Banza N'Gungu : brousse, pluie, peu de nourriture, pas d'école, pas de téléphone, population misérable et principal souci des Européens : un plan d'évacuation bien monté car c'était peu après Kolwezi.

Un matin où, avec une amie, je faisais un « *semble marché* », je ressens une douleur fulgurante et je m'évanouis presque. De retour à la maison, une jeep arrive avec deux sous-officiers qui me demandent de m'asseoir. (*Dans leur émotion, ils bafouillent*).

« *Mon mari*... ***Accident... grenade... les mains (arrachées), une ou deux ? »...***

C'étaient les deux !

Branle-bas général, des voisins pour les enfants, des boys à la maison, des toubibs. L'hôpital où l'on l'a emmené est à 30 km. Par chance, « le » chirurgien zaïrois est là. Or, il n'y vient qu'une fois par mois... Quelques jours de suspense sur la vie de mon époux ; l'armée zaïroise a monté un camp autour de l'hôpital pour montrer son soutien moral !

Quand on le juge transportable, je téléphone à Paris. Mon père vient de mourir... L'enterrement sera le jour de notre retour. Je descendrai donc à Nice avec les enfants pour y être; mon mari sera récupéré à Paris, les grands professeurs de Begin l'attendent à minuit...

(...) Quelques mois de tribulations hospitalières, puis nous partons avec les enfants pour Toulon – Convalescence – Tout le monde nous aide.

Un an et demi après son accident, C. reprend son service au SGDN à Paris : un nouveau permis de conduire en poche, un œil en moins, un petit bout de ferraille sous le cerveau et deux prothèses aux mains... ou pas de prothèses. Tout cela n'altère pas trop son caractère !

Paris, halte bienfaisante pendant trois ans, avec son bateau amarré à l'Arsenal..

1984. La Réunion, quelle chance bien que notre fils reste au collège de Saint-Cyr-l'École. Enfin, après les Tropiques, Nancy, Poitiers et Caen en 1992 – l'apogée de ma vie d'épouse ! Une maison de fonction, de l'aide... Je suis déléguée de l'ANFEM ! Au bout d'un an, mon mari démissionne. Nous en repartons en bateau, (c'est une thérapie, nous en avons eu treize, car il est difficile de trouver le bateau idéal qui se pilote sans mains...) et traversons la France jusqu'à Toulon – 180 écluses, fleuves et rivières... et, 1 mois 1/2 plus tard, entamons la dernière étape de notre vie : la retraite – 17e et peut-être dernier déménagement.

Les enfants sont mariés : cinq enfants chacun pour l'instant, si peu dégoûtés de la vie militaire qu'ils ont deux Saint-Cyriens.

(...) Merci de m'avoir fait me souvenir, la peine s'estompe, les meilleurs moments restent en mémoire et la vie en vaut la peine ! »

***

LES MARÉCHALES

Certaines femmes de soldats de ce siècle ont eu une vie particulièrement éprouvante compte tenu du destin exceptionnel de leur mari. Les deux maréchales, Madame de Lattre et Madame Leclerc, étaient dans ce cas.

Après avoir connu bien des épreuves, elles se sont révélées admirables de dévouement et ont consacré le reste de leur vie au service des Anciens Combattants respectivement de la première Armée et de la deuxième D.B. On les a souvent vues côte à côte aux cérémonies officielles. Elles méritent donc qu'on leur rende ici hommage ensemble.

Rappelons qu'à la mort du général de Lattre en 1953, le Gouvernement décide de le nommer maréchal de France à titre posthume. Il confère la même dignité au général Leclerc, mort en service commandé en 1947, et au général Juin, le vainqueur de la campagne d'Italie, ainsi qu'au général Koenig.

***

Le colonel André Delorme, ancien chef de cabinet du général, évoque la mémoire de Madame de Lattre :

Simone de Lattre

« *Cette femme est une épée* » (Jean Guitton).

« Simone de Lamazière est née en 1908. Son père, député de la Corrèze, vivait à Paris. Elle avait passé son bac – à l'époque, rare pour les filles – et fait des études d'histoire de l'art.

En 1926, elle rencontra le chef de bataillon de Lattre, retour de six ans de Maroc. L'attirance est réciproque mais la mère de Simone dit : « *Je ne veux plus que tu rencontres cet officier. J'ai pris des renseignements sur lui. Il a très mauvaise réputation !* »

Ce bruit revint aux oreilles de l'intéressé qui réagit, déjà en homme de tous les défis :

« *Cette dame ne veut pas que j'épouse sa fille ! Eh bien, je l'épouserai !* »... Et il l'épouse le 12 mars 1927. Son fils Bernard naît le 11 février 1928.

D'emblée, son mari l'associe à ses travaux et à ses ambitions. Pendant 25 ans, elle sera pour lui un élément de stabilité et de solidité qu'aucune épreuve n'entamera, le point d'amarre inébranlable de ce « navire de haute mer » qui a affronté tant de tempêtes. Malgré le caractère difficile et changeant de son grand homme, elle sera toujours pour lui la lumière qui indique la bonne route, brillant doucement dans son ombre mais le fortifiant de sa discrète présence. « *Tu es humaine, toi, tu me comprends !* », lui dit-il un jour.

Comme tous les officiers de sa génération, il avait été marqué par le livre de Lyautey, « *Le rôle social de l'officier* » et avait pu constater au Maroc les bienfaits de la « doctrine Lyautey ».

Quand, en 1935, il est nommé à la tête du 151e Régiment d'Infanterie à Metz, il la met en application. Il crée un organisme alors inconnu dans l'armée : le service social du régiment... Simone est promue « assistante sociale chef du régiment » par son terrible mari. Au Maroc, il avait pu constater l'influence bienveillante de la maréchale Lyautey. Il s'en inspire à Metz et enrôle dans ce but, toutes les femmes des cadres sous la houlette de son épouse. Cela donne à l'action sociale en faveur des soldats un rayonnement sans égal. (...)

C'est au combat qu'il devait en récolter les fruits. Promu général et nommé au commandement de la 14e DI, il a, en mai 1940, la mission de défendre le secteur de Rethel sur l'Aisne. Il la remplit héroïquement pendant plusieurs jours mais, débordé, reçoit l'ordre de se replier en combattant. Au milieu de la pagaille générale, il réalise ce tour de force de ramener jusqu'à Clermont-Ferrand tous ses hommes survivants avec leurs armes, en ordre.

Face à la défaite, il ne baisse pas les bras mais obtient de créer une école de cadres à Opme avant d'être nommé commandant supérieur en Tunisie. À la suite de divergences opérationnelles avec le général Juin, commandant des troupes d'Afrique du Nord, il est renvoyé en France et prend le commandement de la Division de Montpellier. Le jour du débarquement allié en Afrique du Nord, il refuse de se laisser désarmer par les Allemands et tente de regrouper quelques unités pour préparer une tête de pont aux Anglo-Saxons.

Il est arrêté, traduit devant un tribunal militaire, condamné à dix ans de prison et incarcéré à Riom. Il ne pense qu'à s'évader et échoue une première fois.

Au cours des ses visite, Simone réussit à lui apporter le matériel nécessaire et organise un réseau de soutien à base d'anciens du 151e pour le mettre à l'abri après son évasion. Celle-ci réussit et il se réfugie dans une ferme perdue dans la campagne. Là, un avion spécial envoyé par les Anglais viendra le chercher et l'emmener à Londres puis à Alger.

À son tour, Simone est prise en charge par les services secrets français dirigés par le colonel Paillole et peut retrouver son mari à Alger. (Le tour de son fils Bernard viendra plus tard. Il pourra rejoindre l'Afrique du Nord et parviendra par dérogation spéciale à s'engager au 2e Dragons au sein duquel il fera campagne.)

Dans l'intervalle, le général reçoit le commandement de l'Armée B. Elle deviendra la première Armée Française qui débarquera en Provence et libérera la moitié du territoire national avant de venger la défaite de 1940, du Rhin au Danube.

Madame de Lattre continue son œuvre en visitant les blessés et en soutenant l'action du service social. Après l'armistice, elle continue à venir en aide aux anciens de la première Armée. En 1951, devant la crise de moral due aux succès de l'offensive Viet au Tonkin, le gouvernement demande au général de quitter le commandement des troupes terrestres du Centre Europe et de prendre celui des troupes d'Indochine.

Madame de Lattre rejoint son mari à Saïgon et reprend son travail avec le service social au profit des « soldats de la boue ». Elle favorise notamment la création du corps des IPSA, hardies infirmières rompues à l'évacuation aérienne des blessés en brousse dans des conditions souvent acrobatiques.

C'est alors, qu'à 9 mois d'intervalle, elle perd les deux êtres qui lui étaient le plus chers :

– Bernard est tué le 30 mai 1951 sur le rocher de Ninh Binh au Tonkin

– et le général, auquel la mort de son fils unique a porté un coup très dur, contracte un cancer qui l'enlève le 11 janvier 1952.

Simone supporte ces épreuves en chrétienne. Loin de l'abattre, ces deuils stimulent sa soif d'agir et son besoin de se dévouer. Elle crée la Fondation Maréchal de Lattre qui vise à apporter une aide morale et matérielle aux militaires et à leurs familles et à maintenir en Francc ct à l'étranger le souvenir du sacrifice consenti par les Anciens Combattants.

Lors de l'atroce épisode des « boat people » Vietnamiens, on lui demande si elle n'aurait pas un abri pour les malheureux réfugiés d'Indochine. Elle répond : « *Je n'ai pas un abri ; j'ai une maison !* » Et elle met à leur disposition le château de Bourneau, en Vendée, préparé par ses soins pour accueillir des pieds noirs réfugiés. Et c'est ainsi que le château abrite aujourd'hui côte-à-côte les réfugiés d'Algérie et d'Indochine.

Madame de Lattre s'éteint le 3 juin 2003. Etrangère par sa naissance au milieu et aux traditions militaires, elle a su s'adapter, au prix sans doute de sévères sacrifices personnels, à la vie trépidante et toujours imprévisible de son terrible mari. Simone de Lattre a magnifiquement servi la France. En outre son cœur était rempli de bonté et de compassion. »

***

Thérèse Leclerc de Hauteclocque

Le 31 octobre 44, vers 11 h, le général Leclerc regarde ses unités entrer dans Baccarat. Au commandant Weil, assis à son côté sur un talus, il dit : « *Hier, le brouillard nous a permis de nous mettre en place sans être vus des Allemands. Aujourd'hui, le soleil donne à plein pour faciliter notre attaque. J'ai la baraka* ». « Oui », répond Weil. « *Sans doute, mes décisions vous épatent-elles souvent* ? » « Oui », répond Weil à nouveau.

« Eh bien, si vous connaissiez ma femme, vous seriez encore plus épaté ! »…

Cité par le général Compagnon dans son livre « *Leclerc* » (éditions Flammarion, page 9).

***

Thérèse de Gargan avait épousé le sous-lieutenant Philippe de Hauteclocque en août 1925. Ensemble, ils avaient rejoint Trèves à la fin de l'été mais, dès 1926, il demanda à participer aux opérations de pacification au Maroc.

Ils rejoignirent Taza mais, en 1929, chargé de l'encadrement des goums, il renvoie sa femme et ses deux fils nés dans l'intervalle dans son château de Tailly en Picardie.

C'est là que Madame de Hauteclocque passera, seule, la plus grande partie de sa vie de femme de soldat combattant au loin.

En 1933, il est affecté à Saumur où elle le rejoindra avec leurs cinq enfants : Henri, Hubert, Charles, Jeanne et Michel.

Un an après, il est capitaine-instructeur à Saint-Cyr et prépare l'École de Guerre où il est reçu en 1938.

En août 1939, il est en permission à Tailly au milieu des siens (une fille, Bénédicte, est née, la sixième). Il reçoit l'ordre de rejoindre l'état-major d'une division de réserve avec laquelle il fera la campagne de 1940. Son épouse reste seule.

Fait prisonnier en mai 1940, il s'évade et reprend bientôt le combat dans une autre unité, dans des conditions héroïques. Sans nouvelles de lui, sa femme emmène ses six enfants, de 14 à 4 ans, vers le sud dans la pagaille de l'exode de juin 1940.

Il réussit enfin à retrouver les siens le 30 juin en Charente après un long périple effectué sur un vélo de femme.

Sa fille Bénédicte me confie : « Il s'était évadé deux fois, avait été blessé et, la rage au cœur, avait décidé, « *pour éviter à la France un esclavage de 1 000 ans* », de rejoindre le général de Gaulle. Il a cependant un petit moment d'hésitation. « *Faut-il vraiment les abandonner ?* »

C'est alors Thérèse qui lui dit « *Allez, vous avez décidé de partir ; il faut y all*er ! » Elle est, à cet instant, héroïque mais elle reste fidèle à ce qu'il lui avait demandé durant leurs fiançailles :« **Vous m'empêcherez d'être un médiocre** ! »

Le 4 juillet, il s'arrache donc aux siens pour reprendre le combat avec le général de Gaulle en passant par l'Espagne pendant qu'elle rejoindra Tailly avec les enfants.

Elle n'y parviendra que fin août et ne reverra son mari, devenu le colonel, puis général Leclerc, qu'en 1944. Or, me confie sa fille Bénédicte : « Pendant la drôle de guerre, il était en Thiérache, pas très loin de chez nous. Il a écrit à Maman : « *As-tu réfléchi à la joie folle de nous retrouver dans X jours ?* » *(Les X jours allait durer quatre ans ...)*

En avril 1941, elle apprendra cependant que le colonel Leclerc qui vient de prendre Koufra est son mari. En revanche lui ne sait pas, quand il rentre au Fezzan, que sa femme vient de passer 36 heures en état d'arrestation à la Kommandantur de Warlus pour avoir protesté « avec manque de respect » contre une incursion allemande sans bon de réquisition dans sa propriété. Il n'apprendra que le 11 octobre qu'il est condamné à mort par contumace et que la confiscation de tous ses biens a été prononcée (en fait, de report en report, leur mise sous séquestre ne sera jamais exécutée). Ce n'est qu'au début 1942 que les deux époux arrivent à échanger clandestinement des nouvelles par l'intermédiaire de leur cousine canadienne, Mme Jean Vanier.

Pendant quatre années, elle élève seule ses enfants, faisant face aux difficultés de cette époque, aggravées par le fait qu'elle est la femme d'un dissident.

Leclerc débarque en France avec sa 2e DB et libère Paris. Ses deux fils aînés s'engagent à la Division en septembre et elle reste à nouveau seule avec ses enfants les plus jeunes pendant qu'il libère Strasbourg et que ses avant-gardes atteignent Berchtesgaden.

L'armistice est signé en mai 1945 mais, dès le 18 août, il s'embarque pour l'Extrême-Orient et arrive en Indochine en octobre.

Le 6 juillet 1946, il rentre en France et est nommé inspecteur des forces terrestres en Afrique du Nord. Le 6 août, il rejoint Tailly où ils passent ensemble leurs premières vacances depuis 1939.

Le 28 novembre 1947, il meurt dans l'accident de son avion au Sahara.

Surmontant la douleur de perdre, quatre ans après, son fils aîné Henri tué en Indochine, Madame Leclerc maintiendra le souvenir du général, devenu héros national, et la cohésion de sa famille, tout en contribuant au maintien de liens étroits entre les anciens de la 2e DB. et à l'aide sociale aux plus démunis. On la verra, pendant 50 ans, sillonner les routes au volant de sa 2 CV, de cérémonie en cérémonie.

Ayant passé la plus grande partie de sa vie seule, elle fera preuve toujours et partout d'une grande noblesse d'attitude et de pensée, d'une énergie indomptable, d'une grande simplicité, d'une rigueur morale sans faille, n'excluant pas une grande bonté, le tout animé par une foi profonde.

Cette Grande Dame s'est éteinte le 10 mai 1996, laissant à tous ceux qui l'ont connue, et à la France, un magnifique exemple d'abnégation et de culte du devoir.

***

Son jeune voisin des années noires, Paul C, qui devait combattre avec la 2e DB et devenir officier d'active, témoigne :

« J'ai rencontré pour la première fois la Maréchale pendant l'Occupation alors que, au fond de la campagne picarde, on se confiait sous le manteau que le déjà célèbre colonel Leclerc était le second fils du comte Adrien de Hauteclocque. Les Allemands le savaient-ils, je ne puis l'affirmer. Pour ma part, ayant décidé qu'il était temps, puisque j'avais mon Bac, de faire autre chose qu'écouter Radio-Londres, je me rendis à Tailly après m'être fait recommander, et, tout de go, je déclarais à la maîtresse des lieux que je voulais entrer dans la Résistance. Elle m'impressionna beaucoup par son assurance bienveillante et sa dignité accueillante. On ne mentait pas à une telle femme. Elle voulut bien me faire confiance et me fit connaître son fils aîné Henri. J'ai su par la suite, c'est elle qui me l'a dit, qu'on lui avait reproché sa trop rapide et imprudente confiance. Pourtant, je me l'imagine mal me disant que je me trompai et qu'elle ne s'occupait que d'élever sa famille…

Les temps n'étaient pas aux confidences et je n'ai jamais osé lui demander si les autorités françaises et allemandes lui créaient des difficultés.

J'ai su seulement qu'un officier allemand était venu lui faire une visite intéressée, sans doute pour un éventuel cantonnement, et qu'il lui avait demandé : « *Où est votre mari ?* » Elle répondit : « *Monsieur, voyez ma tenue !* » Comme elle était en noir ce jour-là, il crut qu'elle était veuve et s'excusa. Une autre fois, à un autre gradé qui cherchait à loger des soldats, elle répondit qu'un de ses enfants était malade et sans doute contagieux. Je crois qu'il se portait assez bien.

Quelques jours avant la Libération, un détachement allemand se présente chez elle pour réquisitionner un cheval et une voiture. Elle assure qu'elle n'en a pas. Ce qui est d'ailleurs vrai car Hubert, ayant vu de loin les visiteurs, est parti par derrière, dans les bois, à cheval sur Grip – le héros de l'histoire. J'arrive chez elle sur les entrefaites pour une visite de travail. La discussion est âpre. Elle parle parfaitement allemand et je me rends compte que la conversation n'est pas amicale. D'ailleurs, le chef de détachement ponctue ses phrases de mouvements de pistolet significatifs. La Maréchale ne bronche pas. Henri n'est pas là. Hubert est dans les bois et les autres enfants réfugiés au salon. Elle me met au courant et me demande *: « Ils veulent le cheval, qu'est ce que je fais ? »* Je bredouille je ne sais quoi mais un allemand fureteur découvre des traces de fers sur le sol humide. Explosion de fureur ! Les menaces se font précises. La Maréchale s'obstine. Les secondes sont longues.

Finalement, les Allemands se lassent et s'en vont en disant qu'ils reviendront. Ouf ! Les enfants sortent et la Maréchale propose : *« Si nous allions prendre un thé ! »* Je n'aime pas le thé mais j'ai trouvé celui-là excellent...

Epilogue. Sous la menace, il a fallu finalement leur donner le cheval mais on l'a retrouvé quelque temps après, par miracle, dans le Pas-de-Calais.

Cette petite histoire décrit la Maréchale mieux qu'un long discours. Je l'ai revue souvent depuis, toujours avec le même plaisir. Elle me disait souvent *: « Paul, il est bon d'avoir de la terre à ses souliers ! »*

Je connais beaucoup de gens dans la campagne picarde, et ailleurs, qui réservent une place d'honneur à sa photo. »

***

FEMMES DE SOLDATS DANS LA RÉSISTANCE ET LA DÉPORTATION

Marie-Germaine, (Madame « Tom » Morel)

C'est une petite femme pleine de vie. Elle rayonne la sérénité, la gentillesse, la simplicité et la bonté mais aussi la force d'âme et l'ardente foi vécue. Et pourtant elle a traversé de terribles épreuves.

Elle avait épousé en 1938, à 18 ans, Théodose Morel, un magnifique sous-lieutenant de chasseurs alpins. En juin 1940, à la tête de sa section d'éclaireurs, il allait bientôt se distinguer en haute montagne contre les troupes italiennes d'invasion et gagner la Légion d'honneur.

Instructeur à Saint-Cyr en novembre 1942, lors de la dissolution de l'Armée d'Armistice, il décida de passer à la Résistance en organisant le Maquis des Glières. C'est là que, devenu « Tom » dans la clandestinité, le Héros des Glières fût tué en mars 1944, lui laissant trois fils.

Veuve à 24 ans, elle eut bientôt la douleur de perdre aussi son dernier garçon, François, tout jeune enfant mort accidentellement.

En 1961, un nouveau malheur la frappait. Son autre fils, Robert, Saint-Cyrien, lieutenant de chasseurs alpins au 27e BCA, le bataillon de son père, était tué en Algérie.

Le seul fils qui lui reste était officier de marine et a sept enfants. Je la rencontre un jour à la gare d'Annecy. Elle attend ses deux derniers petits-fils qui viennent la chercher pour l'emmener au mariage de leur sœur. Ils sont admissibles l'un à Saint-Cyr, l'autre à Navale.

Le train arrive alors et en descendent deux splendides gaillards, ressemblant à leur légendaire grand-père. Ils lui crient « Bonne-Maman, nous sommes reçus tous les deux ! »... et je lui dis, en les félicitant : « La relève est bien assurée ! »

Je reviens la revoir aujourd'hui dans son appartement qui surplombe Annecy et fait face au massif du Parmelan dont son mari avait fait, au début 1943, un bastion de la Résistance.

Elle me montre, en contrebas, la maison familiale où elle est née et s'est mariée. Elle me raconte aussi la journée du 1er décembre 1943 : les sbires de la Gestapo, à la recherche de son mari et d'elle-même, perquisitionnent au domicile de ses parents, ignorant qu'elle habite au-dessus d'eux. Sa maman a la présence d'esprit de lui envoyer son jeune frère pour l'alerter. Elle tente de leur échapper en passant chez des voisins, laissant ses enfants à une jeune aide familiale. Dans la rue, les policiers allemands, à qui elle fait croire qu'elle est en visite et veut rentrer chez elle en ville, la forcent à rentrer dans la maison où elle regagne son logis à pas feutrés. Elle y attend pendant de longs moments dans l'angoisse priante.

Finalement, les Allemands redescendent avec les albums de photos familiales mais sans prendre d'otage et sans découvrir sa cachette.

Son mari, averti de cette menace, décide de mettre sa femme et ses fils à l'abri chez une tante à elle au fond de l'Ardèche. Le lendemain, à l'aube, il lui envoie un courageux ami de la Résistance avec une camionnette munie des autorisations de circuler nécessaires et d'une fausse carte d'identité pour elle.

Il prend même le risque de venir lui dire au revoir et, en ce « 2 S 1943 » (2 décembre, l'anniversaire d'Austerlitz, fête des Saint-Cyriens), c'est leur dernière rencontre.

« Dans toute l'année 1943, *ajoute-t-elle*, je n'ai vu mon mari que trois fois car il était activement recherché. Un jour, invitée à déjeuner chez un ami, j'ai eu la surprise et la joie de le voir arriver. Une autre fois, nous nous sommes simplement croisés sur un pont et n'avons pu échanger qu'un regard. La troisième fois était son adieu… »

Elle me raconte aussi son difficile retour à Annecy après la Libération et la mort de François. Elle me dit, qu'émue par la détresse de ses compagnes veuves de guerre cherchant un appui pour continuer seules leur vie, elle décide de les aider.

En 1946, elle crée une association rassemblant 700 d'entre elles et, pendant 34 ans, s'occupe de leur soutien moral et de la défense de leurs intérêts. Elle travaille dans le même esprit au Conseil Municipal d'Annecy et comme déléguée des Veuves de guerre auprès du Préfet, puis à l'Office des Anciens Combattants et au Souvenir Français.

En 1961, quand le malheur la déchire à nouveau avec la mort de Robert, elle prend la présidence des parents des Tués et fait sienne leur devise :

« Nous n'avons rien donné quand nous n'avons pas tout donné. »

Mais ce n'est pas encore assez et, loin de se laisser abattre, elle s'engage alors comme responsable des services sociaux de l'Enseignement Libre de Haute-Savoie où elle sert à mi-temps pendant 17 ans.

Elle me montre avec bonheur et fierté ses photos de famille et me dit les grandes satisfactions que lui donnent ses sept petits-enfants. Cinq sont mariés et lui ont déjà donné vingt-deux arrière-petits-enfants.

Les deux jumeaux que j'avais rencontrés à la gare sont l'un enseigne de vaisseau et l'autre lieutenant... Au 27e BCA, il y a de nouveau, pour la troisième fois, un lieutenant Morel...

Promue en 2002 officier de la Légion d'honneur, Marie-Germaine a dit à cette occasion : « ...Ma vie avance mais le sillage tracé par ceux qui ont tout donné m'a permis de vivre dans le service et l'amour de notre cher pays, et de poursuivre... »

Son mari, tombé tout jeune, a donné son nom à une promotion de Saint-Cyr ; il est devenu un héros national.

Elle a fait preuve, dans la longue durée, d'un courage admirable et rayonnant.

Sa force d'âme et sa merveilleuse jeunesse d'esprit sont fondées sur deux éléments :

– sa volonté d'être digne de son époux et fidèle à son exemple,

– et sa foi profonde de chrétienne convaincue.

« Je redis mon « Oui » tous les jours », *me confie-t-elle...*

***

FEMMES DE SOLDATS DANS LA DÉPORTATION

Certains noms appartiennent à l'Histoire mais je pense aussi à la grande foule des anonymes.

Personnalité militaire marquante déjà en 1939, le général Giraud s'évade de la forteresse allemande où il est prisonnier de guerre. Il rejoint la zone libre et, le 5 novembre 1942, il s'embarque sur un sous-marin pour arriver en Algérie, trois jours avant le débarquement allié. Il savait sa famille soumise aux représailles de l'ennemi.

De fait, Madame Giraud a été internée à Vals-les-Bains, avant d'être déportée sous la conduite des SS à Paris, Vittel et finalement Friedrichroda. Sa fille Renée Granger et ses quatre enfants ont été déportés de Tunis à Friedrichroda (Thuringe), où Renée a trouvé la mort.

Dans le même temps, deux fils et un gendre du général servent dans l'armée d'Afrique. Son autre gendre et son frère ont été déportés à Plansee (Tyrol).

Beaucoup d'autres militaires prestigieux jouèrent un rôle important dans la Résistance et furent déportés ; certains, comme le général Delestraint et le général Frère moururent dans les camps. Leurs épouses suivirent souvent le même chemin. Il en est ainsi de Madame Ely, épouse du futur chef d'état major de la Défense Nationale. Grièvement blessé en 1940, il s'engage dès 1941 dans l'Organisation de la Résistance de l'Armée (ORA), en devient en 1942 le chef adjoint pour la Zone Sud et se rend en mission à Londres le 4 février 1944.

Le même jour, sa femme est arrêtée et déportée à Ravensbrück. Elle n'en reviendra pas.

Pauline (Madame FRÈRE)

Née le 13 Avril 1894, Pauline LEGRAND épousa en mars 1914 le capitaine Aubert FRÈRE.

Fuyant devant les Allemands, elle perd l'enfant qu'elle attendait, dans des conditions telles qu'elle ne devait plus pouvoir, à son grand désespoir, en avoir d'autres. Son frère, Achille, était tué à Verdun en 1916. Son mari fut blessé une première fois le 22 août 1914, une seconde fois le 28 septembre 1917 et une troisième fois, très gravement, le 21 avril 1918.

Entre les deux guerres, Madame FRÈRE remplit auprès de son époux, avec tact et dévouement, les nombreuses tâches incombant à une femme d'officier : de l'E.S.M. de Saint-Cyr à la 10e Région à Strasbourg.

Parallèlement elle se donna, avec une gentillesse et un dévouement universellement reconnus, à toutes sortes d'activités d'ordre social.

La Seconde Guerre mondiale l'oblige à se réfugier en 1939 dans sa famille près d'Arras. Elle devra fuir une nouvelle fois devant l'avance allemande. De 1940 à 1943, à Lyon d'abord, puis à Royat, elle secondera avec discrétion et efficacité son mari, en particulier lorsque celui-ci deviendra le premier « Patron » de l'O.R.A (Organisation de la Résistance de l'Armée).

Elle est arrêtée par la Gestapo, le jour de la Pentecôte 1943, et déportée au camp de Ravensbruck. Très malade (pneumonie, puis diphtérie) elle sera en 1945 rapatriée par la Suède où elle sera soignée, pendant deux mois, par des médecins suédois.

À son retour en France, elle apprit la mort de son mari au camp de déportation du Struthof. Elle devait perdre également, à l'automne 1946, sa mère, atteinte d'un cancer et qu'elle chérissait, après l'avoir soignée jour et nuit.

Elle avait conservé une très grande force d'âme et consacra tous ses efforts à la mémoire de son mari. Elle obtiendra qu'une promotion de Saint-Cyr porte le nom « général FRÈRE ». Elle est morte le 11 décembre 89 dans sa 96e année.

En dépit de son âge, cette Grande Dame n'aurait jamais voulu accueillir un visiteur autrement que debout. Jamais un mot de haine contre ses geôliers ou pour se plaindre de ses infirmités. Elle raconte :

« Lundi de Pentecôte 1943. Les grilles du parc laissent entrer plusieurs voitures. « *Aucun doute, ce sont eux* », dit le général. Elle lui demande les dernières lettres qu'il a sur lui et se précipite à l'étage pour les brûler. Les coups bientôt frappés à la porte ne la troublent pas... Dans la cheminée, il n'y a plus que des cendres. Elle rejoint son mari au milieu des « visiteurs ». Il sait ce qu'elle vient de faire. Grâce à elle des vies ont été sauvées. Dans son regard, elle voit qu'il est fier d'elle. Il lui glisse : « *Ils savent tout. Nous sommes fichus* ! »

En Maison d'arrêt (texte de sa main)

« Par la fenêtre, j'aperçois notre jardinier. Je lui demande de porter un mot à la femme de chambre – où je la prie de m'apporter l'indispensable. Quatre heures après le bagage arrive à la prison... et six heures après, ma cellule est envahie de Boches qui n'arrivent pas à comprendre la rapidité du service de renseignements français...

Partant en promenade, je tape aux portes de mes voisins. C'est ainsi que je fais la connaissance du commissaire de Police de Vichy, d'un chanoine de Strasbourg, de Monsieur Michelin, le fabricant de pneus. Je leur passe sous la porte un morceau de journal et une épingle. Le lendemain, je fais l'échange : les messages ainsi écrits par perforations du papier leur permettent de se mettre d'accord pour les interrogatoires.

En route pour la déportation (*de sa main*)

« Dans le train, avec une quarantaine de mes camarades entassées dans un wagon à bestiaux, assises à même le sol. Le convoi s'arrête. Notre porte s'ouvre. Cinq officiers allemands sont alignés. L'un d'eux demande : « *Madame Frère ?* ». Le temps de me relever et d'enjamber mes camarades... Parlant impeccablement le français, il renouvelle sa question : « *Vous êtes bien la femme du Gouverneur de Strasbourg ?* » – *Oui, Monsieur.* lui répondis-je. Il reprend la parole : « *Nous sommes désolés de vous faire voyager dans de telles conditions. Nous avons réservé un compartiment dans le wagon des officiers et nous vous demandons de bien vouloir y prendre place.* » – « *Je vous remercie mais je n'ai pas encore 50 ans. Par contre, il y a ici cinq femmes qui en ont plus de 80. Pour elles, j'accepte votre offre ! Allez les vieilles ! Ces messieurs vous offrent un compartiment dans leur wagon. Vous y serez mieux installées* ». J'avais gagné la bataille mais je n'avais pas encore gagné la guerre… »

Matricule 47313 – (texte de sa main)

« Ravensbruck était bondé. Le boche utilisait la chambre à gaz mais les crémations étaient insuffisantes. J'ai vu, de mes yeux, une énorme pièce dans laquelle étaient en attente des cadavres de femmes nues, alignés, serrés depuis le sol jusqu'au plafond, parfaitement rangés. C'était un spectacle d'enfer. Je le reverrai jusqu'à la fin de mes jours. La Gestapo a été dépassée dans sa cruauté. L'arrivée de notre convoi excédait les possibilités de logement. Alors la chambre à gaz nous a ouvert ses portes !... Les plus mal en point y seraient dirigées. Je figurais sur la liste... Notre gardienne allemande avait accordé sa confiance à une compatriote de notre convoi pour faire l'appel. Complètement nues, nous défilions dans la cour, devant quatre allemands qui se disaient médecins et, du trottoir d'en face, désignaient les femmes les plus malades à la fille qui détenait la liste. Quand elle est arrivée à mon nom, elle ne m'a pas appelée ! Plus tard, elle a dit :

« *Celle-là avait déjà rendu service dans le convoi. On pouvait encore avoir besoin d'elle* ». C'est ainsi que je fus sauvée ».

***

FEMME DE SOLDAT DÉPORTÉ

Beaucoup de soldats moins connus connurent le même sort et leurs femmes les affres consécutives.

Parmi eux, j'ai choisi de raconter l'histoire de Pierre et d'Hélène Cano. À la mort de sa mère, Annick a trouvé un carton plein de lettres de ses parents. Elle en a tiré la matière d'un livre :

« Ma vie vous appartient » (Editions Christian, 14 rue Littré, Paris.)

Elle a bien voulu en extraire pour nous quelques passages :

Hélène

« Hélène et Pierre étaient camarades d'enfance mais leurs sentiments réciproques avaient évolué avec les années. Cependant, Pierre hésitait à se déclarer. Un jour cependant, devenu officier et partant pour la Syrie, il a ajouté un post-scriptum à la fin d'une lettre : « *Et puis, c'est trop bête de ne rien dire. Veux-tu t'appeler Madame Cano et venir en Syrie?* »

Elle n'attendait sans doute que ce signe et répondit « oui ».

Il la mettait cependant en garde contre les difficultés à venir : *« Pourquoi faut-il que je fasse un métier si dur pour les autres ? Mais voilà, je l'aime jusque dans ses servitudes.*

...Et c'est surtout pour vous les femmes qu'il est dur ! » (...)

Après deux années d'attente dues à une tuberculose pour Hélène, ils se sont mariés en 1931. Lors de l'offensive allemande du 10 mai 1940, Pierre fût fait prisonnier et s'évada.

Clandestinité

« Dès l'automne 1940, il travaillait au Deuxième Bureau sous un faux nom. Sa famille devait jouer le jeu. Mais c'est surtout à partir de 1942 qu'il a été menacé.

Après une nuit de bombardements, j'eus la surprise de découvrir que Papa n'avait pas dormi à la maison. Il ne prenait pas non plus tous ses repas avec nous mais venait encore assez souvent. Il mettait parfois une paire de grosses lunettes d'écaille. Plus tard, on noua au balcon un cordon blanc dont il vérifiait la présence avant de monter.

Chaque coup de sonnette était inquiétant. Il fallait avoir l'air détendu et ne mentionner que le travail à la Banque qui servait de couverture tant pour la Gestapo que pour nos voisins.

... Il régnait des mystères. Nous recevions de temps en temps la visite de jeunes gens qui demandaient toujours en entrant : « *Est-ce qu'Annick est là ?* ». J'étais assez fière de cette popularité, ignorant que c'était un mot de passe...

Ils déposaient parfois un bout de papier que je devrais éventuellement faire filer par la chasse d'eau sur un signe de Maman, ou bien ils en prenaient un autre, dissimulé dans un étui à aiguilles. Tout cela était très excitant. J'aurais bien voulu savoir où il partait le soir quand il nous quittait. Craignant d'être arrêté à la maison, il avait loué une chambre chez une vieille dame. Il paraît qu'elle n'avait pas très confiance en ce type bizarre qui sortait à des heures indues, s'absentait sans crier gare.

Il lui paraissait louche. À ma tante aussi. Il la vit dans le métro, ne lui dit pas bonjour et sauta du wagon en marche sur le quai…

(…)

On se méfiait de tout le monde. Un soir, mon père était venu dîner. On sonne. Voix d'hommes derrière la porte. Angoisse. « *Je suis fait comme un rat* ! », dit-il, et il part se cacher derrière les volets de la chambre. On ouvre : c'étaient les éboueurs, pour les étrennes !

Arrestation.

Le 15 janvier, la femme du lieutenant de pompiers M. est venue nous apprendre que mon père avait été arrêté. Elle n'est restée que quelques minutes ; nous étions dans la gueule du loup et elle risquait gros. Son mari a échappé à l'arrestation car il était de service pour un incendie.

(Ces textes proviennent d'un carnet dans lequel ma mère « écrivait » à son mari chaque jour…) :

« Les premiers jours ont été atroces. À chaque pas qu'on entendait dans la cour, nous nous précipitions à la fenêtre, croyant t'entendre monter l'escalier. À chaque coup de sonnette mon cœur battait. Annick me disait « Ne pleure pas, ma petite Maman ! »…

Elle n'a été prévenue officiellement, ni de l'arrestation, ni de la détention de son mari.

« J'ai fait toutes les démarches possibles, sans résultat. Je n'ai vraiment su où tu étais que lorsque j'ai mis un petit paquet, le jeudi 17. J'étais bien émue en l'apportant et le lendemain j'ai téléphoné pour savoir s'il était passé. Une heure à la poste sans pouvoir obtenir la communication. Lorsqu'on m'a dit oui, j'ai eu un soulagement... Je savais que tu étais vivant et que tu avais pu changer de linge, te nourrir un peu avec ce que j'avais pu mettre. J'avais fait ce paquet avec amour !

…Je me demande si tu liras ce que j'écris. En tous cas, c'est un peu comme si j'allais mettre ma lettre à la boite. Un peu car je n'ai pas l'espoir de recevoir une lettre, c'est horrible de ne rien recevoir. Nous avons été bien séparés depuis quinze ans, peu de ménages se sont écrit comme nous. Mais maintenant, ne rien savoir, ne rien attendre...

…Le 7 février, le lundi, j'ai reçu l'enveloppe écrite par toi... je revenais de la rue des Saussaies. Quelle émotion ! j'ai ouvert avec un tremblement pour trouver… une circulaire. Là, encore une déception : tu n'avais pas droit aux vivres. Toutes les provisions étaient prêtes. J'ai

décidé que je porterais quand même mes pauvres 5 kg. J'ai fini de marquer à deux heures du matin, j'ai cousu, rangé combiné, pesé, le linge d'un côté, les provisions de l'autre. À 6 h du matin, j'étais levée, je n'avais pas dormi. À 8 h 1/2, je passe. À 9 h, le paquet monte vers toi. J'ai vu ton nom sur la fiche. Tu es là ; nous sommes tout près l'un de l'autre et nous ne pouvons pas nous voir. Mon cœur bat pendant quatre heures... jamais ce grand carton ne revient. Alors, quoi ? Je demande à l'interprète une fois, deux fois, encore une fois. Il téléphone ton nom. Que c'est pénible d'entendre ton nom ici ! Le voilà ! Je me jette dessus ; il est complètement vide. Je sors, heureuse comme si il m'étais arrivé un bonheur. Tu as tout eu, même le paquet de tabac. Pauvre chéri, si privé de tabac, tu en souffres, je le sais. Tu as écrit mon adresse sur le carton... »

Mi-février, elle a reçu la visite d'un camionneur qui, pris dans une rafle, avait passé quelques jours à Fresnes. Il disait que mon père avait le visage si tuméfié qu'il avait cru être en présence d'un ivrogne ! Il apportait un tube de dentifrice contenant un mot. Il fallut attendre que les traces de pâte rose sèchent pour déchiffrer :

« 13 février. Ma chérie. Tout va bien et, si je n'ai pas d'espoir d'être libre avant la fin des hostilités, il ne m'arrivera rien de grave. Je n'ai été maltraité que le 1er jour. Le porteur de ce mot te donnera des détails. Roger a 20 000 F à moi, sers-t-en. Soignez-vous bien, que je vous retrouve en forme. Prend des notes sur ton agenda pour bien me raconter toute ta vie et le réconfort que tu as trouvé auprès d'amis.

Je voudrais que tu te mettes en relation avec mes amis. Ils pourraient t'aider pour les tickets ou autre chose. Dis-leur que j'ai été vendu par Jacques qui était chef par intérim de « Vengeance », pour Paris. C'est un agent allemand qu'il faudra supprimer. Si tu peux m'écrire un jour, donne moi des nouvelles de mes amis en me disant que René et les siens vont bien.

Je pense que je serai expédié en Allemagne. Je vous embrasse bien toutes les trois. Courage, la victoire viendra bientôt et je ne tarderai pas à vous revenir. Je t'aime et je suis tout à toi. Pierre. »

Ce mot clandestin fut le seul contact qu'elle eut de son mari pendant son séjour à Fresnes. Il était écrit au crayon sur le quart d'une feuille de livre...

Elle réussit à contacter certains camarades. Rendez-vous à l'église de La Madeleine. Agenouillés côte à côte, la tête pieusement cachée dans les mains, ils chuchotent quelques minutes pour prévenir et demander conseil, avant de partir séparément. Elle a fini par tomber malade… elle apprit aussi que l'Abbé Stock recevait chez lui les familles des détenus des prisons dont il était l'aumônier allemand. Il acceptait de transmettre – toujours oralement – quelques nouvelles réconfortantes.

Les amis défilaient à la maison avec un peu de beurre et de sucre. Chacun manifestait ainsi sa compassion. Toute femme de prisonnier connaît l'importance du paquet, par lequel elle peut manifester à l'absent sa sollicitude et sa tendresse, un peu de sa présence.

Les nouvelles circulaient on ne sait trop comment. Elle apprend qu'un gros départ avait eu lieu de Fresnes vers Compiègne. Pierre n'est pas sur la liste.

« Quel calvaire depuis deux mois ; jamais sûre de rien... et quand partiras-tu ? »

Puis elle reçut une lettre. Sur l'enveloppe, notre adresse tracée d'une main inconnue. À l'intérieur, collé sur une feuille blanche : *« Viens vite et amène Annick ».*

Il avait probablement jeté une boulette pendant son transfert; quelque passant l'aura ramassée et transmise. Solidarité inconnue !

Nous partirons le lendemain matin par le train, pleines d'espoir. Le camp est assez loin de la ville. Pendant des heures, on nous fit attendre, espérer, revenir, attendre encore le retour de l'officier qui finit par donner un « non » catégorique : *« Vous ne verrez pas votre mari, son cas est trop grave ».* Il était classé NN, Nacht und Nebel ([1]).

Maman a cependant insisté, allant voir le commandant du camp, tandis que j'attendais sous la garde d'une sentinelle accompagnée d'un énorme chien-loup. Mais rien ne put les faire fléchir et nous reprîmes le train de 5 h.

Quel voyage ! Changement à la gare de Creil endommagée par des bombardements, quatre heures d'attente pour grimper à 11 heures du soir dans un train bondé qui n'arriva à Paris que le lendemain au petit matin, puis le premier métro.

([1]) « Nuit et Brouillard ». Le décret allemand du 7 décembre 1941 stipule que les détenus de cette catégorie ne doivent plus jamais avoir aucun contact avec leur famille et leur pays. Les détenus NN. devaient disparaître corps et biens.

Aussitôt rentrée, Maman retourne avenue Foch réclamer un nouveau permis et nous voilà reparties pour Compiègne le 5 avril. Nouvelles démarches pour savoir si Cano est prévu pour le départ du lendemain. À 9 h du soir, il semblait que c'était non ; nous irons de toute façon, ayant réussi à trouver une chambre et dîné, comme la fois précédente, de viandox et de pain.

Nous étions à 7 h du matin dans le square. Des ambulances transportaient les invalides. Je vis un homme jeter par l'étroite fenêtre un bout de papier (lui aussi). Un soldat le vit et le déchira. Les hommes passaient tout près de nous ; les gens leur lançaient des pains. Mais les sentinelles encadraient les groupes et veillaient, mitraillette au poing. Nous scrutions les visages, en vain. L'après-midi le paquet est accepté : il est donc bien là et il y restera encore un peu ; tant mieux !

Mais on refuse toujours la visite.

Départ de Compiègne

Nous étions averties des prochains départs par un pharmacien. Lorsqu'il voyait débarquer la paille destinée à garnir les wagons à bestiaux, il comprenait qu'un convoi était prévu et prévenait X., qui avertissait Y., qui le disait à un autre. En fin de course, la patronne d'un café prévenait Maman.

Sachant qu'un autre convoi devait partir le 27 avril, elle se met en route, toujours avec un paquet. Il fallait prévoir de passer toute la nuit pour atteindre Compiègne par la gare Saint-Lazare. J'avais la grippe. Elle n'a pas osé m'emmener cette fois.

« *Quel crève cœur de la laisser et aussi de penser que tu m'en voudrais un peu que la petite ne soit pas là. J'ai cru bien faire ; tout le monde m'a approuvée. Nous sommes parties avec une jeune femme dont le mari est avec toi. Je me suis dégourdie pour trouver une chambre. Quelle nuit agitée j'ai passée en pensant que tu serais sans doute de ce départ.* »

Tandis qu'elles se hâtaient vers Compiègne, c'était le rassemblement des 1 700 partants. « À l'appel du soir, le 25 avril, le chef de camp arriva flanqué d'un séide tenant en main une liste : la composition du nouveau convoi. Chacun était attentif. Ceux qui étaient désignés répondaient à l'appel de leur nom. Cano et son équipe en étaient. Il restait à préparer les valises et surtout à essayer de passer sur soi-même ce qui pourrait éventuellement faciliter une évasion. Interminable attente debout tout l'après-midi, pointage, fouille, nuit dans la paille des baraques de transit, personne n'a sommeil ; ils chantent... Au matin la colonne se forme pour la gare. Sur le parcours, la foule était nombreuse pour nous voir.

Quelle ne fut pas la surprise de Cano et de Battini de reconnaître leurs épouses, preuve que l'information avait filtré. Ils purent échanger quelques mots et signes avec elles et en furent rassérénés… »

Encouragements et recommandations traversaient la haie de soldats qui maintenaient les spectateurs à distance.

« Mon chéri, ce matin à 8 h, je t'ai vu passer... Tu semblais préoccupé et vous alliez si vite. J'écarquillais les yeux ; c'est toi qui m'a vue le premier. Oh, quand j'ai entendu mon nom que personne n'a prononcé depuis plus de 3 mois… « Nette ! »

J'aurais voulu te dire tant de choses, te lancer le tabac, le chocolat, l'argent que j'avais dans mon sac. Mais hélas, c'était trop bien gardé cette fois-ci. Comme c'était dur de ne pas pouvoir t'embrasser ! Je suis vite partie sur la quai de la gare pour essayer de t'apercevoir, mais impossible, je n'ai vu que des wagons à bestiaux grillagés et quelques têtes qui cherchaient à voir derrière. Quel serrement de cœur ! J'ai dû me résigner à partir... Maintenant, je ne saurai pas où tu es avant combien de temps ? Je sais que tu avais du courage, je n'ai pas peur pour cela ; ta santé me tracasse bien plus. Le calvaire continue. Reviens-moi vite, mon Pierre, je t'attends, je t'aime, je ne vis plus sans toi, ta présence m'est nécessaire, tu le sais. Nous nous reverrons, n'est-ce-pas, mon Pierre ? »

Ce fut leur dernière rencontre. Il partait vers l'Allemagne. Aucune adresse... et cela dura des mois... (…)

***

Après le débarquement, Maman n'a cessé d'espérer. Puis les journaux ont commencé à raconter ce qu'avaient découvert les troupes en libérant les camps. Suzanne Battini a reçu une lettre de son mari. Il citait Cano parmi ceux qui ne reviendraient pas mais Maman refusa de l'admettre.

Et, comme l'hôtel Lutétia accueillait les déportés, elle les interrogeait, montrait une photo et rentrait bouleversée. L'un d'eux affirma avoir vu Papa aux cuisines du camp, en avril : « *C'est bien lui, nous l'appelions le commandant...* »

Elle s'accrocha à cet espoir. Jusqu'au retour d'Olivier Battini... Nous sommes allées le voir. Il a tout raconté, en vrac. Jacques de Barry est venu en juin nous rapporter la cuiller en fer de Papa...

Alors seulement, elle accepta de se rendre à la réalité... C'était en mai 1945, un peu plus d'un an après le départ de Compiègne.

Après la fin de la guerre, nous sommes allées à Flossenbürg. Le four crématoire contenait encore des ossements. Nous avons eu la chance de pouvoir l'évoquer sur ses dernier lieux de vie...

Dans la cour de l'École Militaire, on m'a remis sa Légion d'honneur et sa Médaille de la Résistance...

L'après-guerre

Mon père n'avait pas vingt ans de service et la pension était mince; le supplément pour veuves de guerre était calculé au taux de soldat.

Impossible d'obtenir un acte de décès. « *Il vous faut écrire à la mairie du village où il est décédé !* », conseillait une employée, sans comprendre qu'il n'y avait pas de village, pas de mairie, pas de dossier d'état-civil...

Il a fallu attendre qu'une loi soit votée. Alors, sur les déclarations de deux camarades, on a pu obtenir un acte de décès le 14 juin 1946.

Ma mère a donc travaillé pour m'élever, acceptant toutes les propositions : petits boulots d'abord, procurés par l'Association des Veuves de Guerre : vente à domicile de portefeuilles, livres, mouchoirs... garde d'un petit garçon qu'elle promenait le jeudi et le dimanche, quêtes pour la Croix Rouge dans les théâtres (elle assistait à la pièce à côté du pompier de service), ou dans les grands restaurants, ce qui lui était fort pénible.

Nous faisions aussi en famille des bandes d'adresses pour des journaux... Elle a ensuite été secrétaire à la Saint-Cyrienne, au Corps-Franc Pomiès et enfin a tenu – à domicile – la comptabilité de salaires pour un laboratoire... »

***

Le Père Riquet a dit dans son homélie :

« Jamais je n'oublierai notre première rencontre à Fresnes. Dépouillé de tout vêtement, Cano m'apparut comme un homme splendide, tout droit, la tête fièrement redressée et souriant malgré les coups dont son corps – violet de la tête aux pieds et les yeux cerclés de noir – gardait la trace encore fraîche. Le défi de ce sourire triomphant affirmait sa résistance à toutes les tortures. Il n'a jamais trahi ses compagnons. Et cela jusqu'au dernier mot que nous a rapporté le compagnon de sa dernière marche. À bout de forces, cheminant sur les routes de Tchécoslovaquie, soutenu par ce camarade, ils se trouvent tout à coup face à un Christ peint sur le mur d'une église. Il dit alors : « C'est à Lui que nous offrons toutes nos souffrances. »

Pierre et Hélène se sont enfin retrouvés. Les voici maintenant à jamais compagnons d'éternité : à chacun de nous de suivre leur exemple pour les y rejoindre. Amen. »

***

RÉSISTANCE 1942-1944

Jeanne-Marie (Madame de Pouilly)

*C'était la femme d'un courageux capitaine, blessé et fait prisonnier en juin 1940. Evadé, il rejoint à Royat la Direction de la Cavalerie de l'Armée d'Armistice. Là, le général Leyer, future cheville ouvrière du réarmement de l'Armée d'Afrique, donne comme consigne : « **Tout pour l'Algérie. C'est de là que nous repartirons !** »*

La petite armée d'Armistice, tolérée par les Allemands en zone libre, fût surprise et désarmée par eux, en novembre 1942, quand les Alliés ont débarqué en Afrique du Nord et que notre flotte de Toulon dut se saborder. Les cadres ont été démobilisés et renvoyés dans leurs foyers. Jeanne-Marie écrit dans son carnet :

« (…) Nous ressentions une impression de servitude insupportable au point que j'ai supplié mon mari de partir pour l'Algérie afin de rejoindre l'armée d'Afrique qui reviendrait délivrer la France. Je préférais son départ à la douceur d'avoir d'autres enfants car avoir des enfants asservis à l'Allemagne était impensable. Il fallait résister.

Mon beau-frère Baudouin appartenait à un régiment d'Algérie; il était venu en permission et était malheureusement bloqué en France. Il était aussi décidé que mon mari à partir le plus tôt possible.

Les Allemands gardaient la frontière espagnole, le passage était difficile et dangereux.

Mon beau-frère avait trouvé un passeur qui réclamait une forte somme d'argent que nous lui avons donnée. Ils avaient rendez-vous avec lui sous l'horloge de la gare de Limoges… Il n'y avait personne au rendez-vous…

Une deuxième fois, un autre rendez-vous est pris dans un petit village de montagne perdu dans les neiges au pied du Pic d'Aneto. Les occupants gardent surtout les deux extrémités de la chaîne pyrénéenne, les plus basses. Mon mari et mon beau-frère restent quelques semaines cachés avec des juifs et des communistes. Un matin au petit jour, départ. Ils se placent en queue de colonne. Après une longue marche, le guide se retourne et dit que la frontière est là, au détour du sentier, et que sa mission est finie... Il part. Au bout du sentier, il y avait… les Allemands qui cueillent les fugitifs et les escortent vers la France. Mais mes deux hommes avaient eu le temps de se jeter dans une congère et de s'y faire oublier. Ils en ressortent à moitié gelés mais libres…

Troisième longue attente dans un galetas avec des pommes comme seule nourriture. Cette fois, ils trouvent un Espagnol qui consent à leur faire gagner Lerida, gracieusement, avec leur chevalière comme seul gage d'un futur payement. Après bien des aventures, ils arrivent au Maroc en février 1943 sans avoir été internés.

Pendant ce temps, nous étions sans nouvelles et sans argent. Nos maris nous avaient laissé un certain nombre de feuilles de papier signées, si bien que nous avons pu envoyer régulièrement les attestations de résidence exigées de chaque officier. Mais les gendarmes sont venus réclamer les évadés pour garder les voies ferrées, obligation imposée à chaque français.

Les premiers faux que j'ai faits ont été pour moi des cas de conscience terribles. Je n'en dormais plus. Après, j'en ai pris l'habitude : *« Mon mari est parti chercher du travail en Lorraine. Je suis sans nouvelles de lui... »* J'arrivais à toucher 3 000 F par mois, ce qui me permettait de survivre mais j'avais toujours le cœur serré. Je recevais une signature sur une carte tous les 2 ou 3 mois : « *Je vais bien* »…

J'ai dû quitter la maison de campagne, que mes beaux-parents reprenaient, pour aller habiter Argenton-sur-Creuse dans un coin assez retiré. Un camarade vint me voir et me dit avec beaucoup de sérieux : « *Rappelez-vous que le colonel Chomel est un type épatant* ». Je ne compris pas mais retenais le nom. Un soir, vers 22 h, on frappe à la porte, les enfants sont couchés. Inquiète, femme seule dans une grande maison, je demande qui est là. « *Le colonel Chomel* ». J'ouvre, un homme correctement habillé, l'air épuisé, en bicyclette. Je l'ai souvent logé ; il arrivait tard le soir et était parti avant que je ne me lève. Son nom de guerre était Charles Martel et il était le chef de l'ORA (Organisation de la Résistance de l'Armée). Il était chargé de la liaison entre les maquis.

Les Alliés avaient débarqué en Afrique du Nord. En Tunisie, notre Armée d'Afrique s'était retournée contre les Allemands. Ceux-ci ne pouvaient l'admettre et pénétraient de plus en plus en zone ex libre. La France était tout entière sous leur domination.

Les environs d'Argenton, avec les bois et les landes de bruyère, étaient propices aux maquis. Il y en avait deux dans la région : AS (Armée Secrète) et FTP (Francs-Tireurs et Partisans). Les FTP recevaient leurs consignes du Parti Communiste. Les Russes qui luttaient à l'Est contre les Allemands avaient en effet intérêt à leur créer des difficultés en France. Les occupants les considéraient donc comme des ennemis très dangereux, ils les traquaient… L'Armée Secrète comportait des résistants non communistes de tous milieux, ayant un grand idéal de liberté individuelle et de respect de la personne humaine. C'étaient des patriotes convaincus qui appliquaient, dans la discipline, les consignes de la Résistance transmises par Charles Martel.

Les uns et les autres ne s'entendaient pas et se battaient à l'occasion.

Il y avait dans la région plusieurs sites de parachutage : officiers avec des postes radio, armes et argent. Il fallait cacher ces hommes, stocker les armes, apprendre aux maquisards à s'en servir et répartir l'argent. FTP et AS vivaient dans le maquis, ce qui nécessitait tout un système de ravitaillement, de renseignements, de transmission de consignes et de contacts.

Devait être assuré aussi le soin des malades et blessés. Dans les environs d'Argenton, il fallut trouver une dizaine de personnes susceptibles de les cacher et de les soigner. S'inscrire pour ce service, c'était déjà courageux… Je tiens à dire la magnifique générosité dont j'ai vu certaines femmes de tous milieux faire preuve. Sur le parcours quotidien des patrouilles SS, l'une d'entre elles logeait dans sa petite maison ouvrière un FTP polonais devenu fou qui hurlait des slogans anti allemands ; elle le soignait avec intelligence et amour, sans dédommagement. Une autre qui avait fait sa « *Croix Rouge* » avait recueilli dans son château deux ou trois blessés à la fois qui occupaient certaines pièces pendant que les Allemands cantonnaient tout autour.

Séance mouvementée un soir, après une convocation d'urgence dans l'arrière-boutique du pharmacien Bonnaire... Un chef parachuté annonça qu'on allait faire sauter incessamment le barrage d'Eguzon qui alimentait Paris en électricité. Cela amènerait un tel afflux d'eau que toutes les maisons de la ville basse seraient noyées. Interdiction de prévenir qui que ce soit pour ne pas donner l'alerte aux Allemands. Des centaines de morts étaient à prévoir. Que faire ? Ce cauchemar a duré plusieurs jours. Finalement, on nous a fait dire que le commandement renonçait à son projet...

L'ambiance devenait de plus en plus tendue. On sentait ces masses d'hommes opposés les uns aux autres dans les environs. Charles Martel est arrivé un jour, visiblement inquiet : « *Voilà la situation : il faut que vous soyez au courant. Les FTP sont nombreux et puissants. Leurs chefs n'arrivent plus à les contrôler. Or, il faudrait attendre encore avant d'agir. Ils ont décidé d'attaquer un train d'essence en gare d'Argenton et de s'emparer de la ville. C'est de la folie car il y aura des représailles. Les Allemands ne pourront admettre la prise d'Argenton qui est une plaque tournante importante, fer et route. J'essaye de les persuader de renoncer à leur projet et je n'y arrive pas...* »

De fait, le 2 juin, au petit matin, Argenton voyait arriver une troupe de gens d'allure suffocante, armés de ces mitraillettes que personne ne connaissait et qui s'installaient à chaque coin de rue, sur la place de la Mairie. Dans une très grande nervosité, on distribuait des fusils de chasse aux volontaires. De la gare venaient des coups de feu. On s'y battait sans doute pour ce fameux train. Bien inquiète, je décide de partir en bicyclette avec les enfants à la campagne chez mes beaux-parents. À la sortie de la ville, un barrage avec des voitures renversées et un groupe de maquisards à brassards FTP terriblement armés. Ayant reçu l'ordre de nous coucher dans le fossé, nous sommes pris sous les tirs de cette attaque et les balles claquent autour de nous. Nous avons pourtant pu poursuivre notre route.

Les enfants étant en sûreté, je suis redescendue pour chercher chez moi des objets compromettants, dont la tenue militaire du colonel Chomel. Ambiance de panique.

Les Allemands avaient été prévenus de la prise de la gare et de la mort de leurs soldats qui gardaient le train. Des SS étaient partis de Limoges en représailles. On les attendait d'une minute à l'autre.

On me demandait où était Charles Martel. On savait donc que je le logeais. Les membres de l'AS affolés demandaient s'il fallait résister aux Allemands ou non. Quels étaient les ordres ? Un officier de réserve, chef de l'AS, se rendait compte du drame qui se préparait sans pouvoir l'éviter; il suppliait les FTP de disparaître au plus vite.

Les Allemands semblaient drogués, excités au possible. Ils ont tué sauvagement 80 personnes dont des femmes et des enfants. Tous les hommes furent gardés en otages pendant plusieurs jours, parqués dans un pré. Certains furent fusillés. *(99 jeunes otages pendus le 9 juin à Tulle ; le lendemain, 644 personnes massacrées à Oradour-sur-Glane, dont 207 enfants...)*

Puis le calme revint. Mais les SS patrouillaient souvent. Le chef AS accusa les FTP d'être responsables de ces horreurs. Ceux-ci cernèrent sa maison et l'emmenèrent prisonnier. D'où coup de main de ceux de l'AS pour rechercher leur chef... On entrait dans cette période trouble du début de la défaite allemande, de prise d'autorité de la Résistance et de heurts entre ses différentes factions. On découvrit alors les *résistants de la dernière heure* qui avaient eu une action très, très importante ! Puis on voulut juger et punir les *collabos.* Les malheureux chefs AS furent repris par les FTP et emprisonnés dans la caserne de Châteauroux où les gens étaient traités très durement. Inquiets, nous avons voulu trouver Charles Martel pour le faire délivrer. (...)

***

Mon mari, parachuté en Normandie, me revint pendant quelques jours avant de rejoindre la première Armée. Mon beau-frère Baudouin avait débarqué en Provence et son escadron avait constitué, de Toulon à Langres, l'avant garde de nos libérateurs, Il a été tué en prenant Langres. Mon frère avait été tué en Italie après Cassino.

En ce qui me concerne, malheureusement, je n'ai pas pu avoir d'autres enfants mais mes deux fils ont été officiers. »

Le plus jeune a été tué en Algérie.

***

FEMMES DE SOLDATS EN INDOCHINE

Hélène C.

Infirmière-épouse en Indochine

« Mai 1950, dix-huit heures, hôpital Nouaille-de-Gorce à Saïgon. Infirmière CLAEO ([1]), sergent-chef, je quitte mon service après une journée harassante. Ragaillardie pourtant d'en avoir fini, alerte dans mon uniforme blanc, béret marine sur l'oreille, je pousse un soupir de soulagement en franchissant le poste de garde sous son flamboyant de corail.

Grâce à Dieu, aujourd'hui encore je n'ai tué personne, je n'ai empoisonné aucun de mes malades et je les ai même bien soignés ! Ils ne sauront jamais au prix de quelle application, de quelle ténacité de fer pour exiger de l'aide... Car, ne possédant que mon diplôme de la Croix Rouge, voilà, qu'à l'arrivée, on me met tout simplement en pool avec les diplômées d'État, bien formées, qui ont des années d'expérience et qui sont d'ailleurs adjudants ! On ne va pas pinailler ; trente lits pour chacune – et débrouillez-vous !

Pour moi, l'horreur. Le matin, à la visite, quand le docteur passe de lit en lit, il ordonne en toute innocence : « *Lame. Prise de sang. Lavage d'estomac. Perfusion...* ». Une sueur à la fois tropicale, de confusion et d'anxiété m'inonde le visage. À mes cours pour mère de famille, je n'ai pas appris ça ! Comment fait-on ?

Et les nuits ! Dans l'obscurité, voici trois étages de gisants jaunes, noirs, blancs. On crie, on gémit, on appelle, parfois on meurt. Vous êtes l'infirmière de garde, toute seule, qui circule avec sa lampe de poche dans le frôlement des chauves-souris monstrueuses.

... Ce gars, est-ce qu'il respire ? Est-ce que je trouve son pouls ? Mon Dieu, il a quoi ? Je lui fais quoi ? Aller réveiller le médecin ? Je serai bien reçue : « *Vous ne pouviez pas lui faire la piqûre habituelle !* » Et votre cœur, déjà dans les affres, s'ulcère de chagrin.

([1]) C.L.A.E.O. = Corps de Liaison Administrative pour l'Extrême-Orient. Un des deux statuts permettant au personnel féminin de séjourner officiellement là bas. Il était surtout composé d'infirmières et de secrétaires alors que les AFAT (auxiliaires féminines), davantage militarisées, comportaient aussi les plieuses de parachutes.

Mais vous devriez m'aider, tous ! J'apprends. Je m'ingénie et j'apprends vite. Avec le soutien que vous me donnez, et avec beaucoup de mon temps, voyez, ils guérissent aussi bien que les vôtres, mes malades à moi !

Pour l'instant, à l'heure où le couchant dore trompeusement Saïgon, je cours, je vole, je deviens fusée de joie... Mon mari, c'est sûr, est rentré sain et sauf de sa mission et doit m'attendre à la porte de l'hôpital ! Je vais retrouver mon capitaine aux yeux clairs et cette soirée sera pour nous, dans les récits, les rires et les baisers.

Si j'ai signé pour l'Indochine, c'est que je voulais le suivre, cet époux qui embarquait juste deux mois après notre mariage. Pas d'autorisation de départ pour les familles, pas d'issue, semblait-il, devant notre refus de la séparation. Ce n'est qu'à Marseille, en accompagnant mon guerrier à bord de la « *Jamaïque* » en partance, que j'ai tout à coup aperçu... que j'ai VU de mes yeux bouffis de larmes... toutes ces AFAT guillerettes, avec leur baluchon ! Si ces filles sont là, je me débrouillerai, moi aussi je partirai.

L'engagement CLAEO ou AFAT comprenait un article redoutable : une épouse ne pouvait en aucun cas prétendre à des affectations ou mutations rapprochant le ménage. Inquiétude donc. Puis, à l'arrivée à Saïgon, merveilleux hasard ! Je suis désignée pour Nouaille-de-Gorce, alors que mon mari est au service Presse-Information du général commandant les Forces Françaises du Vietnam Sud. D'autres couples n'ont pas autant de chance et vivront des mois, ou tout leur séjour, séparés.

Oui... mais les nuits… on voudrait les passer ensemble ! Ce n'est pas si simple ! Mon mari est logé au Camp des Mares, sanctuaire si vertueux que la survenue d'une épouse y offusquerait ! C'est interdit. Pour ma part, j'habite le cantonnement du personnel féminin à Hoa-Binh, près de Cholon, où des Sénégalais menaçants ont mission de repousser tout assaut viril, fût-ce d'un mari... Et bien que nos paquetages militaires contiennent, à titre défensif, des *pyjamas blindés,* raides à pouvoir narguer n'importe qui ! Et les hôtels de la ville sont bondés, c'est miracle d'y trouver place...

Alors, les étincelles de l'aventure se mêlant à celles de l'amour, j'interroge passionnément.

« Où dormirons-nous ce soir ? »

Cinquante ans après, ces évocations nous font toujours rire ! Nous couchions pour une nuit dans nombre d'hôtels chinois, imprégnés d'odeurs de poisson, munis de crachoirs, et aux draps qu'il ne fallait surtout pas regarder. Nous partageons dans un hangar la chambre de passage des équipages d'Air-France où les pilotes peuvent surgir inopinément. Je réussis à embobiner mes Sénégalais et je cache mon mari dans mon cantonnement... où d'ailleurs se déroulent bien d'autres embobinages. On nous prête par-ci par-là une chambre pour officiers en transit. Nous squattons une villa délicieuse mais cela finit plutôt mal. Nous louons dans une maison : la pièce d'eau est sordide... Des cafards royaux y vivent pourtant, grouillent partout, tombent sur notre dos. Nous devenons grands experts en cafards.

Bien entendu, il y a aussi des cafards à l'hôtel où mon mari obtient enfin de l'Armée une chambre individuelle. Là pourtant, on est bien ! Ouf ! On peut défaire les cantines. L'odeur du canard laqué et des ailerons de requin qui se mitonnent dans le restaurant au-dessous se mélange aux notes acidulées de la musique chinoise, et la fumée de nos bâtons d'encens donne à tout de la magnificence. Nous dînons en bas. Nous raffolons de la soupe vietnamienne. Parfois une bombe éclate dans la nuit, rechargeant d'électricité le sang qui coule dans nos veines.

À tous ces souvenirs sont mêlés le rose des bouquets de lotus, le mauve des boutonnières d'orchidées dont mon mari m'a tant gâtée au cours de cette période passionnée de jeunesse, de guerre et de tendresse. Avons-nous jamais été plus heureux ? Y a-t-il jamais eu plus beau cadre pour les yeux bleus de mon mari que la portière de « notre » command-car, le soir à la sortie de l'hôpital ? Merci, le Ciel, pour les forces que nous prenions. Car le fusil qui le blesserait, et la mine qui le blesserait plus gravement encore se mettaient déjà en place au bord des arroyos et dans les brousses où nous irions... »

***

À certaines époques de la guerre d'Indochine, des épouses de militaires bénéficiant de circonstances favorables ont été autorisées par le commandement à rejoindre leur mari là bas, à titre strictement privé et sous réserve de justifier des conditions d'hébergement sur place.

Denise

« J'arrivais à Thudaumot le 19 décembre 48, jour anniversaire du coup de force d'Ho Chi Minh. Mon mari n'était pas là. Le télégramme lui annonçant mon arrivée ne lui est jamais arrivé. Je fus accueillie par un de ses camarades venu chercher sa femme en jeep. Je montais derrière et fus mise immédiatement dans le bain, pistolet sous le siège du chauffeur, arrêt au poste de contrôle pour prendre l'escorte blindée. (...) La nuit était inquiétante à cause des coassements des crapauds-buffle. La douche annamite comportait une grande jarre d'eau et une boite de conserve d'un litre : le luxe ! Un soir, en rentrant, nous avons essuyé des coups de feu, le capitaine a éteint les phares et foncé. Nous sommes arrivés sans encombres...

Au bout de deux ans, C. a été muté en Annam où l'on n'acceptait pas les « bobonnes ». J'ai obtenu un poste d'institutrice, rejoint à mes frais. Je m'occupais de deux classes d'une trentaine d'enfants, presque tous vietnamiens... (...)

Nous avions pris l'avion le lendemain du double crash d'avions d'Air-France à Bahrein... »

***

Jany

« Mariée en 1948, je me suis retrouvée, au bout de deux mois de mariage, séparée de mon mari parti pour l'Indochine. Sept mois après, j'ai reçu l'autorisation de venir le rejoindre. Cette facilité fût d'ailleurs très vite supprimée, la guerre s'intensifiant.

J'avais 21 ans. Je n'avais jamais quitté mes parents et j'étais complètement désemparée à la pensée de débarquer dans un pays inconnu, sans même savoir si mon mari, en instance de mutation, serait là pour m'accueillir. Il était là. Nous passâmes à Saïgon une semaine de retrouvailles. Ce rêve ne pouvait durer. Il devait rejoindre sa nouvelle affectation : détaché à l'encadrement de la Compagnie de Discipline du Sud Viet Nam...

Le suivre dans l'immédiat était impossible. Des travaux devaient être entrepris dans l'unique grande pièce de la maison chinoise où logeaient les cadres. Bien entendu, la venue d'une femme au milieu de ces hommes posait quelques problèmes qu'accepta de résoudre le commandant de compagnie, sachant qu'il n'y avait pas d'autre solution pour nous. Une cloison fut donc dressée dans un coin de la pièce pour nous isoler un peu des autres. En attendant la fin des travaux, j'eus la chance de rencontrer le responsable du service auto de son ancien régiment basé à Gia Dinh. Il disposait d'une villa pour accueillir les passagers. Me voyant perdue, il accepta de m'héberger provisoirement.

Un jour de convoi, j'ai eu l'autorisation de monter dans un GMC avec l'essence, le courrier et les légumes... Par une piste cahotante surveillée par les « disciplinaires », j'ai rejoint le poste de la Compagnie. Il était situé dans une plaine insalubre au nord de Saïgon, près du fleuve Donnaï à la limite de la zone contrôlée par les Viets. La garnison était composée de mauvais sujets venus de différents horizons et purgeant tous une sévère sanction militaire.

Pour moi, en dehors de la vie dans cette grande maison où nous cohabitions à cinq, aucune sortie n'était possible, aucun contact avec l'extérieur... La compagnie partait en opération souvent tôt le matin et fréquemment de nuit. J'ai appris bien plus tard qu'il ne restait fréquemment au poste que deux ou trois sentinelles (heureusement que les Viets ne l'ont pas su non plus !). Mes seules distractions étaient le spectacle des retours d'opérations et le copieux petit déjeuner du matin suivi d'un « débriefing » auquel il m'est arrivé d'assister. Pratiquement chaque nuit, le poste était harcelé par les Viets avec des échanges de rafales et de mortiers entre eux et nos soldats, ce qui provoquait une corrida chez les buffles parqués juste à l'extérieur des barbelés...

Tout cela, bien entendu, dans l'angoisse permanente de ne pas voir l'être cher revenir vivant !

Cette vie dura six mois, jusqu'au jour où mon mari tomba malade et dût être hospitalisé dans la ville la plus proche. Je le suivis évidemment, pensant trouver un endroit où je pourrais loger près de lui. Je m'adressai dans ce but au Commandant de la Place à qui je posai un problème qu'il ne voulait manifestement pas connaître... Il m'envoya à l'assistante sociale qui, voyant ma détresse, me proposa un lit de camp dans un coin de sa petite maison. J'étais sauvée. J'ai pu passer mes journées auprès de mon malade, prendre mes repas au mess et mes soirées chez ma sympathique logeuse.

À sa sortie d'hôpital, il n'était plus possible à mon mari de rester dans ce climat et il fût envoyé pour terminer son séjour et se refaire une santé à Dalat sur les hauts plateaux comme instructeur d'élèves-officiers. Quelle joie alors de retrouver une vie normale dans une région plus salubre habitée par des populations montagnardes et primitives (les Moïs) où les Viets n'osaient guère s'aventurer. Je pensais alors avoir été un cas unique de femme isolée dans un poste difficile dans un « sale coin ». J'ai découvert bien plus tard que nous étions 2, à 10 km de distance. La seule différence est que l'autre femme vivait dans un poste au milieu de soldats « normaux »... et pas de « disciplinaires »...

Je ne me considérais pas du tout comme une « mère courage ». Les évènements furent ainsi. Je les ai subis et vécus comme je pouvais. Avec plus de maturité aurais-je réagi différemment ? Je n'en suis même pas sûre. C'est quand même un souvenir que la petite fille gâtée et privilégiée que j'avais été n'est pas près d'oublier...

Bien sûr, d'autres moments difficiles m'attendaient. Le Maroc, l'Algérie, les séparations répétées où je restais seule avec les enfants. Puis le départ définitif d'Algérie, de ce pays qui était le mien. Mais ceci est une autre histoire et je ne suis pas la seule à l'avoir vécue. »

***

Rose-Anne

Elle vient de mourir, il y a quelques jours. C'est son mari qui écrit pour elle.

« Dès 1941, à 20 ans, elle s'engage au service des prisonniers de guerre. Ils sont 1 500 000 dans les camps allemands et leur entretien incombe à la France par l'entremise de la Croix Rouge. Au volant d'un camion de 5 tonnes à gazogène, elle assure des ramassages et des transports à leur profit dans le sud-ouest de la France au milieu de difficultés techniques sans nombre sous le contrôle sévère, les vexations et les menaces des Allemands qui soupçonnent la Croix Rouge d'aider la Résistance.

En 1944, sa section est mise à la disposition du Front de l'Atlantique pour le transport des blessés.

En décembre, elle rejoint volontairement la première Armée et est affectée au 25e Bataillon Médical. Sa compagnie de ramassage de blessés est rattachée à la 9e DIC. Conductrice d'ambulance, elle participe à ce titre à la campagne d'Alsace. Malgré le froid de – 25°, le verglas, les mines et les obus, elle est de celles qui évacuent, de jour et de nuit, les nombreux blessés des durs combats menés dans la zone des cités autour de Mulhouse.

Le 1er avril, elle traverse le Rhin et continue sa mission au cours de la campagne d'Allemagne qui l'amène de Karlsruhe à Constance. Elle est décorée de la croix de guerre.

Elle épouse J., jeune officier parti d'Afrique du Nord, revenant comme elle de la guerre.

Après un an d'occupation en Autriche, puis en Allemagne, le ménage est séparé pendant un an par le départ de J. en Indochine, puis elle reçoit l'autorisation de rejoindre son mari avec leur petit garçon.

À Thudaumot, autour du PC du Secteur, il y a déjà quelques femmes. Elles ont certes le bonheur d'être là mais vivent, cloîtrées chez elles, dans une ambiance d'insécurité permanente. Le lieutenant E., officier de transmissions, est tué sous leurs yeux d'une rafale de mitraillette alors qu'il sortait à moto du PC...

Il n'est pas rare d'entendre des détonations ou des éclatements de mortiers. La femme du colonel elle-même, assise sous un arbre, essuie, un jour, un coup de fusil : on retrouve la balle dans l'arbre à 5 cm au-dessus de l'emplacement de sa tête...

Thudaumot est une plaque tournante. Les convois qui y transitent sont fréquemment attaqués. Les femmes entendent alors les renforts démarrer en trombe et savent que c'est leur mari qui part...

On devine dans quel état d'esprit, surtout quand, cas fréquent, le mari ne revient que plusieurs jours après, ou revient mort...

(J'en ai été témoin, un jour. Blessé et convalescent à Dalat, j'apprends, un soir, que le convoi montant a été attaqué. Quoique non concerné, je vais aux nouvelles. Je vois alors la jeune épouse de mon camarade C., entourée par trois autres femmes, recueillir son cadavre sanglant qu'on descend d'un camion, aux phares.

Ayant rejoint mon unité, j'ai appris que la malheureuse, enceinte, avait repris le bateau avec le corps de son mari, quelques jours après... Je crois qu'il aurait été moins cruel pour elle d'apprendre l'affreuse nouvelle en France...)

Pour revenir à Rose-Anne, une maladie de son fils la forcera bientôt à repartir et elle attendra son mari encore six mois, enceinte du deuxième.

Puis ce sont quelques années de tranquillité en Allemagne, à Paris, puis à Pau, avant l'affectation de J., devenu pilote d'hélicoptère, en Algérie. Les héliportages dans les Aurès ne sont pas de tout repos et elle connaît de nouveau quelques émotions fortes.

Les années passent et elle se retrouve femme d'un chef de corps dans le Wurtemberg avec les joies et les responsabilités correspondantes.

Ainsi se déroulent 25 années de la vie de l'ancienne ambulancière. »

***

Thomine

« Fille d'un père officier mort trop tôt, je reçois une éducation plutôt sévère, d'autant plus que c'est la guerre. Ma mère habite Rennes où les élèves-officiers arrivés à Coëtquidan en juillet 45 viennent s'aérer un peu le dimanche, au prix d'un long trajet dans le tortillard de l'époque. Je fais la connaissance d'A. qui revient de faire campagne à la Division Leclerc, après s'être évadé par l'Espagne. Fiançailles. J'ai 20 ans. Mariage dès sa sortie de Coët.

Nous arrivons à Saumur et nous installons dans un meublé abominable : ni cuisine, ni salle de bains, ni chauffage, logeuse du genre dragon... La solde est déjà mince pour les célibataires, alors à deux… Les femmes d'élèves n'ont initialement pas droit au mess et je dois souvent me contenter d'un croissant pour déjeuner. Il est parti du matin au soir et je reste seule à grelotter et à pleurer, enceinte bien entendu… Un jour, merveille ! devant notre détresse, on nous autorise à prendre nos repas au mess… Le menu comporte invariablement de la purée de pois cassés, mais nous pouvons au moins nous retrouver entre jeunes mariées et nous entraider. Avec une amie, nous osons, un jour, nous attabler dans un café pour boire une limonade. Nous sommes vite repérées et dénoncées. Nos maris sont convoqués et priés de nous apprendre les bonnes manières… Pendant les manœuvres et autres absences, je retourne chez ma mère où j'achève de m'arrondir. Le bébé naît ; le mari est évidemment au loin… Son stage d'application est écourté et, fin 46, il est envoyé dans un régiment en Allemagne. Accueil merveilleux et ambiance fraternelle. Prise en charge par une femme de colonel prévenante et affectueuse, notamment pendant les grandes grèves de 1947 où l'armée part garder les mines du Nord. J'attends un deuxième bébé.

Le chef de corps repartant en Indochine, beaucoup sont volontaires pour le suivre, mon mari en tête. Il part en novembre 48 et je décide de tout faire pour le rejoindre. En février 49, les conditions sont réunies, Bébé est né et j'ai un certificat d'hébergement là-bas. Le voyage en avion dure 4 jours ; on me vole ma valise à Karachi avec toutes mes affaires… Installation temporaire à Saïgon mais il a rejoint Soc Trang. J'obtiens d'y aller et je m'installe dans un minuscule logis tout près du poste militaire, une chambre et une pièce minuscule renfermant une touque d'eau pour nos ablutions, éclairée par un soupirail… Le premier soir, le poste militaire est attaqué par les Viets, nous sommes encadrés par les rafales… Deux jours après, la nuit, j'entends du bruit dans la salle d'eau. Je me lève, un Viet tout nu et couvert d'huile est en train de se glisser par le soupirail, un poignard à la main. Mon mari arrive à le ceinturer et je cours alerter le poste. On vient le chercher, on l'interroge : il fait partie du commando d'assassinat, infiltré clandestinement pour tuer les chefs français et faciliter la prise de la ville par des unités Viets qui se rassemblent discrètement dans les faubourgs. La réaction s'organise. Les Viets se replient, mais on a eu chaud, moi la première…

Je prends mes marques à Soc Trang mais il est envoyé à Dalat. Je suis. C'est le Paradis. Nous sommes obligés de renvoyer en France notre fille aînée, très malade. Je la rejoins, quelques mois après, quand mon mari repart dans la rizière…

…Notre vie continue en France, via ses études techniques. Puis c'est l'Algérie. Nous avons eu deux autres filles. Il quitte l'armée en 1962 pour l'industrie pétrolière. Je deviens femme de directeur de raffinerie à Dakar, au Maroc, et de nouveau à Dakar. Rien à voir au point de vue standing avec Saumur et Soc Trang…

Mon mari est mort depuis 15 ans mais les meilleurs amis qui me restent sont ceux de notre jeunesse militaire. »

***

Marie C.

Son témoignage est extrêmement pudique. Je n'y ai pas changé un mot mais on peut imaginer ce que représentait pour une jeune femme le ramassage des blessés sur la RC 4. Les Viets, tenant les hauts, mitraillent systématiquement nos véhicules lesquels sautent fréquemment sur les mines posées entre deux convois....

...De même, elle est très discrète à propos de ce qui a été en fait l'assassinat de son mari par les Services Secrets de l'Est... Elle vient de recevoir la Légion d'honneur.

« Elevée dans un milieu familial où dominait l'amour de la France, c'est tout naturellement que je m'engage en 1944 comme ambulancière dans l'armée.

La campagne finie, je pars rejoindre les ambulancières de la 2e DB en Indochine. L'Indochine ! Que de drames et de souvenirs pour moi ! Au cours d'une mission au Tonkin, j'ai fait la connaissance d'un jeune et brillant officier. En mars 1947, nous avons eu juste le temps de nous marier entre deux opérations car lui était chef de peloton blindé, appelé sans arrêt à intervenir lors des attaques de convoi, et moi chargée d'aller ramasser les blessés au volant d'une ambulance. Je faisais équipe avec une camarade qui a été gravement blessée, moi étant épargnée.

Quand j'ai attendu notre premier enfant, j'ai été détachée au Service Social et j'ai eu personnellement une vie plus tranquille. Lui pas... Notre enfant est né en mars 48.

Démobilisée à mon retour en France, je vais continuer à vivre autrement ma vie de femme de militaire et à aimer cette vie malgré ses déplacements fréquents. Tunisie en 51 où naît notre seconde fille. Puis Saumur, Coëtquidan, Paris (École d'EM et ESG), Allemagne et naissance de notre troisième enfant : soit 17 affectations en moins de 20 ans...

Comme tant d'autres, il partait rejoindre son affectation et je m'occupais « du reste »…

Mais ceci est de peu d'importance au regard de la vie intense, pleine de découvertes que nous menions : nouveaux pays, nouvelles populations, nouvelles coutumes, nouveaux amis (qui ne vous font pas oublier les anciens), sans parler de cette ambiance de camaraderie et d'entraide qui caractérise les relations militaires.

Pour nos enfants, il a été parfois difficile de quitter un milieu où ils avaient vécu heureux pendant quelque temps mais je pense que cela a été pour elles un grand enrichissement et une bonne ouverture d'esprit.

Tout cela a cependant un prix et, lors du premier séjour de mon mari en Algérie, comme il était toujours en opérations dans le Sud-Oranais, je suis restée en Allemagne. Comme tant d'autres, j'ai alors connu à nouveau cette angoisse permanente, l'attente des nouvelles, le courrier qui n'arrive pas…

Et puis vint le drame final… Il était affecté au SGDN à Paris et avait été envoyé en mission dans un pays de l'Est. Il n'en revint pas vivant, ayant subi un « *accident d'auto* ».

Pour moi, le monde s'est écroulé mais la réalité était là. Restée seule avec les enfants, il a bien fallu faire face…

L'affection de ma famille, le souvenir de l'amour de mon mari, l'exemple qu'il nous a donné, ont été pour moi d'un grand secours ainsi que l'aide et l'amitié toujours présentes de ses camarades, et notamment de ceux de sa promotion de Saint-Cyr…

Les années ont passé mais cette amitié dure toujours… »

***

Colette N.

Du Cambodge au Djebel Sagho.

« *Rien ne la destinait à devenir femme de soldat*, écrit son mari, *rôle qu'elle sut pourtant parfaitement assumer, faisant preuve d'une grande faculté d'adaptation et parfois de courage. Je lui avais demandé en 1947 de m'épouser pour le meilleur et pour le pire. Elle accepta. En 1949, je partais pour l'Indochine... Quelques années plus tard, à la fin du Protectorat au Maroc, la situation était tendue et la sécurité précaire dans les postes isolés comme le nôtre où nous n'étions que deux français, le garde forestier et moi, à 50 km de piste de montagne de tout secours possible, avec des moyens radio peu fiables et un armement vétuste. Elle avait trois jeunes enfants... et quelques raisons de ne pas toujours bien dormir. Un poste important où stationnait un Goum avait été attaqué de nuit ; l'épouse et deux enfants d'un camarade des A.I y furent tués sauvagement... Cela, Colette ne le dit pas...* »

« Épouser un militaire vous met un peu à part. Dès 1947, je l'ai constaté en répondant à l'enquête dont dépendrait pour mon fiancé l'autorisation ministérielle de m'épouser – ou non. Il faut croire que mes « bonnes mœurs » furent reconnues puisque la réponse fut favorable. Contrairement à une amie fiancée à un civil qui faisait des projets à long terme, je savais que, 18 mois au plus après notre mariage, il partirait pour 30 mois en Indochine...

Finalement, nous avons eu la chance d'être séparés moins longtemps. L'escadron fut transféré de Cochinchine au Cambodge. J'ai pu l'y rejoindre au prix d'un choix terrible : mon mari ou notre petite fille de 16 mois ? Finalement, je l'ai laissée aux bons soins de mes parents. Avec le recul, j'admire leur abnégation. Ils ont accepté sans hésiter cette responsabilité avec l'épreuve de la voir repartir avec nous à notre retour. Cela n'a pas été facile non plus pour C. pour qui son père était un inconnu.

À mon arrivée, le peloton de B. gardait l'appontement du bac sur le Mékong sur la route Saïgon-Pnom Penh. Les femmes n'avaient pas le droit d'y venir. Mais l'épouse du capitaine venait d'arriver, ce qui amena celui-ci à fermer les yeux. J'y suis donc parvenue clandestinement tapie au fond d'un half-track.

Ensuite, j'ai suivi les déménagements du peloton comme faisant partie des bagages. Le séjour s'est terminé à Kampot où ma présence était reconnue officiellement. Nous étions logés dans un « compartiment » chinois bien moins agréable qu'une petite villa mais nous n'avions pas le choix. D'ailleurs, quand B. était en opération, je me sentais plus tranquille là, derrière les barreaux, que dans une maison isolée. Il m'avait appris le maniement des grenades et de la mitraillette... Heureusement, je n'ai pas eu à m'en servir...

En y réfléchissant, je pense que le mot clé a été pour nous « adaptation ».

En effet, rentrant d'Extrême-Orient, il a demandé à être affecté aux Affaires Indigènes du Maroc. Je dus donc m'adapter à la vie des postes isolés du Haut Atlas, puis du Djebel Sagho. La nature y était splendide et envoûtante et la population berbère très attachante. Au poste d'Anergui, dans le Haut Atlas, bloqué tout l'hiver par la neige, B. a fait un remplacement, un été, et j'ai été la première femme à venir là, a fortiori avec des enfants. Et j'y ai même reçu, un jour, le général Duval commandant supérieur des troupes du Maroc.

C'est le poste d'Iknioun, dans le Sagho, qui m'a le plus marquée. Il était perché à 2 000 m d'altitude sur un piton sans un arbre, dominé par l'Amalou n'Oumensour à 2 600 m. C'était le territoire des Ait Atta, la dernière tribu à résister au Protectorat Français. Bournazel, le héros du Maroc, avait été tué là, en 1933, au Bou Gafer, une forteresse naturelle où la population s'était réfugiée avec ses troupeaux. Le Bou Gafer ne fut jamais pris. Même appuyés par l'artillerie et l'aviation, tous nos assauts échouèrent. Après 45 jours de siège, voyant les siens affamés et assoiffés, l'Amghar Hadj Assou Ou Baslem, remplaçant son frère tué au combat, se résigna à faire sa soumission et à demander l'Aman.

Vingt-et-un ans plus tard, c'était ce même Assou qui dirigeait la tribu dont mon mari administrait le territoire, en pleine entente et estime mutuelles. Ahmed, le cuisinier, adolescent en 1933, s'était battu contre nous. Il nous amena un jour au Bou Gafer et nous montra le sommet retourné par nos obus et les vestiges des durs combats. Poignant souvenir !

Dans ces postes isolés, nous recevions quand même des visites. Comme il n'y avait rien, même pas un souk, nous devions loger et nourrir les visiteurs. L'éventail de nos hôtes était très varié. La plupart étaient des camionneurs des mines ou des ingénieurs du Bureau de Recherches Minières. Ils pensaient toujours à m'amener des légumes frais, des fruits et de l'eau minérale pour les enfants. Il y avait aussi des ethnologues anglais et hollandais.

Mais l'Indépendance du Maroc a ramené mon mari dans un régiment en Allemagne. La vie y était plus facile, les logements confortables, l'ambiance amicale, les enfants avaient des copains et je n'avais plus à faire l'institutrice. Mon mari décida de quitter l'armée à 15 ans de service après un stage à Saumur qui fût ma dernière garnison.

Je conclurai en reprenant à mon compte le pastiche bien connu du poème de Kipling : « *If* ».

« Si tu peux du pays te tenir éloignée
et de tes parents vivre séparée.
Si tu peux des Afriques affronter le climat
Et des marches de l'Est supporter les frimas.
Si tu peux d'une valise faire un berceau
Et dans moins de trois pièces entasser les marmots
Si tu sais vivre bien, en désirant très peu...
Alors tu seras une bonne femme de soldat, ma fille... »

***

FEMMES DE SOLDATS EN ALGÉRIE

Paulette

« Vous me demandez un mot sur un passé, déjà lointain, de femme de sous-off en service pendant les campagnes d'Indo et d' Algérie.

Mes parents et ceux de G. étaient voisins, son père militaire du Génie, le mien ouvrier spécialiste à la ligne Maginot. Élevés ensemble, souvent dans le même berceau, nous n'étions jamais bien loin l'un de l'autre ; autant dire que j'étais « *épouse programmée* ».

Je n'étais pas encore ni l'épouse ni la fiancée lorsqu'il est parti vers l'Indo ; il n'avait pas 19 ans et moi 17. Je n'étais donc pas destinatrice de son courrier. Simplement mise au courant par ses parents. Comme tous, je crois, il ne disait pas grand chose de sa vie, si ce n'est que le pays lui plaisait beaucoup et qu'il allait bien.

Comme pour tous les Français, l'Indo, « *c'était loin* » et, à part Dien Bien Phu, pas de véritables informations. D'ailleurs vous-même, sur place, avez-vous su l'affaire de la R C 4 ?

Ce n'est que beaucoup plus tard, lorsqu'il rencontrait son copain H. que vous avez connu chef de poste à V 16, que j'ai enfin eu connaissance de leur vie là-bas.

Vous faisiez partie aussi des conversations, vos ouvertures de route, les patrouilles, G. sur la plage arrière de votre blindé, les piégeages d'obus, ce malheureux garçon de chez vous qui avait sauté sur mine, votre propre blessure, (il n'était pas loin de vous ce jour-là). Puis sa compagnie est partie vers Laïthieu, les opérations… Tout cela, je l'ai appris des dizaines d'années plus tard lorsqu'ils se sont rencontrés. Jusque-là, leurs coups de téléphone, leurs lettres, leurs bons vœux, c'était « *silence radio* » sur leur vie indochinoise.

Lorsque le besoin d'y retourner en pèlerinage s'est fait sentir, j'étais aussi impatiente de voir, de sentir, de comprendre que lui d'y rechercher ses 20 ans

Je sais par G. votre réticence pour les voyages en pays communiste mais qui d'entre nous n'a pas serré la main de nos anciens ennemis allemands ? Alors !

Et puis, moi aussi, j'avais le mal du pays, car, après la réussite d'un Brevet Supérieur et une candidature à l'épaulette d'officier non retenue, par dépit, il s'était porté volontaire pour le Laos, en 57, hors cadre, hors rang. J'ignore aujourd'hui encore pour faire quoi ! Sur place, il a échoué au Laos à Séno et j'ai eu le bonheur de l'y rejoindre, avec mes deux enfants de 3 ans et 5 mois.

Voilà pour la partie Indochine, tout à fait hors sujet… C'était pour faire connaissance…

L'Algérie ! G. dit parfois, j' ai fait 18 ans de service dont 12 ans sac au dos mais, là aussi, le silence sur les opérations et les crapahuts.

Par contre, à moi les problèmes… Seule avec deux enfants à élever, obligations en tous genres, papiers, locations, scolarité, petites soldes, et puisqu'il fallait *faire avec*, j'ai goûté aux joies de la débrouille.

La solidarité, même aux Paras, n'était pas le maître mot de l'époque. Le contact avec les civils n'était pas non plus très chaleureux….

Alors il restait, pour celles qui le pouvaient, le retour près des parents, pas non plus toujours facile…

Rentrant d'opération en Algérie, G. est désigné pour aller chercher un renfort para à la maison-mère de Bayonne. Sur place, le détachement n'étant pas prêt, il bénéficie de 48 heures de perm. Dans le village qui est ma base arrière lorsqu'il part, une seule cabine téléphonique, et bien entendu, je ne suis pas prévenue. La surprise et la joie, et une fois de plus *: « Fais tes valises, je t'emmène en Algérie ! »*

Deux valises, plus une pour chaque gosse, abandon du plus lourd. (En fin de carrière, j'ai récupéré toutes mes cantines et j'ai possédé tant de choses en double ou triple que j'aurais pu ouvrir une brocante ; j'ai par exemple cinq fers à repasser…)

Il me loue une dépendance de villa, dans la forêt de Sidi Ferruch, pas très loin de la base du régiment, mais isolée avec, comme premiers voisins, des Arabes dans le garage.

Après avoir rendu compte de sa mission, il revient pour m'apprendre qu'il part en opération pour 48 heures seulement. Puis, il me laisse pour aller préparer sa section...

Les 48 heures ont duré six mois ! Pas de lit pour coucher mes gosses. J'allais cueillir des joncs pour faire des paillasses. En cette période, je crois avoir tout fait, bricoleuse 100 %, la débrouille sous tous ses aspects… J'en passe. Loin de la France, de la famille, mais pas le temps de déprimer…

Quand enfin le guerrier rentre, épuisé, je suis là, infirmière, épouse… et même plus que cela ! C'étaient de nouvelles fiançailles, le grand bonheur…

Les retours d'opérations, c'étaient aussi les copains que l'on recevait mais aussi les gars de sa section, fiers comme il n'est pas possible, passant devant la maison de la femme du sous-off, pour aller à la plage…

Y-a-t-il un plus beau métier que femme de militaire ?

Le mien s'est calmé, avec quand même quelques soubresauts. Croyant que l'on pouvait encore avoir besoin de lui, il suit les cours d'officier de réserve et est rayé des contrôles en 84 avec le grade de capitaine. Des cours le samedi, quelques exercices de nuit, pas trop de périodes bloquées. En temps de paix, tout cela était supportable après ce qu'il m'avait fait subir…

Pour la première fois, je n'ai pas été d'accord lorsque, après 30 ans d'interruption, il a recommencé à sauter en parachute. J'ai mis le holà au douzième saut...

Et maintenant, en tant que bonne épouse d'ex sous-off, je crapahute sac au dos, de retour au Viet Nam pour la quatrième fois, sur tous les sites de vos combats, avec encore un projet pour 2004. Obligation de rester en forme pour suivre mon vétéran… Pas question de le laisser seul, les filles du Viet Nam sont trop jolies !

Voilà, Général, la fin de ce petit mot. S'il n'y a pas matière à documenter votre livre, au moins vous aurez fait connaissance de l'épouse d'un de vos chefs de poste de Dautieng, lieu qu'il n'a pas manqué de me faire visiter... »

***

Yvonne

« (...) J'ai la possibilité de me rendre en Algérie à plusieurs reprises. Nous logeons dans une ferme transformée en fortin. Je découvre le travail acharné déployé par le fermier pour cultiver ses orangers, ses oliviers, ses primeurs ([1]). Je mesure le danger qu'il court pour aller tous les matins à 5 h livrer ses produits à Blida. Nous rendons visite à un petit fermier voisin. Il fait un froid glacial dans sa demeure et il est enveloppé d'une vieille capote bleu horizon. De quoi vit ce pauvre *pied noir* ? (...)

Je monte en Dodge et nous dévalons la pente de l'Oued Fedfana en cahotant. Je suis enceinte de quatre mois et crains de terminer ma journée à l'hôpital ou chez les fell... Le paysage est brûlé de soleil mais miraculeusement prolifèrent les lauriers-roses... Nous respirons l'arôme puissant de la végétation méditerranéenne, lentisques, armoises, pins torturés par le vent, chênes-lièges, lauriers...Pas une âme à l'horizon sauf un ouvrier qui se livre à une tâche que nous n'éluciderons pas... Je lirais plus tard la description que Camus donne de Tipaza, ce paysage de commencement du monde. Nous nous baignons au milieu des rochers. Quelques visages nous scrutent du haut de la falaise. Deux semaines plus tard, une fusillade fera plusieurs morts sur la plage du Chenoua... »

***

Aliette

« En 1955, après nos quatre premières années de mariage passées à Coëtquidan, qui ont vu naître nos quatre aînés, F. rejoint le 3e REI en Algérie. Bien décidée à résider avec les enfants à Djidjelli, base arrière du régiment, je prépare le déménagement. Ma famille me croit folle !

([1]) *On pourrait ajouter « qui prolonge le labeur opiniâtre de ses parents et de ses grands-parents pour transformer la Mitidja marécageuse, inculte et insalubre en véritable verger, et ce, au prix d'innombrables vies humaines : colons morts à la tâche, rongés par les fièvres ou égorgés par les bandits ou les fanatiques... »*

Mon départ d'Orly est homérique avec un bébé de deux mois dans son couffin et les trois autres, dont l'aînée n'a que 3 ans, « tenus en laisse » au sens propre.

Accueillie à Alger par F. venu à ma rencontre avec un légionnaire armé, je suis vite dans l'ambiance. Je découvre la superbe côte de Kabylie. Aucun espoir de voir arriver nos affaires de France avant six semaines. Qu'importe, nous nous installons dans une villa vide, au bord de la plage, et nous dormons par terre sur des matelas prêtés.

En fait de cuisine, je dispose d'un réchaud à méta et d'une casserole qui sert à tout : les biberons, les légumes, l'eau du bain, etc... À midi, nous prenons pension dans un petit restaurant où je retrouve d'autres épouses du PC arrière.

F. nous quitte pour les Aurès au bout d'une semaine. Le soleil, la plage, la mer, l'amitié et une bonne dose d'optimisme et d'inconscience font le reste.

J'ai su bien plus tard que Djidjelli était une base de repos pour les fells qui passaient la nuit par la plage, sous mes fenêtres...

Inconsciente peut-être mais pas naïve. Le commandement craint que les fells ne veuillent « fêter » le premier anniversaire de l'assassinat des époux Monnerot *(Les jeunes instituteurs dont le massacre donna le signal de la rébellion en Algérie)* et un légionnaire armé reste avec nous dans la journée.

Le soir, j'essaye de me rassurer avec le revolver que F. m'a laissé après une brève leçon de tir. En fait, cette arme posée à côté de moi me fait faire des cauchemars et je n'ai la paix qu'après l'avoir enfermée dans un tiroir !

En expérimentant la peur, je me sens vaccinée... d'autant plus qu'il n'arrive rien.

Bien entourée par les autres épouses, nous formons ce que la femme du chef de corps appelait « la famille ». L'ambiance est sympathique et nous pouvons faire quelques virées aux environs, toujours en convoi à cause de l'insécurité du coin.

Nous avons la chance de rejoindre, en convoi, nos époux à Biskra où le Bataillon est au repos, et de passer Noël avec eux « à la mode Légion » : la tradition étant que les officiers restent passer la veillée avec leurs hommes et ne rejoignent qu'ensuite leurs familles.

Le lendemain, c'est la fête, la visite des crèches, la distribution des cadeaux. Certains de ceux qui sont avec nous ce jour-là seront tués dans les semaines qui suivent.

Peu après notre retour à Djidjelli, Lala entre dans la famille comme aide ménagère et « *grand-mère de remplacement*, » ainsi qu'elle aime être appelée. Il était temps, car, deux jours après, j'accouche de notre numéro 5, Sophie.

F. en opération dans le Hodna reçoit la nouvelle sur un piton par le radio de la compagnie qui comprend « fils », fausse joie après trois filles et un garçon, mais grande joie pour la famille qui récupère un peu son papa « en séjour de paternité » !

Eté 1957, retour en France. Logés chez mes beaux-parents en attendant la construction de notre appartement. L'hiver versaillais, dans une maison peu chauffée, me coûte quelque peu, et je prend très mal l'exhortation de mon beau-père à échanger mon pantalon « *peu convenable* » contre un jupon de laine comme celui de ma belle-mère... L'esclandre est encore dans ma mémoire, d'autant que peu après, mon beau-père me dit « *apprécier que je lui tienne tête !* » Ayant eu six fils mais pas de fille, il n'était pas habitué évidemment !

1960, retour à Alger avec une fille de plus... Donc redéménagement, et bonne installation Rampe Vallée, entre Bab-el-Oued et la Casbah.

Nous y vivons quelques mois heureux mais aussi les journées historiques du début 1961 jusqu'à mi-juin 1962. F., jusque là à la Délégation Générale, rejoint le 3e Etranger dans le bled, puis à Bizerte d'où il me téléphone en me disant que le régiment part et que je saurai sa destination en écoutant la radio... Peu après, c'est la naissance de Chantal, notre dernier enfant, qui me permet de retrouver quelques jours mon mari.

Cette période est difficile à traduire, surtout pour ceux qui étaient en France à cette époque. Après avoir traversé des mois d'espérance « au *yo-yo* », je vois un jour tout basculer : les amis d'hier ne me *voient plus* quand je les croise, la méfiance installée partout me clôt le bec par peur d'un mot imprudent ; je me retrouve bloquée plusieurs heures chez le boulanger à cause d'un attentat et ne suis qu'exceptionnellement autorisée à rentrer chez moi parce que mes sept enfants, dont le bébé, y sont restés seuls... Mon optimisme en est atteint.

Aussi, quand mon beau-frère, père Blanc à Laghouat, me propose de venir me chercher, j'accepte et, après avoir pris un minimum de rechanges pour tous et quelques objets de valeur, je tire la porte derrière moi avec soulagement...

Sur la route du Sahara, une panne providentielle nous retient près de l'aérodrome de Paul-Cazelles où nous trouvons de l'aide pour réparer. Bienheureuse panne, oui, car nous avons dormi par terre au presbytère de Djelfa, pendant qu'au col des Caravanes, une embuscade fait des victimes au moment où nous aurions normalement dû y passer !

Plusieurs semaines à Laghouat nous font le plus grand bien.

À Alger, pendant ce temps, les communautés se dressent les unes contre les autres et, au retour, nous faisons connaissance avec les meurtres en pleine rue, lors des conduites en classe des enfants, sous nos fenêtres ou en allant au marché. Les ordures s'amoncellent et les rats festoient tandis que les magasins sont vides.

Voyant cela, avec l'accord téléphonique de mon mari, je décide de renvoyer les enfants en France avec notre fidèle Lala, morte de peur les nuits où les bombes nous empêchent de dormir et précipitent tous les enfants dans mon lit.

Ce ne fut pas chose facile en mai 1962, mais la famille et les amis les ont accueillis, pour certains sans même les connaître.

Quant à moi, je garde le bébé plus facile à nourrir et qui m'assure un rapatriement prioritaire en cas de besoin. Je n'ai plus qu'à préparer un déménagement vers la France quand il en est encore temps. Une fois de plus, les amis et la Légion ont été formidables ; celle-ci pour assurer le transport du matériel jusqu'au port d'Alger où nous pouvons le charger dans un container qui devait arriver trois mois plus tard, mais entier, à destination.

Le 15 juin 1962, nous parvenons à quitter Alger, le cœur gros, mais soulagés de retrouver en France tous nos enfants réunis... F. repart peu après, pour ne revenir que fin août 1962.

***

Isabelle H

Elle a vécu dans le Constantinois « une vie simple de femme de soldat » et elle a rassemblé ses souvenirs dans un livre « La crainte et l'oubli *» (Bénévent). Elle m'a autorisé à en extraire les passages suivants :*

« Je viens de quitter la ville de Philippeville où j'ai séjourné huit mois, sans mari mais en compagnie de France V., puis de Dominique M. C'est là que j'ai eu mon troisième enfant. La vie que j'allais quitter à Philippeville ne me laissait pas beaucoup de regret. Et pourtant j'étais bien entourée. Mon amie était repartie pour la France mais dans sa villa venait de s'installer une autre femme, tout aussi sympathique que la précédente. Elle était mère de trois enfants et, très vite, elle en attendit un quatrième.

À l'époque où notre jeunesse nous laissait encore un peu d'insouciance, le fait d'être enceinte ne représentait aucun inconvénient majeur. C'était notre sort à toutes ; nous ne devions pas nous plaindre, et nous ne l'avons jamais regretté.

Nous étions simplement inquiètes du métier de notre mari qui nous séparait de lui. Combien de fois en avons-nous parlé ensemble ! Notre situation difficile, bien que provisoire, nous forçait à accepter un devoir de réserve qui ne nous empêchait pas de souffrir en silence en acceptant notre sort.

Aujourd'hui nous serions révoltées peut-être, pacifistes, ou rêvant d'indépendance ! (...)

À mon arrivée à A., petit village à mi-chemin entre Sétif et Bordj Bou Arrarij, mon mari m'attendait dans un caravansérail juché sur un rocher à l'entrée du village.

Dans la cour, les cailloux semblaient avoir remplacé définitivement les fleurs. Se tenait sur le pas de la porte un sous-officier désigné pour remettre en état ce fort désaffecté offert gracieusement par le maire en guise de logement. Bâti sur d'anciennes ruines romaines, il n'avait guère évolué depuis sa construction. Je n'ai jamais eu l'ambition d'habiter un château. J'en avais dorénavant un à ma disposition, mais quelle aventure allais-je y vivre ?

(...) Pour la première fois, ce soir-là, je me suis assise sur mon lit et j'ai pleuré. Aucune installation sanitaire n'y avait été prévue. La cuisine ne possédait qu'un robinet d'eau froide. Pas de salle de bains ni de douche. Pas de toilettes non plus : seul un trou dans la cour protégé par des planches. J'oubliais vite tout cela car je devais me réjouir de ma nouvelle installation et sortis les quelques gravures que j'avais emportées pour égayer un peu mon intérieur. Une heure me suffit pour me sentir installée. (...)

Un jour d'hiver, j'ai laissé passer l'heure de mon retour. Je savais qu'à 17 heures précises, une dernière voiture militaire fermait la route. Il devait être 17 heures 30. Je roulais tranquille, seule. J'atteignais enfin mon village, pensant passer inaperçue. Il n'en fut rien, l'officier de permanence venait de signaler que « la voiture du capitaine » n'était pas de retour. Une patrouille était prête à partir...

Je me rendis compte que si j'étais prudente pour mes enfants, je devais l'être également pour moi-même…

Je dus me ressaisir mais la crainte qui me suivait comme une ombre commençait à me faire douter de l'énergie dont je devais faire preuve.

Je redoutais les départs précipités de mon mari. Nous avions le téléphone à domicile et chaque fois qu'une patrouille rencontrait des difficultés, il devait s'y rendre. Bien entendu, je n'avais alors plus de nouvelles de lui jusqu'à ce qu'il rentre fourbu, en me disant souvent que c'était une fausse alerte.

Un soir, le téléphone sonna, et j'entendis : « *Envoyez-moi ma jeep* ! »…

Une heure se passa lorsque le téléphone sonna à nouveau

« *Désolé, Madame, de vous déranger, mais nous avons un problème. Nous avons aussitôt envoyé chez vous la jeep de votre mari. Son chauffeur l'a attendu à votre grille mais votre mari ne s'est pas montré. Que dois-je faire ?* »

Je tremblais. À coup sûr, il avait dû être enlevé, ce devait être un piège des fellaghas. Bien entendu, je n'osais rappeler l'officier de permanence.

J'appris à son retour, tard dans la nuit, qu'impatient de rejoindre son équipe sur le terrain, il avait sauté dans la première jeep de passage et avait pris de court son chauffeur.

Je lui en voulus le reste de la nuit mais le principal, me disait-il, était que l'opération se soit passée sans pertes, et je l'approuvai.

Il m'aidait mais la peur s'était installée en moi. Je n'avais aucun courage...

Action Psychologique

Le lieutenant en premier m'apprit au cours d'un repas que je pourrais l'aider dans sa mission. (…) Le Service Cinématographique militaire faisait à l'époque circuler des films de propagande, conçus pour la population algérienne. L'officier les avait visionnés et me demanda de l'aider à les diffuser ; sa campagne s'adressait principalement aux femmes des douars isolés.

Dans l'impossibilité de sortir de leurs maisons (on ne voyait dehors que des hommes ou de jeunes garçons), il fallait essentiellement les contacter par le biais de cette information. Je devais de mon côté faire passer le message afin qu'un nombre de femmes le plus important possible puisse y assister. (...) Le jour dit, je montai dans sa jeep et nous avons parcouru les pistes afin de rejoindre l'équipe cinéma déjà en place. Nous étions silencieux. Un soldat était assis à l'arrière, armé, qui ne disait mot et semblait aussi incrédule que moi quant à la réussite de cette entreprise.

Nous atteignons cette grange désaffectée au fond d'un ravin. Qu'allais-je faire dans cette entreprise vouée à l'échec ?

Sorties d'on ne sait où, un petit groupe de trois femmes arrive, portant sur leur dos chacune un enfant. Ce sera toujours suffisant pour justifier ma présence ! pensais-je.

Puis subitement, d'autres descendent par paquets de dix, puis de vingt, souriantes et décidées. Le « téléphone arabe » a bien fonctionné. Elles ont, pour la première fois, l'occasion de sortir de chez elles, et elles nous le montrent.

En l'espace d'une demi-heure, la grange s'avère trop petite. La bousculade à la sortie est émouvante. Elles repartent en courant, toujours joyeuses, et j'éprouve un soulagement. En remontant dans la jeep, l'officier me dit : « Vous voyez, tout s'est bien passé ! »

(Un autre jour, on lui a demandé de leur parler de contraception mais elle s'est aperçue qu'elles en savaient plus long qu'elle-même...)

« ...Je restai une bonne heure avec elles et rentrai chez moi. À partir de ce jour, je fus persuadée que je pouvais faire plus auprès de ces épouses, intelligentes et avides d'évoluer.

Toutes les actions que nous menions étaient trop tardives et nous allions payer cher le fait de ne pas avoir plus tôt réalisé que, par les femmes, nous pouvions nous rapprocher de cette population différente de nous mais si attachante.

Le Putsch

Depuis plusieurs mois, les colons suppliaient mon mari d'organiser une chasse sous la protection de ses blindés, *comme avant les évènements*... En raison de la guerre, les sangliers dévastaient les cultures.

Mon mari avait refusé à plusieurs reprises mais le gibier était un fléau. Il fallait y remédier d'urgence. Un matin, j'assistais avec les femmes de colons au départ de leurs maris heureux de pouvoir s'offrir ce plaisir par ces temps troublés. Il fut, hélas, de courte durée !

La veille, mon coiffeur m'avait avoué, d'un ton sans appel, qu'il ne me reverrait plus.

« *Songez-vous vraiment à rentrer en France* ? » Il me répondit que sa décision était prise et me fit réaliser à quel point nous avions perdu la confiance des civils...

Je rentrai chez moi pour lire : « *La dépêche de Constantine* ». Présage ou coïncidence ? J'y lisais que les cendres du maréchal Lyautey devaient être ramenées du Maroc à Paris. (...)

Dès mon retour, j'entendais un roulement incessant de véhicules. J'aperçus, se touchant presque sur la Nationale Sétif-Alger, des jeeps roulant à faible allure, puis des blindés. J'avais l'habitude d'en voir mais ce jour-là le mouvement était plus important que d'habitude.

J'ouvris mon transistor. Je n'entendais que de la musique militaire. J'eus soudain très peur. Les véhicules roulaient toujours. Soudain mon mari revint très préoccupé. J'eus à peine le temps de lui demander si la chasse s'était bien passée, il se changea en vitesse et me dit : « *Un Putsch vient de se déclarer à Alger. Le Colonel réclame la présence de tous les officiers. Ne bouge pas, je te préviendrai dès que j'en saurai un peu plus...* »

Le temps me parut interminable car il rentra très tard. Je lui posai aussitôt mille questions. Il n'y avait rien d'alarmant pour l'instant, me dit-il... Le colonel avait réuni tous ses officiers pour leur faire part du passage des régiments qui montaient rejoindre les généraux putschistes à Alger. Au passage, ils avaient demandé du renfort.

Le colonel, qui avait servi auparavant auprès du président de Gaulle à l'Elysée, n'était pas partant et avait tenu à en informer ses hommes. Il était déchiré entre ses amitiés et sa fidélité. Les officiers l'avaient écouté (...) : il dit que jamais il n'accepterait d'entrer en conflit avec les putschistes pour rétablir la légalité. Il n'approuvait pas leur sursaut, qu'il disait voué à l'échec, mais partageait intérieurement leurs motivations.

Lorsque mon mari retrouva ses lieutenants le soir même, il les vit abasourdis et le cœur rempli d'une immense tristesse. L'heure était grave. D'un commun accord, ils décidèrent de poursuivre leur lutte contre les fellaghas, de ne pas laisser les hommes dans l'oisiveté, de multiplier les patrouilles. Dans les jours qui suivirent, ils rentraient exténués physiquement et n'avaient qu'une envie, prendre du repos sans penser à l'avenir.

Nous savions à ce moment précis que nous devions nous apprêter à rentrer en France... Les colons déjà préparaient leurs valises.

Le départ

(...) Je préparais les miennes, tout en prévenant nos deux familles, heureuses de nous savoir de retour prochainement sur le continent.

Les consignes passées au successeur ont été faciles. Lorsque je lui demandai s'il avait l'intention de faire venir sa femme, il me répondit négativement. La situation avait terriblement changé en Algérie et les évènements qui suivirent prouvèrent qu'il avait raison.

Je fis quelques visites aux femmes de colons. Je les trouvais très anxieuses pour l'avenir mais rassurées de voir arriver un autre capitaine. (...)

Nous avons rencontré, dans nos deux familles, une sorte d'incompréhension des moments difficiles que nous venions de vivre. Ils avaient vécu le problème algérien de très loin. Nous ne parlions presque pas des évènements, et pourtant cela nous aurait fait du bien.

Nous avons laissé de côté notre amertume pour goûter au plaisir de pouvoir enfin vivre normalement mais nous étions frustrés du manque de partage avec notre entourage. Je m'aperçus cependant, peu de temps après mon retour, que j'avais quitté ce pays sans regret. (...)

Je partai sans regarder en arrière. Nous n'avions pas souffert de notre séjour. Cette expérience n'avait été qu'une étape parmi beaucoup d'autres.

J'ignorai encore une seule chose importante : je devais tout oublier. Oublier ces gens que j'avais rencontrés et qui allaient tant souffrir à l'avenir dans leur pays. Oublier l'incompréhension de ceux qui n'avaient pas connu l'épreuve, et qui avaient critiqué notre présence.

N'avais-je pas un jour entendu de la part d'une personne qui avait habité après nous dans notre village : *« Pensez-vous avoir été utile lors de votre séjour ? Savez-vous que les Algériens qui vous protégeaient ont tous été assassinés après ? »*

Je ne pouvais croire à une telle nouvelle. J'eus froid dans le dos. Avais-je été responsable d'une telle horreur ? Certes non, mais paradoxalement je me disais que nous n'avions pas assez marqué notre présence auprès d'une population qui nous avait fait confiance. Nous avions été embarqués dans une aventure qui nous dépassait tous, que nous avions acceptée par devoir. »

***

Monique

*Elle n'a pas souhaité apporter son témoignage personnel mais son mari, qui consacre beaucoup de son temps au soutien des harkis, la cite dans son livre : « **Un village de Harkis** » (éditions l'Harmattan 1994). Il m'a autorisé à copier ici le passage correspondant.*

« Je suis soucieux également de l'aide à apporter aux populations. Des appelés motivés font la classe aux enfants et il faut insister pour que les filles y assistent. Les infirmiers de l'escadron dispensent quelques soins et un médecin-aspirant vient une fois par quinzaine traiter les cas les plus sérieux. Un bureau de la SAS est animé à Beni D. par un sergent dynamique tandis que le lieutenant chef de SAS réside à Tizi N'B. ; il gère l'administration, contrôle le fonctionnement des moulins et distribue parfois de la semoule aux nécessiteux. Contrairement à l'ensemble de la Petite Kabylie où la réforme communale a été une réussite qui s'est traduite par la mise en place de conseils municipaux, il n'y a pas eu désignation de responsables dans l'oued B. et à Tizi N'B., l'instituteur fait fonction de maire.

Les contacts du chef de SAS avec les habitants de l'oued B. ne sont pas très étroits et, c'est par l'intermédiaire des harkis que je suis le mieux informé de leurs besoins.

Sachant le rôle important que jouent les femmes au sein des familles, je demande à mon épouse Monique, qui est isolée à Kerrata, de suivre un stage d'EMSI (équipe médico-sociale itinérante) organisé par le 5e Bureau à Constantine. Elle en revient diplômée et s'installe à 807 d'où elle peut rendre visite aux familles, s'inquiéter de leurs problèmes et dispenser quelques soins. Mais elle manque de médicaments et pallie cette pénurie en adressant des *commandes* aux laboratoires pharmaceutiques de France. À Béni D., elle est accompagnée par le harki qui lui sert d'interprète et de guide. Plus tard, elle recrute une jeune « *harkette* » qui la suit dans ses visites. Elle crée à Ouled A. un « Cercle féminin ».

Quand la jeep n'est pas disponible, il lui arrive de faire le trajet dans le GMC de l'escadron, pas très confortable, et de poursuivre sa visite sur un bourricot.

Elle est partout bien accueillie et les rapatriées de Dreux sont heureuses – aujourd'hui encore – de revoir Monique… »

***

Cécile

« Je n'ai pas connu l'Indochine… Seulement l'Algérie. À cause d'elle, deux de mes trois enfants sont nés sans la présence de leur père. Grâce à elle, j'ai vécu une aventure magique.

Réfugiée chez mes parents à Paris, j'ai reçu un jour une lettre étonnante provenant du Sud-Oranais. « *Madame, nous inaugurerons dans quinze jours le club de notre mess et nous savons que la plus grande joie de notre capitaine serait que vous soyez là. Voici donc un aller et retour en Caravelle.* »

S'ensuivit une correspondance secrète pour mettre au point la surprise et je débarquais à Tlemcen, sur le quai de la gare, facilement reconnaissable car seule de ma catégorie, pour être prise en charge par un charmant officier inconnu. Convoi jusqu'à El Aricha où je fus cachée jusqu'au soir. « *Mon capitaine, fête ce soir au club à l'occasion de retour de la Mecque du chef arabe du regroupement !* » C'était moi. « *Qu'est-ce que tu fais là ?* », « *Ils m'ont fait venir !* »

Quarante ans après, nous voyons encore les « ils : un polytechnicien, un joueur de trompette, un médecin, un lieutenant d'active à l'époque, un énarque…

Cette amitié, cette délicatesse, j'en ai joui tout au long de nos diverses garnisons. La première de toutes avait été Mailly le Camp. « *Bon accueil. Tous commerces* », annonçait un panneau à l'entrée du village. Le bon accueil fût celui des lieutenants. L'un avait cédé sa chambre pour que, jointe à la nôtre, cela fasse appartement. Je démarrais ma vie militaire en prenant mes repas à la popote dans une drôlerie permanente, en faisant l'apprentissage des contrepetteries.

Et puis l'Allemagne, un régiment à Altkirch, un autre à Orléans, Saumur à deux reprises, Lyon et, bien sûr, Paris à diverses reprises et pour la finale.

Les enfants suivaient et grandissaient, en apprenant que le changement peut être un avantage, celui de connaître d'autres lieux, de trouver de nouveaux amis.

Si l'adresse changeait, l'atmosphère était la même et les soucis et chagrins, normaux dans une vie, sont effacés par la prédominance de l'amitié, par la satisfaction de voir son mari aimer son métier sans restriction. Le naturel courtois de nos relations amicales était notre quotidien.

Jusqu'à « *l'adieu aux armes* », mon seul souvenir éprouvant tant il était chargé d'émotion… »

***

Clotilde

« Femme de soldat, je le devins en 1957 en épousant un lieutenant qui se trouvait dans un bataillon alpin en grande-Kabylie. J'étais aussi « fille de soldat », donc j'entrais dans un milieu connu, bien différent de celui d'une étudiante à la Sorbonne.

Ce milieu militaire n'était pas toujours bien compris, plutôt décrié même, à cause des exactions qu'il était censé commettre en Algérie. En épousant un officier, on renonçait à une vie facile sur le plan matériel : solde un peu maigre, déménagements fréquents sans l'assurance de trouver un logement adéquat dans la nouvelle affectation…

Mais, on y cultivait un certain nombre de valeurs : honnêteté, rigueur morale, esprit de service, disponibilité… D'éducation chrétienne, je m'y trouvais à l'aise.

Entre 1957 et 1988, sa retraite, l'évolution a été considérable à l'intérieur de ce milieu, du côté féminin, en contre-coup de ce qui se passait dans la société civile.

Jeune femme, j'ai subi les inconvénients de la vie dans un régiment : absences nombreuses, retours tardifs pour le service, fatigue engendrée par le rythme de vie...

Ainsi à peine débarquée dans une garnison des FFA où mon mari avait été affecté, on avait omis de lui dire qu'il partait immédiatement en manœuvres avec sa section : je me suis retrouvée seule pendant trois semaines sans connaître ni les personnes ni les lieux.

Ensuite, divers séjours en Algérie avec l'inquiétude suscitée par les opérations. Je savais bien qu'il était exposé au danger même s'il en parlait peu dans ses lettres alors que mon beau-frère était tué près de Tiaret.

Et cependant, dans l'armée, on disait : « *L'Algérie, ce n'est rien à côté de l'Indochine...* »

Je me disais que j'avais de la chance ! Cependant, avec des enfants en bas âge, c'était dur : leur père les quittait bébés et les retrouvait grandis. Eux ne le reconnaissaient pas ; il fallait les réacclimater à leur père à chaque fois...

J'eus plusieurs fois l'occasion d'aller en Algérie. Jeune mariée, j'ai séjourné plusieurs semaines (un peu illégalement) dans un poste très isolé en montagne où j'étais la seule européenne. Mon mari ne voulait pas que je sorte seule. En revanche, nous avons été invités plusieurs fois chez des Kabyles où je ressentais beaucoup de joie.

Je fis de courts séjours à Philippeville, puis à Telergma, grâce à des stages, avant de pouvoir partir en famille à Cherchell d'octobre 1961 à juin 1962. Ville magnifique mais période difficile moralement. Nous avons perdu une petite fille de trois semaines, mal soignée : les routes étant très incertaines, je n'avais pu aller accoucher à Alger.

Nous nous sentions solidaires des pieds-noirs et en même temps rejetés par eux qui considéraient que l'armée les abandonnait. Solidaire aussi de notre brave fatma dont j'étais sûre qu'elle n'aurait plus de gagne-pain : répudiée, elle vivait avec une nièce handicapée dont elle s'était chargée...

Ces séjours en Algérie m'ont rapprochée de ma mère qui avait vécu jeune mariée au Maroc dans le bled où mon père était officier des Affaires Indigènes entre les années 1926 et 1938, mais ma situation était moins héroïque que la sienne !

En effet, le Maroc connaissait encore la dissidence dans les zones montagneuses où mon père était en poste. Ma mère est passée du métier d'infirmière à la vie militaire. Il n'y avait pas de relations en dehors des soldats – le plus souvent célibataires.

Sa vie était inconfortable ; routes rares et pistes plus ou moins aménagées où les voitures tombaient en panne, cela donnait lieu à quelques réceptions de *naufragés de la route*. Ni eau courante, ni électricité, pas de cheminée pour se chauffer dans la montagne. En revanche, ma mère était aidée par du personnel dévoué et attachant.

Mon père fut blessé lors d'une opération dans le Tafilalet, quelques semaines après la mort du capitaine de Bournazel en 1933. Quelle inquiétude dut envahir ma mère qui aidait avec d'autres femmes le Service de Santé !

Inquiétude aussi lors des grossesses car elle avait attrapé le paludisme. À l'époque, on soignait cette maladie par la quinine qui est un abortif. À cause de l'état des routes, il lui fallait descendre en ville à la maternité des Franciscaines longtemps avant la date de la naissance… Elle aussi perdit une petite fille née prématurément dans le bled.

Après le Maroc, ce fut le retour en métropole mais c'était la guerre 1939-1945 et son cortège de séparations : inquiétude, lutte pour nourrir toute la famille (4 enfants), difficultés morales dues à la situation politique de la France.

Nos mères furent héroïques ! (…)

***

Marie-Thérèse H.

« Le « oui » que nous avons consacré l'un à l'autre le 8 août 1953 a été le point de départ d'une existence très vite marquée par le départ de M. pour un deuxième séjour en Indochine. Cette séparation, trois mois après notre mariage, dura 14 mois.

C'est grâce à beaucoup de lettres échangées que nous avons appris à nous connaître et à réaliser que nous étions vraiment faits l'un pour l'autre.

J'ai eu la joie de le rejoindre en janvier 55. Pendant les 25 autres années de sa vie active, nous avons eu à faire face à 22 déménagements dont seulement trois sans avoir à chercher où nous loger. Cela entraîna la mise en pension de nos enfants, certains depuis la 6e.

M'étant occupée pendant 12 ans de l'ANFOC, j'ai, un jour, posé cette question aux femmes de stagiaires à Paris : « *Quand vous vous êtes fiancée, vous a-t-il parlé de ce que serait votre vie de femme de soldat ?* »

La réponse nous a surpris, nous les anciennes. La majorité des jeunes femmes nous disait avoir fait des études, posséder des diplômes, avoir de bonnes situations, bien gagner leur vie. Elles étaient heureuses, on ne parlait pas alors de guerre, de danger, de séparations. Dans leur ménage, chacun avait son travail mais pas toujours dans sa vocation.

Leurs réponses, toujours très positives, disaient en substance : « *Mon mari accepte que je continue mon job mais, s'il devait partir en OPEX loin de moi, il pourrait compter sur moi. Je serais avant tout femme de soldat.* »

Cette génération n'a pas connu, comme nous, la guerre et l'après-guerre mais il s'y trouve aussi des femmes courageuses et tournées vers les autres. Elles ont assuré notre relève.

Les civils nous envient souvent : « *Vous avez de la chance de trouver, à chaque mutation, une amie à qui vous vous adresser de la part de tel ou telle et qui vous accueille. Chez vous, la simplicité vous rend proche de toutes et vous partagez vos difficultés.* »

À ce sujet, j'ai toujours conseillé aux jeunes : n'attendez pas **qu'on vienne à vous mais allez vers les autres**. Ce geste m'a toujours permis de faire face aux situations difficiles.

La femme de soldat vit et agit dans l'ombre mais elle doit savoir que son mari compte sur elle. **Elle doit sentir ce qui, dans les responsabilités de son mari et compte tenu de son tempérament, relève de son rôle de femme.**

Deux souvenirs m'ont ainsi marquée :

– En Indochine, il m'a demandé d'aller voir la femme d'un capitaine qui, isolée en Normandie, connaissait des moments difficiles avant la naissance de sa troisième fille. Loin de son mari, nous avons parlé de lui. Elle a pu le sentir plus proche et reprendre confiance et courage.

– dans une certaine garnison, un capitaine ne participait jamais à aucune activité. On ne connaissait pas son épouse. Il semblait qu'ils avaient un gros problème. Mon mari m'en parla. J'allais la voir. Le contact fût difficile. Je la trouvai avec un bébé handicapé qu'elle ne sortait jamais et dont personne ne soupçonnait l'existence. Le bébé est mort peu de temps après et l'équipe des capitaines a pris en charge, de façon merveilleuse, ce ménage qui portait sa croix dans le silence, le sauvant de la dépression et lui rendant le sourire.

Nous sommes maintenant en retraite mais demeurent les liens tissés tout au long de notre vie. On continue à se voir entre camarades. Des voyages en commun nous ont permis de mieux nous connaître. Nos cœurs rajeunissent quand on évoque tel épisode de notre vie.

Nous avons vécu mariés dans une petite chambre de célibataire avec un réchaud à alcool posé sur le bord de la fenêtre ou sur la cantine les jours de pluie.

Nous nous rappelons l'Indochine et les tirs de mortiers au dessus de nos têtes...

Nous nous rappelons l'Algérie. À Mostaganem, les petits drapeaux fabriqués en hâte avec de vieux vêtements bleus, blancs et rouges.

Nous nous souvenons aussi des émotions du Putsch, des tirs du FLN et de ceux de l'OAS. Nous avons dû laisser sur le port d'Alger un container renfermant tous nos biens, totalement perdus…

Nos enfants gardent, eux-aussi, des souvenirs merveilleux : les départs pour l'école chaque matin en GMC, les prises d'armes nocturnes à Coëtquidan et à Saint-Maixent…

On a dansé dans toutes les garnisons. On a souvent ri et chanté. On a accumulé beaucoup de joies.

On a versé aussi beaucoup de larmes près de camarades dans la peine mais une chose est certaine, notre vie de femme de soldat a été quelque chose de merveilleux que jamais personne ne nous prendra. »

***

CELLES QUI ATTENDAIENT... 30 MOIS... OU BIEN PLUS...

Pour comprendre les témoignages qui suivent, il faut les remettre dans le contexte.

1940-1942 ; coupure de la France en deux zones : zone occupée avec Paris, le Centre, l'Est et le Nord de la France et les côtes de la Manche et de l'Atlantique, zone « libre » d'accès rigoureusement contrôlé et réduite à ce que représentent aujourd'hui les régions Auvergne, Rhône-Alpes, PACA et une partie de Midi-Pyrénées. En novembre 1942, extension de l'occupation allemande à l'ensemble du territoire. Coupure totale de celui-ci avec l'Afrique du Nord. Les familles sont dans l'incapacité d'écrire ou de téléphoner...

1945-1954 : Guerre d'Indochine. L'essentiel des liaisons se fait encore par bateaux : trois semaines de voyage. Sur place, nos troupes sont dispersées en une multitude de postes répartis sur le territoire. Certains postes en Haute région Tonkinoise ou au Nord Laos sont à plusieurs journées de marche du PC de bataillon, lui même loin des centres. Il n'y a évidemment pas de téléphone et la radio marche très mal du fait des distances, du relief, de la végétation et du climat. Le courrier est à l'avenant et bien des postes ne le reçoivent avec le ravitaillement que par parachute. Pour répondre, il faut attendre qu'il y ait une liaison ou un convoi. D'où des délais considérables : quelquefois deux mois, sans compter tous les courriers perdus, tombés dans la rivière ou capturés par les Viets.

Quant aux troupes d'intervention, elles sont sans cesse en opérations et le courrier attend souvent à la base arrière. C'est une joie rare quand une lettre vous parvient au fond de la brousse.

1954-1962 : Guerre d'Algérie. Les conditions sont meilleures, bien que la majorité des troupes soit employée à quadriller le territoire. Les distances sont plus courtes, la liaison aérienne facilite les permissions bi annuelles des soldats, et quelquefois des visites sur place pour leurs femmes. Le téléphone marche entre les villes et la métropole mais il est inconnu dans le bled. Le courrier est assez régulier et rapide mais, d'une part, certains postes sont éloignés et très isolés, d'autre part, les troupes d'intervention sont sans cesse sur la brèche, dans des régions difficiles d'accès alors que les bases arrières des régiments sont souvent sur la côte.

Pas étonnant donc que tant de témoignages évoquent l'attente ou l'absence de courrier…

***

Marie-Ange

« *Tu sais à quoi tu t'engages en acceptant de devenir ma femme !* », m'avait dit H. quand nous nous sommes fiancés en 1940. « *Dans la vie d'officier, on ne s'appartient plus. Tel le soldat du centurion de l'Évangile, on va là où on nous dit d'aller… La cause de la France nous dépasse !* ». On peut dire que j'étais prévenue.

Par la suite, les évènements devaient largement illustrer cette mise en garde.

Ce furent d'abord de très longues fiançailles. Nous étions séparés par la ligne de démarcation, moi préparant le diplôme d'infirmière en zone occupée et lui rejoignant, en septembre 1940, l'École Spéciale Militaire, à Aix-en-Provence, en zone libre. Puis, deux ans plus tard, il partait comme sous-lieutenant à l'École de Cavalerie repliée à Tarbes. C'est là que le surprirent, en novembre 1942, l'invasion de la zone libre par les Allemands et la dissolution de l'armée d'armistice.

J'appris alors qu'il cherchait à rejoindre l'armée française d'Afrique du Nord, en s'évadant par l'Espagne. Le contexte était angoissant. Pas de lettres. Les nouvelles nous parvenaient par des moyens détournés… »

De fait, beaucoup des évadés furent capturés par les Allemands à la frontière franco-espagnole, souvent vendus par les passeurs à qui ils avaient remis de l'argent. Comme Hélie de Saint Marc, ils furent déportés.

H. avait réussi, lui, à échapper aux Allemands dans la montagne pyrénéenne et à pénétrer clandestinement en Espagne. Il fut vite repéré par la Garde Civile et interné au sinistre camp de Miranda. Là étaient regroupés, dans des conditions sévères, les aviateurs anglo-saxons descendus au dessus de la France et les jeunes Français qui cherchaient à rejoindre l'Afrique. La libération de ces hommes exigea de longues tractations politiques entre les Alliés et les autorités espagnoles peu soucieuses de mécontenter Hitler. Pendant ce temps-là, les internés attendaient dans des baraques pouilleuses, la faim au ventre. L'arrivée discrète de bateaux de blé américain dans un port portugais devait contribuer à faire avancer le problème et les prisonniers furent progressivement relâchés et acheminés sur le Maroc.

« Au début 1943, des proches résidant à Alger nous font savoir indirectement que le régiment de H. a débarqué à Naples. Commence alors pour lui, je l'ai appris par la suite, la campagne d'Italie dans des conditions particulièrement rudes, compte tenu de l'hiver, du relief et de la résistance acharnée des troupes d'élite allemandes.

Je suis toujours sans nouvelles et c'est par la radio que nous suivons la lente progression des Alliés en Italie et, enfin, la prise de Rome le 5 juin, veille du débarquement en Normandie. Celui-ci amène beaucoup de perturbations et de bombardements dans notre Mayenne, située juste à l'arrière du front.

La Libération intervient en août 1944 mais toujours pas de nouvelles. En fait, il a débarqué en Provence avec la première Armée, remonté la vallée du Rhône et, au début de l'automne, est déjà engagé dans de durs combats dans les Vosges. C'est à ce moment qu'arrivent ses premières lettres mais je tremble d'autant plus que je le sais à la pointe du combat.

Pendant la campagne d'Alsace, à travers ses lettres discrètes de l'hiver 1944-1945, je le sais sous la neige, au danger des mines et des obus mais je prie et j'espère.

Au printemps, j'apprends qu'il a passé le Rhin et qu'il poursuit les troupes allemandes en Forêt Noire.

Enfin arrive l'armistice du 8 mai. Je respire enfin. Il est vivant et même chevalier de la Légion d'honneur comme tout jeune lieutenant.

En juillet 1945, il est affecté comme instructeur à Coëtquidan. Nous nous marions.

Je l'attendais depuis l'été 1940...

Notre vie matérielle est difficile, le logement misérable et le ravitaillement précaire pour une future mère car les tickets de rationnement séviront encore des mois, sinon des années. Mais nous sommes heureux. Un bébé naît, puis, un an après, un deuxième.

En 1947, H. est affecté à Saumur où sévit la crise du logement : une partie de la ville a été démolie pendant la guerre. Nous voici donc à peine installés mais ravis.

C'est alors que nous entendons parler des mines du Nord. Les mineurs se sont mis en grève, la révolte gronde dans les corons. Le pays a besoin de charbon mais le travail dans les mines est dur, le ravitaillement rare et les protestations sont virulentes.

Parmi bien d'autres unités, toute l'École est mise sur le pied pour pacifier cette *guerre des mines*. Nouvelle séparation dont on ignorait la durée. Tout était réuni pour m'angoisser car j'attendais notre troisième enfant et j'avais eu à peine le temps de faire connaissance du lieu et des gens.

Enfin, le bébé est bien arrivé, les mines du Nord ont repris le travail. À nouveau nous étions comblés…

Nous ne savions pas alors que nous attendait une séparation autrement longue… l'Indochine. Deux ans et demi d'absence. Cette fois-ci, cela m'est paru insoutenable, un cauchemar, une coupure trop longue, infinie. Les enfants avaient trois ans, deux ans et quelques mois. Nous nous sommes promis de nous écrire presque au jour le jour, même si les courriers étaient déficients : les lettres mettaient presque un mois.

… Je m'arrête là car vous aurez tant de témoignages sur les séparations d'Indochine et d'Algérie que le mien n'ajouterait rien.

Il est revenu, grâce à Dieu. La vie a repris son cours et elle m'a comblée. »

***

En février 1981, dans la cour d'honneur des Invalides, j'ai, en tant que CEMAT, prononcé l'éloge funèbre de H., mon grand ancien très admiré, devenu général de corps d'armée.

Depuis, je vois sa femme, un merveilleux souvenir aux lèvres, continuer à se dépenser sans compter pour les autres, admirable de dévouement et d'abnégation. J'ai demandé à sa fille (qui est ma voisine, elle même mère de 5 enfants) si, dans son enfance et son adolescence, elle a souffert des absences longues et répétées de son père. Elle me répond :

« Maman nous répétait, « Papa et moi, nous faisons équipe »… Elle le rendait tellement présent que nous n'avons pas souffert d'avoir un père absent… Il nous faisait partager ce pour quoi il partait… Maman vivait cela dans le consentement actif… Papa sur la ligne de front, Maman sur la ligne arrière, tous deux dans une telle unité, une telle paix dans l'obéissance joyeuse à leur devoir d'état, et nous traçant le chemin, comme un tremplin, pour qu'à notre tour nous puissions rendre grâces et aller de l'avant, confiants dans le Chemin.

J'ai appris, à cette école, que pour qu'il y ait des retrouvailles, il faut qu'il y ait des départs et donc que, même dans les départs, il y a du positif… La lumière est au bout… Et la fête… »

***

Nicole

« Notre amour est né au printemps 1941. Je suis alors étudiante à Paris, lui prépare Saint-Cyr au Prytanée Militaire replié à Valence. Coup de foudre de mon côté, sympathie de l'autre… Nous gardons le contact par cartes interzones seules autorisées, les premières avec texte imposé (« *rayer les mentions inutiles* »), les suivantes réduites à sept lignes, les dernières à espace libre. Il fallait, en tout cas, beaucoup d'astuce pour livrer l'essentiel.

En août 1942, P. est reçu à Saint-Cyr (L'École étant alors repliée à Aix en Provence.) (…)

Ses sentiments ont évolué mais il faut que j'en aie le cœur net. En septembre, au prix de risques insensés, je le rejoins à Toul, en zone interdite : vélo, petits chemins, cache-cache avec les patrouilles allemandes… Dix jours après, je reviens fiancée...

Il rejoint l'École à Aix en octobre. Courte euphorie mais premier coup dur : la dissolution de l'Armée d'armistice. P. retourne à Toul auprès de son père gravement malade qui meurt en mai 1943. Il s'engage aux Chantiers de Jeunesse : 9 mois de bûcheron en Haute-Savoie. Suit une période de clandestinité dans les caves de Bourgogne.

Les évènements se précipitent avec le Débarquement du 6 juin 44 en Normandie. Je sais qu'il voudra participer à la Libération et **je déclare à mes parents que je préfère être veuve qu'éternelle fiancée.** Nous nous marions le 28 juin 1944…

Mais la première Armée française, débarquée le 15 août en Provence, marche vers Belfort, la première D.B. libère la Bourgogne et mon Saint-Cyrien s'engage comme simple brigadier-chef.

Il fait la guerre pendant huit mois en Alsace et en Allemagne, plus deux mois d'occupation en Allemagne, mais, par chance, le courrier marche bien et il s'en sort indemne.

Début juillet, il est envoyé comme élève-officier à Coëtquidan ; je le rejoins clandestinement, échouant dans un petit hôtel aussi crasseux que pittoresque…

En décembre, l'École de Saumur se profile à l'horizon avec l'espoir d'une vie commune décente… Patatras ! Une grossesse à risque m'oblige à rester couchée quatre mois, puis à prendre d'infinies précautions. Je rentre chez mes parents, partagée entre la joie de cette attente et l'épreuve de la séparation. P. réalise des prouesses ferroviaires pour me retrouver lors de rares fins de semaines.

Finalement, le bébé arrive à bon port. Je file à Saumur avec lui, par le train. Le logement est sommaire. Nous sommes très fauchés. En fait de douceur angevine, la Loire charrie d'énormes glaçons… Je suis assez mal préparée aux tâches matérielles et l'allumage du poêle de la cuisine me fait verser des larmes (et pas seulement à cause de la fumée…).

Les restrictions n'ont pas encore été levées et le sevrage du bébé est délicat. Peu à peu, la vie s'établit. Et puis, nous sommes ensemble...

Sortant d'Application, P. est affecté en Allemagne. La vie matérielle y est plus facile. La naissance d'une fille vient compléter notre bonheur.

Arrive 1949, l'année cruelle. Mon père décède en janvier, ma mère en mai, P. part pour l'Indochine en août.

Je n'ai ni parents (P. est aussi orphelin), ni mari, ni toit – et deux jeunes enfants…

Je suis recueillie à Aloxe Corton par une sœur et un beau-frère incomparables.

Mes deux petits sont une raison de vivre. La construction d'une petite maison à proximité est un but, une source d'occupations et de soucis. Le temps passera plus vite.

P. est dans un poste perdu du Haut Laos, à la frontière de Chine, à quatre jours de marche du PC de bataillon, souvent sans radio. Les communications sont soumises aux difficultés de la distance et aux aléas du climat. Nous nous écrivons quotidiennement mais l'acheminement du courrier dépend des parachutages et des convois sur piste. Les lettres nous arrivent ainsi par paquets de 25 à 30…

Dieu soit loué. P. rentre, indemne, la veille de Noël 1951. Cent jours de congé pour une difficile réadaptation. Notre petite fille, venue le matin embrasser sa maman, s'arrête à la porte, interloquée : *« Maman, qui c'est dans ton lit ? »*

Une troisième et pénible grossesse précède l'affectation de P. comme capitaine à Trèves. Troisième naissance. 1955, École d'état-major à Paris. Famille sommairement installée en banlieue.

Puis, après quelques mois à Dijon, il part pour l'Algérie à la tête d'un escadron. La séparation sera moins cruelle que l'Indochine mais ce sera quand même long. En juillet 1957, débarque notre n° 4, sans son père, naturellement. La famille se replie à Aloxe.

En 1958, retour d'Algérie, affectation à Dijon : un peu de stabilité. Naissance de notre n° 5 et dernière. Entre temps, mon germanisant a suivi les cours de l'Institut d'Etudes Germaniques, d'abord à Strasbourg, puis à Paris. Encore six mois de séparation.

Entre 1961 et 1963, il est détaché à l'École de guerre de la Bundeswehr à Hambourg. L'armée française ne prévoit pas ma présence là-bas, pas de couverture sociale, tant pis pour les risques encourus... P. rejoint Hambourg dans notre 2 CV avec nos trois aînés, moi en avion avec les deux autres. Je dois faire travailler les aînés inscrits au cours par correspondance de Vanves; les deux autres font connaissance du « kindergarten ». Le climat est froid et humide. Je ne parle pas allemand. Les militaires allemands se mettent en quatre pour nous être agréables, mais ils sont raides et compassés...

Deux années heureuses à Baden, P. est à l'EM des FFA, son métier est passionnant et nous sommes ensemble. Puis deux années inoubliables à Altkirch.

Puis quatre ans à Trèves (notre record) où P. est le chef de l'élément de liaison avec les autorités allemandes. La famille commence à éclater, les aînés tracent leur propre chemin.

Puis, c'est l'apothéose. P. est chef de corps d'un beau régiment près de Provins. Comment ne pas voir là le couronnement d'une vocation ? Deux années, des plus remplies. Mon mari est plus souvent sur le terrain qu'au bureau.

Nous en avons profité aussi pour marier trois enfants en l'espace de six mois !

Et moi, « *la mère du régiment* », je suis aussi attentive au bien de chacun que discrète dans l'exercice de mon rôle social et ne piétinant jamais les plate-bandes de mon colonel de mari.

À la fin de son commandement, il fait, par anticipation, son adieu aux armes et se lance dans un obscur bénévolat. Notre fils aîné, Saint-Cyrien, a pris la relève, perpétuant une longue tradition militaire. Un de nos petits-fils est déjà officier de chasseurs alpins.

À repasser le fil de cette existence, je mesure combien les épreuves ont contribué à transformer mon coup de foudre de 1941 en un amour d'une richesse insoupçonnée. La Foi n'est pas étrangère à ce miracle. La Foi mais aussi le désir de ne jamais entraver la vocation de mon mari, faisant mienne cette sentence :

« *Ô femme, ton amour a amolli cette âme,*
S'il ne sait pas mourir, tu ne sais pas aimer. »

***

Martine

Après avoir vécu en soldat, son mari, retraité, est mort… en soldat chrétien, fauché par une auto pendant son footing matinal, le chapelet à la main.

« Lorsqu'il m'arrive de participer à des réunions de la promotion « Victoire », je ne peux m'empêcher de penser que tous ces *survivants* que la vie n'a pas épargnés sont des héros. En y associant L., j'en éprouve un sentiment de fierté.

Certes, nos vies à nous furent, pendant 40 ans, faites d'ombres et de lumières. Périodes d'intense bonheur familial dans un milieu amical et joyeux, suivies d'autres angoissantes et douloureuses mais, le danger écarté, la joie de nous retrouver était d'autant plus forte et les périodes de calme davantage appréciées.

Je veux, bien entendu, parler surtout des longues séparations : 27 mois pour l'Indochine, deux fois deux ans pour l'Algérie. Il ne s'agissait pas alors de pleurer sur un quai de gare mais de nous montrer aussi fortes et courageuses que nos maris.

En 1947, nous étions heureuses dans notre garnison, nous étions jeunes, nos maris revenaient de la guerre et la guerre était finie, le pays était beau et l'ambiance du régiment chaleureuse. Isolées loin de nos familles, nous avons été tout de suite accueillies et avons lié à ce moment d'indéfectibles amitiés. Mon amie G. et moi nous attendions notre premier bébé, nos familles n'avaient pas l'autorisation de venir en zone d'occupation et c'est la femme du capitaine qui nous servit de mère, nous emmenant à l'hôpital allemand et nous prodiguant conseils et encouragements.

Début 49, départ pour l'Indochine. Quoique prévenue, la foudre me tomba sur la tête et encore, je ne pouvais pas me représenter ce que cela allait représenter pendant deux ans.

Mes cantines furent vite faites car notre génération n'avait ni téléphone, ni TV, ni machine à laver, ni grandes surfaces pour nous ravitailler, pas même d'assurance-vie et, au début au moins, pas de sécurité sociale...

Adieu émouvant, message du beau-père, lui même « gueule cassée » de 1914-1918 : « *L., faites votre devoir mais pas plus* ! »

Après l'adieu de L. à nos enfants, jamais notre aînée Françoise n'a retrouvé la folle gaieté de son enfance !

Me voilà donc seule avec deux jeunes enfants et attendant le troisième.

Cette séparation, nous l'avons vécue dans la totale confiance que nous avions l'un pour l'autre, soutenus par la grâce de notre sacrement de mariage et la prière quotidienne qui nous unissait par delà les 12 000 km...

Ces 27 mois furent une dure épreuve car nous apprenions journellement la mort de bons camarades. Le courrier n'arrivait pas bien car il fallait déjà au convoi une journée de marche pour atteindre le PC.

C'est ainsi que L. qui s'était réjoui avec retard de la naissance de notre petite Laure, n'apprit que 5 semaines après le retour à Dieu de sa grande sœur, notre petite Claire...

Pendant ces années, en plus de la guerre, nos familles connurent des épreuves que nous ne pouvions pas partager (départ du père et du beau-père de mon mari ...)

Nos amis civils réalisaient difficilement ce que nous vivions. Seules nos vraies amies militaires le comprenaient mais nous étions souvent éloignées...

Un jour cependant, le « Pasteur » s'approcha lentement du quai…

Les premiers à descendre furent les cercueils, puis les blessés. Nos maris descendirent enfin, heureux certes mais amaigris et fatigués, éprouvés physiquement par ce long séjour dans les rizières du Tonkin, ce pays si attachant où ils avaient laissé un peu de leur cœur et surtout de nombreux partisans dont ils avaient pu mesurer la fidélité et le dévouement …

Nous n'arrivions pas à réaliser que c'était fini et que nous allions nous retrouver…

Mais non, ce n'était pas fini et, après deux années heureuses où notre famille s'agrandit encore, L. repartit d'abord en Tunisie où je pus le rejoindre pendant quelques mois avec notre petite fille de deux ans qui dit « *Bonjour Monsieur* » à son papa qui lui tendait les bras.

Puis, le régiment passa en Algérie. La mission de L. était claire, son escadron tournait rond et le capitaine était heureux. Les épouses avaient déménagé, sans armes mais avec bagages et enfants, et se sont débrouillées toutes seules…

…Le deuxième séjour en Algérie fut plus difficile. Les temps avaient changé et l'Algérie Française allait devenir *Algérienne*… Restées en métropole et suspendues à la radio, nous couchions vite les enfants pour entendre les nouvelles du « 20 h ».

Les évènements d'avril 1961 mirent un terme douloureux à cette mission. Le régiment de L. était de ceux qui soutinrent le putsch, ce qui nous laissa dans l'angoisse d'une issue mal vécue…

J'étais restée à Saumur où beaucoup de femmes partageaient ma situation. Les logements étaient très modestes et les enfants n'étaient pas toujours faciles mais l'entraide à tous les niveaux était un réel soutien. La situation en Algérie était tendue et plusieurs amies ont appris alors le décès de leur mari…

Vinrent alors des années plus calmes malgré un déménagement tous les deux ans et la difficulté de nous loger mais ces problèmes ne nous atteignaient pas le moral car « nous en avions vu d'autres »… Nous avions retrouvé la vie de famille, la grande solidarité de la vie de garnison et l'ambiance sympathique et amicale qui régnait alors dans l'armée. »

***

Simone D.

Un historien a posé des questions aux officiers. À l'une d'elles, concernant la solidité des relations entre époux, son mari a répondu : « La femme d'un militaire de carrière doit aimer la France autant que son mari, si elle veut pouvoir trouver les ressources de résister aux tentations et à l'abattement ».

« Issue de la campagne profonde tarnaise, je ne connaissais la vie militaire qu'à travers les souvenirs exprimés par mon père sur la Guerre de 1914-1918 et les cours d'histoire de notre instituteur.

Fin 1943, des maquis s'implantèrent près de notre ferme; nous étions très solidaires de ces jeunes un peu plus âgés que moi qui prenaient des risques pour afficher leur patriotisme; je ne savais pas alors que mon futur mari se trouvait dans celui de l'ORA, sur la vallée du Viaur un peu plus loin. Lorsque mon père cuisait une fournée de pain clandestinement, et que les maquisards avaient du retard sur l'horaire prévu, il m'envoyait à leur rencontre porter la miche promise

J'ai connu N. après son passage à Coëtquidan à l'occasion de ses permissions. (...)

Notre première garnison fut Mourmelon, dans la célèbre boue de Champagne. De fait, nous ne quittions jamais les bottes l'hiver.

Les familles étaient logées dans l'enceinte du camp, nous vivions au son de la trompette, du bruit des chenilles des chars et des canons, le mobilier nous était fourni par l'Intendance Militaire ; 60 % de notre solde représentait nos frais d'alimentation. Les distractions éventuelles se trouvaient à Reims à 30 km et nous n'avions pas de voiture ; le régiment était notre deuxième famille, nous étions très solidaires entre épouses et notre état d'esprit s'était même un peu militarisé ; le président des lieutenants maintenait les traditions et meublait toujours de façon très plaisante nos moments de détente.

Nous avions eu notre premier enfant et j'étais enceinte du second lorsque N. partit en Indochine pour un séjour de 30 mois.

Cette première séparation fut très pénible, je dus revenir dans le Tarn où l'attente et l'isolement firent partie de mon quotidien ; mon premier fils et l'arrivée du courrier étaient les raisons qui me permettaient d'espérer.

L'accouchement dans la solitude de notre second enfant fut une dure épreuve, aggravée par son décès peu après.

Les communiqués de presse sur la guerre étaient inquiétants. Il y était souvent question de grosses embuscades contre nos troupes.

N. et son meilleur ami, Marc L. avaient été affectés dans un bataillon de Tirailleurs Algériens, en remplacement de trois officiers venant des FTP qui refusaient de combattre les Communistes par idéologie...

Le soir de Noël 1949, L. fut porté disparu dans des conditions horribles lors d'une embuscade. Les dangers étaient quotidiens, l'angoisse présente, seule l'intensité de notre amour et l'arrivée du courrier dopaient mon énergie pour tenir le coup, avec encore la force de rassurer mon mari pour qu'il ne s'inquiète pas de notre situation.

Par les camarades qui en revenaient, je savais que beaucoup d'autres avaient déjà laissé leur vie dans le *poker* de cette guerre sans front. De 27 officiers à l'arrivée du bataillon, sept seulement rentrèrent en France à la fin du séjour.

Dans la région voisine de Carmaux, les partis politiques qui militaient contre la guerre d'Indochine étaient très influents. Cela m'attirait, au marché, des réflexions désobligeantes envers nos soldats et goguenardes vis à vis des femmes d'officiers. Il me fallait donc évacuer ces désagréments. Je pensais cependant qu'il était déplorable que des Français puissent ainsi salir des militaires envoyés à la guerre par leur gouvernement pour aider un peuple à défendre ses libertés.

Enfin, avec son retour en 1952, nous pûmes profiter de quelques années de bonheur jusqu'en 1956.

La guerre en Algérie vint troubler à nouveau notre quiétude pour 48 mois supplémentaires en deux séjours. Mon mari commandait un escadron d'appelés, en Tunisie, puis dans le Constantinois. Après l'indépendance de l'Algérie, il rejoignit la Légion à Mers El Kébir..

Ma solitude fut cette fois entrecoupée de quelques permissions, nous étions rodés ; le courrier régulier et les opérations moins intenses me rassuraient un peu. Le problème s'était compliqué par contre du côté des 5 enfants échelonnés sur vingt ans. Ils m'occupaient à plein temps pour leurs études à des niveaux variés dans des écoles différentes ; sans oublier les crises d'adolescence et l'autorité du père qu'il me fallait pallier.

Cette situation n'était plus tenable en 1967 quand il rentra en France, lors de l'évacuation de Mers El Kébir. Les grands enfants, ballottés de garnison en garnison, ne pouvaient pas suivre des études régulières ; il fallait se stabiliser. C'est alors que mon mari décida de quitter l'Armée, 10 ans avant sa limite d'âge, pour se recycler. Ce ne fut pas sans regrets, lui qui avait connu la vie militaire dès l'âge de 14 ans aux Enfants de Troupe.

Voilà un survol rapide de notre vie militaire à travers une période troublée. Il fallait bien que quelqu'un fasse ce que nous avons fait en notre temps, pour la France qui nous le demandait et pour contribuer à diffuser ses Valeurs dans le monde. »

***

Madeleine

« J'avais 20 ans en 1943. Lorsqu'on parle de cette période, on songe surtout aux restrictions alimentaires mais il y avait aussi d'autres restrictions : sentiments, joies, espoirs... C'est dire que la rencontre de mon sous-lieutenant en 1946 fut pour moi la réalisation d'un rêve. (...)

Je devais le rejoindre en Indochine en 1948. Il était persuadé que le conflit serait rapidement terminé et que nous pourrions vivre là-bas comme beaucoup de Français avant nous. Il fallait s'habituer aux mœurs de la population, savoir vivre dans l'insécurité mais je n'étais pas la seule. Il était affecté à Dalat. D'autres épouses y vivaient. J'y mettais au monde notre deuxième enfant dans des conditions un peu rocambolesques. Mon mari était en opérations et le sous-officier qui m'a pris en charge ne disposait que d'un half-track (véhicule blindé semi-chenillé). « *Ça va accélérer un peu les choses*, dit-il... »

Mon séjour ne dura qu'un an. Mon mari fut en effet affecté au Tonkin où les combats devenaient très durs. Il estima qu'il valait mieux que je rentre en France avec les enfants. J'allais donc chez mes parents en attendant de trouver un logement quelque part.

Pendant des années, il m'a fallu assurer seule les difficultés de la vie. Ma formation d'assistante sociale m'a été utile mais je ne savais pas que je deviendrais aussi institutrice, couturière, infirmière à domicile et comptable. Mais j'avais accepté cette vie qui était celle de beaucoup d'entre nous. Le mari rentrait entre deux séjours ; on changeait de garnison; chaque retrouvaille apportait généralement un nouveau bébé… et c'était bien ainsi. Les enfants étaient en confiance avec moi mais il me fallait faire attention : la présence du papa qu'ils ne connaissaient qu'à travers une photo était mal ressentie par les plus jeunes…

J'ai fait plus d'une fois le compte : nous avons été séparés environs 10 ans car, après les séjours d'Indochine, l'Algérie prit deux fois la suite, encore deux ans et demi à chaque fois. Certes là, il y avait des permissions… bienvenues…

Dix ans, dira-t-on… Ce n'est pas possible ! En fait, nous n'avons jamais été séparés. Il y avait les pensées communes, nous regardions les mêmes étoiles… et il y avait le courrier. Ah, ce courrier, comme je l'attendais ! Que d'angoisses ont miné mes jours et mes soirées ! Combien de nuits où je ne trouvais pas le sommeil et où j'essayais d'imaginer ce qui pouvait se passer quand je restais huit jours sans lettre… Il fallait, le matin, être une maman souriante et de bonne humeur. Nous avons conservé nos lettres, environ deux mille… Avec les photos, elles nous rappellent que nous n'étions pas vraiment séparés, simplement éloignés.

Et pourtant cette solitude était très pénible. En 1956, alors que le régiment était parti en Algérie, de nombreuses épouses restèrent dans notre garnison d'Allemagne, ne sachant où aller. Nous nous entraidions le plus possible quand de mauvaises nouvelles arrivaient : des blessés en opérations, un capitaine et un lieutenant tués dans une embuscade…

J'ai perdu à ce moment notre cinquième enfant, une petite fille de dix-huit mois. Prévenu dans le djebel, mon mari vint dès que possible… mais trop tard…

(…) J'ai déménagé 17 fois. Nous n'avions guère de meubles, simplement des cantines… mais une cantine supplémentaire chaque année. La liste de son contenu était collée à l'intérieur. On pouvait partir en quelques heures. J'étais devenue experte en organisation. Un exemple : nous sommes en garnison à Berlin et mon mari, pensant que la paix en Algérie est en bonne voie, projette de nous installer à Mascara. Il vient en permission pour régler les formalités de notre départ et repart en Algérie pour nous attendre. Je confie nos affaires au déménageur et je m'apprête à prendre la route. Un télégramme : « *Arrêter déménagement. Venue impossible. Lettre suit* ». Le régiment était transféré d'Oranie sur le « barrage » Est Constantinois... J'ai bloqué le déménagement avant son embarquement et suis allée m'installer à Toulon avec mes quatre enfants avec l'aide d'une amie...

Tout cela mis bout à bout représente évidemment bien des moments pénibles, des années de jeunesse passées sans pouvoir partager tout ce qui fait la vie d'un couple. Mais je me fais l'impression de raconter des évènements vieux de deux siècles. Or, c'était il y a seulement 56 ans. Nous ne connaissions pas le stress. Nous étions trop occupées et il fallait réagir quotidiennement, faire simplement ce que nous avions à faire sans nous poser de questions. Et puis, nous n'avions guère d'argent. Les soldes étaient maigres et elles étaient vite dépensées. Certes les promotions apportaient un léger bonus. Celles de fin de carrière furent les plus appréciées, c'était aussi l'heure de la retraite. Avant, quand nous étions jeunes, on croyait en ce que nous faisions, sans regret.

En fait, j'ai eu une vie bien remplie, avec beaucoup de surprises et d'inattendus mais Dieu m'a préservée du pire : j'ai gardé mon mari. »

19-2-04. Il me téléphone : « Madeleine est morte cette nuit ! »... Il est mort huit jours après.

***

Claude A.

Elle était hôtesse de l'air. En revenant d'un vol transatlantique, elle le rencontre...

« Il rentrait d'Indochine où il avait été très gravement blessé. Son épreuve était pour moi une raison supplémentaire de l'estimer. En l'épousant, je savais ce qui m'attendait. (...) Je n'avais toutefois pas imaginé que la guerre nous séparerait si tôt. En 1956, nous étions en Allemagne, il m'a dit un soir qu'il partait encadrer une unité de rappelés pour l'Algérie. Il devait être là-bas le lundi suivant. J'attendais alors un quatrième enfant. L'armée me permettait de rester dans notre appartement jusqu'à l'accouchement. Après cela, débrouillez-vous ! Je l'ai vu partir le cœur serré. Je me retrouvais seule avec trois enfants, bientôt quatre, en bas âge. Avant de partir, il avait demandé à l'un de ses camarades de m'emmener à la clinique le jour dit. C'est ce qu'il fit, avec beaucoup de gentillesse... Le jour du baptême, c'est une femme d'officier qui a pris mon fils dans ses bras. Quelques semaines après la naissance, un autre officier m'a conduite chez mes parents où j'ai passé mon premier été sans mon mari.

À la rentrée, j'ai eu du mal à trouver un logement à Nantes. Des amis m'ont prêté leur appartement pour six mois. C'est là qu'a commencé ma nouvelle vie. Je recevais des nouvelles très régulièrement. Inquiète, j'essayais de vivre au jour le jour. Je me disais : « *A chaque jour suffit sa peine.* »

Les enfants m'accaparaient entièrement. Aucun n'allait encore à l'école ; je n'avais pas une minute à moi. J'ai voulu faire en sorte qu'il ne souffrent pas de l'absence de leur père. Les premiers mois, C., enfant difficile, ne supportait pas le lait. Les médecins m'avaient conseillé de lui donner du lait de chèvre. On n'en trouvait pas dans les magasins. J'ai donc dû faire, chaque jour, le tour des fermes pour en recueillir quelques précieux verres. Cette tournée des fermes, sur des chemins impossibles, au cœur de l'hiver, dans une 2 CV brinquebalante, reste pour moi un souvenir très pénible.

Quand mon bail prit fin à Nantes, je suis partie au pays basque... Dans la maison voisine vivait la femme d'un officier, lui aussi en Algérie. Nous nous sommes soutenues. Les enfants allaient à l'école. Je ne crois pas que l'absence de leur père leur ait pesé. ils étaient trop petits. Aujourd'hui, mon mari raconte que C. l'a regardé comme un étranger quand il est rentré. J'ai essayé de donner le maximum d'affection aux enfants. J'étais très entourée aussi, famille et belle-famille... Un jour, il m'a écrit que je pouvais venir le rejoindre quelques jours en Algérie. J'ai pu passer une semaine avec lui sans sortir de la villa. Il venait me retrouver après les opérations… Plusieurs mois plus tard, j'ai été soulagée de le voir rentrer définitivement. La solitude m'avait pesé.

Nous avons été affectés de nouveau en Allemagne, heureux de retrouver une vie de temps de paix. Mais il était rentré très affaibli. Il avait beaucoup maigri et attrapé la tuberculose…

Une autre séparation nous attendait… Il a dû partir à nouveau, quitter les enfants pour ne pas les contaminer. Il a été opéré et a passé de longs mois dans un sanatorium.

À l'issue de sa convalescence, il a décidé de chercher une situation civile. »

***

Odette B.

J. déjà amputé d'un bras en 1944, a continué courageusement sa carrière au prix d'un effort de volonté permanent, sa femme le soutenant et l'encourageant. Lors des terribles combats sur la RC 4 d'octobre 1950, il commandait une compagnie de Légion qui a été prise dans l'étau Viet. Blessé et fait prisonnier, il s'est évadé et a été repris. Sans nouvelles, sa femme a porté son deuil d'octobre 1950 à mars 1951... Elle n'a eu confirmation officielle de sa situation qu'en juillet 1951. Elle témoigne :

« J'ai beaucoup souffert de cette captivité. Mes parents (je suis fille unique) ont été mon grand soutien. Je suis restée 11 mois sans nouvelles alors que les journaux évoquaient les combats meurtriers qui se déroulaient en Indochine. Jugez de mon état en les lisant ! J'ai reçu, à trois mois d'intervalle, trois télégrammes officiels du ministère des Anciens Combattants, le premier stipulait : « présumé disparu », le second : « présumé décédé », le troisième : « présumé prisonnier ». Cette formule est terrible à supporter ! Je me disais : « *Je ne saurai s'il est vivant que quand j'aurai reçu un mot de sa main... et encore* ! ».

Un journal communiste, « *l'Union des femmes françaises* », a fait paraître, le premier, des listes de prisonniers des Viets. J'y ai lu des noms de gars de sa compagnie mais lui n'y figurait pas. Nous n'avions aucune nouvelle. Silence complet. J'ai essayé de m'adresser à la Croix Rouge mais ils n'étaient même pas au courant des combats du Tonkin et de l'éventualité de soldats faits prisonniers là »...

Comme ses camarades qui sortaient du Goulag Viet, J. a été rapatrié tel un squelette. Quarante-huit heures après son retour, les femmes communistes ont osé venir à son domicile faire du chantage auprès d'Odette sur le thème : « C'est grâce à nous qu'il a été libéré »...

J. a continué sa carrière en Algérie, puis est passé dans le civil en 1965. À ce moment, il a été cofondateur de l'Association des Anciens prisonniers et déportés d'Indochine. L'ANAPI s'est surtout donnée pour objectif de contribuer à venir en aide aux populations du Vietnam en finançant la reconstruction d'églises et la construction d'écoles. Après avoir tant souffert en Indochine, il se consacre entièrement à cette admirable œuvre de paix. Odette témoigne encore :

« Me plaçant dans un contexte personnel et égoïste, je voudrais que sa participation s'arrête car elle me prive de certains moments où on se retrouve à deux après tant d'épreuves et où on voudrait un peu respirer. Mais, d'un autre côté, faire du bien (même à un peuple qui a fait tant souffrir mon mari) ne peut que l'élever et le grandir… Après tant d'années, le pardon glorifie celui qui pardonne… »

***

Colette L.

Nous nous connaissons depuis 40 ans. Quand elle passe tous les jours sous mes fenêtres, à 7 h du matin, pour aller travailler bénévolement, je me demande quel est le secret de son énergie. En lisant les lignes qui suivent, je commence à comprendre…

« Parisienne, fille d'officier et élève-infirmière, j'ai pu travailler à la Croix Rouge lors des bombardements de 1944 et lors de la Libération de Paris. En 1945, je rejoins mon père commandant un régiment en Allemagne et, en 1946, à 18 ans, j'épouse un de ses officiers.

En 1952, nous avons trois enfants, quatre ans, deux ans et deux mois, quand M. est désigné pour l'Indochine. Je cherche un logement. À Paris, la vie est trop chère. Je trouve une maison à Thônes, bourg de Haute-Savoie, et je pars accompagner mon mari au bateau à Marseille. Revenant à Baden pour déménager, je trouve mon fils aîné atteint d'une forte fièvre et partiellement paralysé. Ma logeuse allemande me dit alors que son petit-fils, qui jouait souvent avec le mien, présente les mêmes symptômes et que son père, médecin, vient de diagnostiquer la poliomyélite. À cette époque, pas de vaccin ni de remèdes !

À l'hôpital militaire, je demande aux médecins français de se mettre en rapport avec leur collègue allemand. Ils confirment le diagnostic et me disent : « *Prévenez son père !* » Celui-ci étant en mer, je me garde bien de le faire et lui adresse un télégramme à l'escale de Djibouti : « *Tout va bien. Gros baisers de nous quatre !* ». Une chaîne de solidarité extraordinaire se déploie alors autour de moi, tant du côté de ma charmante logeuse allemande, veuve d'un général tué en Russie et mère d'un fils disparu à Stalingrad, que du côté des femmes de camarades. Elles se chargent même de mes deux autres enfants et viennent m'amener le bébé à heures régulières car je l'allaite. Oui, à ce moment-là, l'armée a été pour moi une grande famille ! J'ai quand même dû quitter l'Allemagne. Je suis arrivée à Thônes sous la pluie. Je n'y connaissais personne… et c'était mon anniversaire…

Mais j'avais mes trois enfants pour m'occuper dont l'aîné était *polio*. Il était très diminué, parlant et se déplaçant avec difficulté, sans aucun équilibre. Je l'ai mis à la maternelle pour qu'il n'ait pas l'impression d'être différent des autres mais l'institutrice ne pouvait se résoudre à accueillir un handicapé…

Je l'ai quand même maintenu à l'école le matin et, l'après-midi, je l'obligeais à marcher et à parler en articulant. Je l'ai même mis sur des skis. Mais il fallait aussi s'occuper des deux autres… Il fallait voir le cadet prendre l'aîné sous sa protection...

J'avais quand même fini par envoyer une lettre à mon mari : « *J. a été malade mais maintenant tout va bien ! …* » Je suis restée 32 mois à Thônes et j'en ai profité pour faire construire un chalet à Saint-Germain au dessus du Lac d'Annecy. C'est toujours ma maison.

Blessé sur une mine, mon mari a été rapatrié en 1954 et sa longue convalescence lui a enfin permis de m'aider. Notre vie militaire errante a repris, Allemagne, Algérie, France de nouveau, un quatrième enfant était né.

Sans négliger les trois autres, je m'occupais tous les jours de J, notamment sur le plan scolaire car il fallait rattraper son retard. M. fut affecté à Annecy et J. est entré au lycée. Il nous a alors demandé d'être interne pour prendre enfin son autonomie scolaire. Nous avons accepté. Il a passé son bac avec mention l'année d'après, a préparé les Écoles Vétérinaires et a été reçu major à l'École de Lyon. Lors de sa soutenance de thèse, il m'a dit : « *Maman, c'est à toi que je dois cela !* » Ce fût ma plus belle récompense.

Vétérinaire de montagne à Villars-de-Lans, il est devenu un solide gaillard, sportif et sans séquelles de maladie. Il est père de trois enfants et déjà grand-père.

Je n'ai pas négligé pour autant les autres. Eux aussi, ils réussissent leur vie...

M. est mort l'an dernier mais j'ai quatre enfants, onze petits-enfants et déjà quatre « arrières »… et ça n'est qu'un début.. Si c'était à refaire, je redirais oui, tout de suite… »

***

Arlette

« En 1945, le journal local demanda à des jeunes filles d'être marraines de guerre de soldats d'Indochine. J'envoyais mes coordonnées. Un mois après, je reçus une fiche concernant un certain J-N. La correspondance se poursuivit durant quelques mois. Brutale interruption : il avait chuté avec son engin dans un ravin. Depuis l'hôpital, il m'expliqua les raisons de son silence et m'avertit de son retour en France. Sous-officier admis à l'ESMIA, il devait intégrer Coëtquidan en février 1947.

En avril, il décida de me rencontrer. À la gare, il sortit volontairement le dernier, en se disant : « *S'il en reste une, ce sera celle-là.* ». Ainsi fut fait. Ma famille le trouva sympathique ; le lendemain il demanda ma main et ne revint que pour les fiançailles en août. Il m'avait indiqué clairement que sa femme passerait toujours après sa mission… En 2004, comment une jeune fille prendrait-elle cela ?

L'étape suivante fut donc le mariage à la sortie de Coëtquidan. Notre voyage de noces fut stoppé brutalement par les grandes grèves de 1947. Il devait encadrer des rappelés. Quand la situation politique le permit, il entra en École d'application. Moi, je repris ma vie entre ma famille et mon travail. Nous nous voyions à de rares permissions.

Nommé aspirant, il fut affecté en Allemagne. Je dus attendre un mois pour le rejoindre pour cause d'accouchement.

Ce début de vie conjugale fut à l'image du reste : quelques courtes périodes de vie commune, de longues périodes de séparation : manœuvres fréquentes et retour en Indochine de 1954 à 1956. Nous avions alors trois enfants. Il n'était pas question que je suive. Je rejoignis Angers et je m'installais près de ma famille.

Pendant de longs mois, je menais une vie retirée, m'occupant exclusivement de mes petits, très entourée de ma mère et de ma grand-mère. Nous étions certes à l'affût des nouvelles (c'était l'époque de Dien Bien Phu) mais très méfiantes aussi. Pas de télévision, pas de radio dont le bruit m'excédait ; bien sûr ni téléphone ni fax ni mail. Le courrier toutefois était rapide, quatre jours pour les lettres ; nous nous écrivions tous les jours.

Au retour de J-N, je partis pour Orly, chargée de vêtements chauds : il faisait – 14° à Angers. À Orly, je remarquai, sans m'en inquiéter, quelques groupes parlant à voix basse. J-N, encore plein de chaleur, refusa tout vêtement chaud. Retour le soir à Angers où nous trouvâmes Maman décomposée : elle avait appris que le Saïgon-Paris s'était crashé au Caire et pensait que je revenais veuve. Ce jour-là, il y avait eu deux avions. Il avait failli prendre l'autre mais la Providence a fait qu'il voyage dans le bon. Merci, mon Dieu !

La Valbonne nous attendait pour deux ans, puis ce furent trois ans en Algérie 1958-1961.

Cette nouvelle grande séparation fut rythmée par les permissions tous les six mois ; elle n'a pas été aussi pénible que celle d'Indochine. Les enfants n'oubliaient pas le visage de leur père. Une petite fille naquit en décembre 1959. J'avais repris ma vie retirée, toujours très entourée par ma famille. Les garçons devenaient turbulents mais je les tenais ferme.

Ainsi passèrent nos douze premières années de mariage. Les difficultés furent grandes au début mais le contexte l'était également. Nous avions vécu des années de guerre, dépourvus de tout. Toute la France était mal logée et nous nous contentions de peu. L'alimentation était rationnée ; notre fils aîné faillit même mourir de faim, faute de trouver un lait lui convenant. À Sissonne, nous logions dans des chambres de passage inadaptées. Nous nous sommes retrouvés tout un hiver à trois familles autour d'un couloir central mais, surtout, autour d'un W.C. unique. Chaque matin, nous y faisions la queue avec nos seaux hygiéniques, en robe de chambre, dans ce couloir glacial ! Mais nous avions 20 ans, la guerre était finie, la vie était belle.

Après ces douze années, notre vie devint plus normale, aucune grande séparation, mutations réglées tous les trois ans, certes avec des incidences sur le travail des enfants mais bénéfiques lorsqu'il fallait rompre des fréquentations néfastes, promotions pour J-N, responsabilités pour moi. Femme de chef de corps, il fallait avoir un œil, et même plusieurs, pour soutenir le moral des épouses, garder éventuellement les enfants quand les mamans accouchaient, aller voir les malades et même en empêcher une ou deux de se suicider !

Après 16 déménagements, l'heure de la retraite sonna mais l'habitude de servir est chevillée au corps. Le bénévolat nous attend et aussi l'aide aux enfants et petits-enfants. Je dis souvent, mi-figue mi-raisin, « *Depuis sa retraite, nous ne partons plus en vacances* »...

***

Micheline

« Petite-fille et fille de militaires, dont deux grands-pères tués au combat, j'étais une enfant de l'armée française et fière de l'être. En épousant, en 1948, à 18 ans, à Tlemcen, un sous-Iieutenant de chasseurs d'Afrique, j'avais une idée assez précise de la vie qui serait la mienne.

Depuis l'âge de sept ans, je vivais en Algérie et m'y trouvais bien, même si j'attendais le retour d'un père qui m'avait quittée en 1939 et que je devais ne retrouver qu'en 1945.

Je savais que les soldes étaient modestes, les logements rares, et aussi qu'un jour, le plus tard possible, mon mari partirait pour trente mois en Indochine, trente mois sans permission, trente mois que je devrais vivre dans l'angoissante attente d'un courrier irrégulier.

Tout s'est déroulé comme prévu, ou à peu près. Le régiment est parti dans le Wurtemberg. Je me revois encore à la descente du train dans un pays inconnu. Je quittai mes parents pour la première fois ; j'étais enceinte mais je n'avais aucune inquiétude. Les ménages du régiment, plus âgés que le nôtre, nous accueillaient avec gentillesse et nous prodiguaient conseils et attentions. Je n'étais jamais seule longtemps, bien qu'à cette époque, la semaine de travail s'arrêtait le samedi soir…

C'est dans ces conditions que notre fils aîné est venu au monde. Et puis, à peine six mois après la naissance, son papa est parti en Indochine.

Portant mon précieux fardeau, j'ai retrouvé ma chambre de jeune fille.

Il est difficile de faire comprendre maintenant à quelqu'un qui ne l'a pas vécu l'ambiance des trente mois qui ont suivi mon retour chez mes parents. Les femmes seules vivaient un peu en marge. Heureusement, mon fils m'occupait beaucoup et mon père aimait montrer sa fille et son petit-fils. Moi qui vivais à Tlemcen depuis 1937, à part l'intermède allemand de quelques mois, je connaissais beaucoup de civils.

Hélas, la guerre d'Indochine ne les intéressait guère. Et quand, timidement, les femmes de militaires osaient avouer qu'elles vivaient dans la crainte de recevoir une mauvaise nouvelle, elles s'entendaient répliquer en guise de consolation : « *Ah ! que voulez vous, c'est le métier qu'il a choisi !* »

Le courrier était fantaisiste. Une lettre ne répondait jamais à une autre. Certaines s'égaraient et demeuraient évidemment sans réponse. D'autres arrivaient par paquets de cinq ou six. Les échanges épistolaires s'interpénétraient et donnaient lieu à des interprétations cocasses. Ainsi, mon mari apprenait que son fils avait été malade parce que je lui annonçais sa guérison.

Quel serait l'homme que je retrouverais après une si longue absence ? Tout ne fut pas facile mais tout s'est bien passé. P. s'est précipité dans les bras de son père dès que la porte s'est ouverte. Nous nous sommes peu à peu redécouverts, puis nous avons rejoint le Palatinat. La vie y était agréable.

Une petite fille, très attendue, y est venue au monde par un beau jour de juin 1953.

Mais les maris, même dans l'armée, sont légitimement ambitieux. La préparation au Brevet Technique nous amena donc à Paris de 1954 à 1958, dans un logement confortable mais petit pour une famille qui s'agrandit encore d'un garçon et de deux filles. Les études en faculté ne laissaient que peu de temps libre au père pour s'intéresser à l'éducation de ses enfants. Je ne garde pas un souvenir inoubliable de ces quatre années.

Paris n'avait pas de vie de garnison. Mon mari a passé trois années à l'Etat-Major sans que nous ayons été reçus par un de ses supérieurs. Le logement était un problème majeur. Les appartements étaient rares et souvent situés dans des quartiers éloignés. Chaque déménagement voulait dire recherche d'écoles pour nos trois, quatre, puis cinq enfants.

Nous habitions dans une *cité-cadres* à Malakoff quand il nous abandonna pour l'Algérie.

J'étais seule avec cinq enfants, sans aucune aide. Une telle charge laisse peu de place à l'ennui. Ce fut une période très différente de celle du séjour en Indochine. Il y eu des permissions, un courrier beaucoup plus régulier et il y eut aussi un sixième enfant…

Deux ans d'École de Guerre, plus trois ans à Paris passèrent très vite.

En 1968, nous partons pour la Sologne où nous demeurerons quatre ans.

La vie matérielle d'un chef de corps était difficile. Pas de logement de fonction et pas la moindre prime. Toute réception était alors à la charge entière du chef de corps. (…) Ma vie ne m'a pas laissé que de pénibles souvenirs. Elle était active et bien remplie, parfois trépidante, c'est tout. Et puis, les enfants, ayant grandi, généraient d'autres soucis.

Fin 1972, mon mari se vit offrir un poste en Arabie Saoudite qu'il trouva intéressant. Il quitta l'uniforme. Ce fut une autre vie, à laquelle l'armée nous avait préparés.

Aucun de nos six enfants n'a choisi la carrière militaire, aucun ne connaîtra ce que nous avons connu. Je ne dis pas tant mieux. En ce qui me concerne, je ne regrette rien. »

***

Marie-Odile

« A seize ans, j'ai reçu des cigarettes américaines d'un officier que j'avais rencontré dans une soirée. Mon père m'a alors recommandé de ne pas m'amouracher d'un militaire au destin incertain par définition. « *La vie est déjà pleine d'embûches, ne va pas te mettre dans la gueule du loup !* ». Cinq ans après cependant, j'en rencontrai un qui ne fumait pas mais qui était décidé à m'épouser.

La vie qui se présentait alors à moi était de fait incertaine. C'était en février 1954, juste avant qu'il ne reparte pour un second séjour en Indochine. J'ai été invitée à réfléchir, ce qu'une jeune fille de l'époque, même aimant la philosophie, ne pouvait faire sérieusement face à un beau garçon dont l'idéal correspondait au sien. Fi donc des menaces de longues séparations et des conditions de vie matérielles difficiles en filigrane face au confort bourgeois que l'affection d'un père veuf souhaitait pour sa fille !

Quatre mois plus tard, j'étais embarquée sur le *Bateau ivre*. Mon père avait raison, ce n'était pas raisonnable. (…)

En réalité, j'ai échappé après Dien-Bien-Phu à cette séparation programmée ; nous avons appris l'Armistice en voyage de noces.

Nos conditions de vie matérielle n'ont jamais été mauvaises, simplement moins bonnes, *à armes égales,* que celles de ménages civils. En échange, que d'amitié, d'affection, j'ai rencontré dans l'Armée ! La femme de militaire de ma génération ne travaillait pas. Elle était donc à l'écoute de son mari, de ses joies et de ses peines, de ses déceptions face à des supérieurs que, selon la tradition, il lui arrivait de critiquer... Nous étions à la dévotion de nos époux. Toutes nos contrariétés n'étaient dues qu'à l'accomplissement de leur état. Ayant échappé à l'Indochine, il m'était recommandé de considérer les séparations de la guerre d'Algérie comme des cures monoparentales de bon aloi…

Les manœuvres, si nombreuses à cette époque, nous y préparaient. Voir son soldat partir tout sourire dans le kaki si seyant est un régal. Il vous a réveillée un samedi matin vers cinq heures pour un baiser d'adieu et vous revient bronzé trois semaines plus tard, le lundi bien sûr... Mais, merci mon Dieu, pendant ce temps-là, le vaguemestre vous a apporté un certain nombre de lettres sur la vie sous guitoune, si sympa !

Les enfants s'habituent assez vite à l'absence de leur père. « *Quand est-ce que papa revient ?* » ou « *quand est-ce qu'il repart ?* » Si l'Indochine fut catastrophique à ce sujet, les plus courtes séparations de l'Algérie ont pesé aussi sur les jeunes.

Nos enfants, victimes de l'antimilitarisme ambiant, ont souffert dans les écoles et les universités. On y exaltait manifestement pas l'état militaire... « *Fille de militaire muté, je suis OBLIGÉE d'inscrire votre enfant !* », me répondit la directrice d'un grand lycée lors d'une entrevue de trois minutes... Ça commençait bien ! Du coup, certains enfants n'osaient pas dire en classe le métier de leur père ! Triste période...

J'étais particulièrement désolée de retirer un enfant d'une bonne école pour le mettre dans une autre moins bonne, pour cause de mutation. Il n'était pas question, à l'époque, de ne pas accompagner mon mari dans ses pérégrinations. C'était nécessaire, peut-être pour lui, mais surtout pour le rôle social, j'allais dire amical, que j'avais à jouer.

Pourtant cette grande amitié, souvent enviée par les civils, ne tombe pas du ciel. Elle se crée quand chacune de nous joue le jeu, à sa place et à chaque niveau. Visites en tous genres, animation de clubs/réceptions) et ces chers dîners entre femmes délaissées…

Des femmes cuisinaient toute une journée pour régaler leur tablée… Un esprit se créait entre nous ! Le contraire de l'indifférence ambiante. On ne s'ennuyait jamais et les bruits couraient vite, qu'il s'agisse des inscriptions au tableau d'avancement, apportées par le Père Noël ou des mutations « Confidentiel-Défense » que, les premières, nous apprenions à nos maris… toujours étonnés.

Certains civils redoutent les relations éphémères avec des ménages de militaires pourtant sympathiques. J'ai toujours essayé de leur faire comprendre que ce sont ces échanges renouvelés qui nous enrichissent.

L'ANFOC de mon époque, devenue ANFEM, symbolisait tout cela. C'est d'ailleurs elle qui servit de modèle à la création de l'Accueil des Villes de France.

Parlons un peu de ces prises d'armes multiples et variées – toujours en week-end – qui privent les enfants de leurs parents. Il est vrai que, dans ces grand-messes militaires, on entend toujours des discours de qualité : des patrons prêchant aux jeunes le sens civique, l'honnêteté et le dévouement à toute heure... On y remercie aussi – c'est assez récent – la femme du colonel sortant pour ses bonnes actions. Il est vrai que, timide ou pas, elle doit faire face à beaucoup de personnes et de situations, avoir en plus le don d'ubiquité pour réceptionner un déménagement le jour de la fête du régiment. Sur vingt-et-un déménagements, ça ne m'est quand même arrivé qu'une fois...

Suivant les besoins que vous en avez, Messieurs, votre femme évolue dans l'ombre ou au grand jour… Nous ne vous tenons pas rigueur des situations étranges, voire ridicules, dans lesquelles vous savez stratégiquement nous mettre. Cela nous évite de nous prendre au sérieux.

La visite du Président de la République aux Forces Françaises en Allemagne a constitué, un jour, un modèle du genre. Pas de places réservées aux femmes. Nous sommes donc autorisées à raser les murs du quartier sous les gouttières par une pluie battante.

J'ai cependant aperçu deux grandes tribunes : l'une brillante d'étoiles et de galons, l'autre aussi grande, presque vide, réservée aux journalistes. Que n'avais-je pris ce jour-là un gros sac en bandoulière, plein ou vide, pour occuper, en « *intermittente du spectacle* », une place vide. C'est alors que la femme d'un général allemand, nullement au courant de la disgrâce dont nous étions l'objet, s'est placée, seule femme au sec, dans la tribune des Grands. Et moi, de rire jaune... en français !

L'après-midi, nous avions l'ordre d'aller grossir les rangs de la foule là où le Président et le Chancelier allemand allaient passer les troupes en revue. Il fallait des figurantes pour applaudir les hôtes de marque. II pleuvait à seaux. Les pieds dans la boue – sans rangers, hélas ! – je pataugeais d'abondance quand j'aperçus une épouse amie juchée sur une balustrade du service d'ordre, encapuchonnée de plastique. À un officier qui lui demandait ce qu'elle faisait là, elle répondit, stoïque : « *Je suis en service commandé !* » Sorties pour cette bouffée d'air patriotique, nous sommes rentrées toutes deux pour soigner nos bronchites.

Dans le même ordre d'idées, si vous êtes née sous une bonne étoile, après 30 ans de F3 crasseux, on peut vous installer pour deux ans, dans un superbe hôtel de Commandement avec un personnel de choix... mais plus d'enfants. Ils se sont éparpillés au hasard des déménagements et ne pourront qu'occasionnellement profiter des chambres mises à votre disposition. À peine prise l'habitude toute fraîche de ne plus mettre la main à la pâte, on se retrouve seule dans un petit appartement pour assurer à peu près les mêmes services.

« *Ca va vous changer !* », me dit le charmant chauffeur qui posa mes valises dans mon troisième sans ascenseur...

Mais cette vie m'a semblé un peu *en marge* dans une société qui courait au matérialisme. Dans cette atmosphère antimilitariste, les propos de salon étaient quelquefois étranges :

« *Votre mari est intelligent, il aurait pu faire autre chose !* », m'a-t-on dit un jour ! (sous-entendu de plus rémunérateur). Un commandant de Régiment s'est entendu demander aussi par une grand-mère respectable comment son petit-fils pourrait échapper au service militaire !

Mais d'autres civils nous ont accueillis avec tant de gentillesse !

C'est à *cause* de toutes ces joies, et aussi de ces tristesses partagées du fond du cœur que j'ai toujours fait connaissance d'une autre femme de soldat avec tant de bonheur. Il se tisse dans l'Armée de merveilleux liens au-delà des personnes, et quelquefois par-dessus les étoiles... »

***

Monique M.

« Je suis entrée très tard dans la vie militaire de mon mari et je n'ai pas connu les longues et difficiles séparations des épouses de sa promotion.

Jeune mariée sans enfant, j'ai pu accompagner mon mari en Algérie en 1961 pour son deuxième séjour. Nous y avons vécu la période douloureuse de cette fin de guerre. Les épouses qui avaient pu rester étaient peu nombreuses. Certaines, d'origine pied noir, souffraient encore d'avantage de la situation. Nous nous soutenions les unes les autres. Il y avait une grande solidarité entre nous. Nous partagions l'angoisse et le désarroi des Français d'Algérie.

De ma fenêtre, le jour de l'Indépendance, j'ai vu amener le drapeau français qui flottait sur l'hôpital militaire de Bône. J'en ai été profondément affligée. Cependant, au milieu de ce grand bouleversement, j'ai eu la joie d'accueillir notre premier enfant qui a été baptisé dans la cathédrale.

Un autre temps fort de ma vie a été le temps de chef de corps de mon mari. Comme rien n'avait été préparé pour l'accueil des familles lors du déménagement du régiment ramené d'Algérie à Phalsbourg, nous avons partagé pendant plusieurs mois une vie collective dans une ancienne caserne Vauban. Le confort laissait à désirer mais cette expérience nous a rapprochés les uns des autres et a contribué à créer une ambiance chaleureuse avec beaucoup d'entraide.

Le rôle d'épouse du chef de corps est passionnant, fait d'animation, *d'assistance sociale* et d'écoute. Dans cette petite garnison de Lorraine, il fallait s'ingénier à trouver des occupations et des distractions pour les épouses et entretenir leur moral dans ce *bled perdu* comme disait certaines d'entre elles. Visites culturelles, découverte de la région, atelier de bricolage, randonnées, cours de secourisme, sorties pour les enfants… les activités étaient multiples, sans oublier les visites dans les maternités ou à l'hôpital. (…)

***

Huguette

« Mon fiancé, sous-officier de carrière, rentre d'Indochine en 1954. Nous nous sommes mariés et avons commencé en Allemagne. Nous étions logés chez l'habitant. Nous sommes rentrés en France en 1956 et j'ai donné naissance à ma première fille. Un an après, nous retournions en Allemagne. J'étais bien logée mais mon mari était souvent en manœuvres à Stetten ou ailleurs. Je restais seule avec mon enfant.

En 1958, il est parti en Algérie et je suis rentrée en France attendant un deuxième enfant. J'étais seule pour la naissance mais donner la vie, c'est tellement beau, d'ailleurs mes parents n'habitaient pas loin.

Après 2 ans 1/2 de séparation, il est rentré et nous sommes repartis pour l'Allemagne où la vie était agréable. En février 1963, ma mère est décédée et je suis partie aider mon père laissant mes filles chez la femme d'un camarade qui avait trois enfants. Mon mari les reprenait le soir. Il est venu en France faire le stage supérieur de mécanique et me les a ramenées pour repartir en Algérie, me laissant de nouveau seule avec les enfants. Au retour, nous sommes repartis à Pforzheim où nous sommes restés 4 ans.

Là, nous avons des soucis car ma fille a dû être opérée des yeux suite à un accident et j'ai subi moi-même une opération avec séjour de plusieurs semaines à l'hôpital. L'épouse du colonel et les femmes d'officiers ont été vraiment formidables. Ensuite ma fille aînée a fait sa communion solennelle mais c'était en mai 1968 et mon mari était retenu au quartier. Deux mois après, nous rentrions en France. Il était muté à F. comme chef d'atelier et a pris sa retraite en 1976. Il est décédé cette année, le jour de son anniversaire.

En conclusion, je dirais que l'armée est une grande famille où, malgré tout, il fait bon vivre. »

***

Renée

« Je crains bien que mon témoignage ne ressemble comme un frère à beaucoup d'autres…

Sur 55 ans de mariage, j'ai été séparée pendant plus de douze ans par les guerres 1944-1945, Indochine et Algérie. J'ai donné naissance à mon quatrième enfant pendant l'Indochine et au cinquième pendant l'Algérie. Pendant mes longues fiançailles dues à la Résistance, il m'avais mise en garde : « *Tu n'épouses pas un notaire mais un soldat !* ». Impossible à oublier !

Après les départs et les retrouvailles, les déménagements, les cantines à faire et à défaire, les maladies (merci aux médecins militaires !) et les problèmes scolaires firent de moi une infirmière et un professeur improvisés, sans compter les heures passées, de nuit, à coudre pour habiller les enfants en limitant les dépenses et pour avoir des filles élégantes… J'en ai retiré un grand profit, me découvrant capable de faire toutes ces choses seule, ce que j'ignorais. Il est vrai que j'avais l'exemple de ma mère et de ma grand-mère, femmes de soldat de 1914, et celles des maris marins, résistants ou guerriers selon les époques…

J'étais aussi solidaire de mes amies qui subissaient comme moi ces épreuves sans gémir.

Avant de partir pour l'Indochine, mon mari m'avait dit de ne pas me comporter comme une future veuve et d'accepter les invitations. Je n'ai jamais regretté de suivre son conseil …

Trois anecdotes. En vacances en Bretagne, une dame s'intéresse à ma solitude. « *Il est toujours là-bas* ? », demande-t-elle. « *Depuis quand* ? », « *Un an* », « *Oh, déjà ! Et à quand le retour* ? », « *Dans plus d'un an ?* », « Oui *mais **vous gagnez gros !*** »

Une autre fois, au retour de son père, mon fils prend par la main ce monsieur inconnu mais sympathique et l'amène devant sa photo en lui disant « *Ça c'est mon papa !* ».

Un jour, je circule en auto avec mes cinq enfants et j'embarque un routier qui fait du stop et qui veut téléphoner à son patron qu'il est en panne. Arrivé au café des routiers, il m'offre un pot et me présente aux copains « *La dame qui m'a ramassé et qui conduit comme un homme !* ».

Par dessus tout, je me rappelle la devise de mon père :

« Le devoir avant tout ! »

***

Anne-Marie

« Dix-sept ans après ma naissance, en 1945, mes parents ont la joie d'attendre un autre enfant. Malheureusement, ma mère reste hospitalisée pendant plus de 2 mois et je dois m'occuper de la maison et du bébé.

Quelques mois après son rétablissement, le jeune homme auquel j'ai promis d'unir ma vie part en Indochine. Durant ce séjour, j'ai la douleur de perdre mon petit frère. Je dois assumer la souffrance de mes parents et la mienne.

15 mois après son départ, mon fiancé est rapatrié sanitaire avec une parasitose grave contractée en brousse. Il sera guéri à l'hôpital militaire de Lyon. Nous fêtons nos fiançailles mais nous ne nous marions que plusieurs mois après, mes parents me voyant difficilement partir outre-mer pour un long séjour. Départ de mon mari pour Dakar en février 1949 dans un régiment de parachutistes coloniaux. Je dois attendre trois mois pour le rejoindre que l'Armée lui attribue un logement. Notre première fille naît le 17 août. Séjour au Sénégal sans histoire. Retour en France en juin 1951. Mutation à Vannes en janvier 1952. Naissance de notre seconde fille le 16 février suivant ; césarienne avec complications durant près de deux mois dans une ville où nous ne connaissons personne.

Février 1954, nouveau départ de mon mari pour l'Indochine. Nous avions auparavant décidé de donner un petit frère à nos deux filles malgré les problèmes de la naissance précédente et les risques qu'allait encourir mon mari car nous souhaitions que les enfants soient rapprochés. Avant son départ, il m'avait demandé d'accueillir sa sœur sortant d'une dépression nerveuse. Il me faut la soutenir moralement car elle est persuadée que son frère ne reviendra pas de l'enfer de Dien Bien Phu.

Peu après son arrivée à Hanoï, il apprend en effet qu'il doit sauter en renfort sur le camp assiégé et m'en fait part. Après plusieurs survols du camp sans autorisation de sauter, il atterrit dans les barbelés et sous les obus, le 7 avril. Jusqu'à la chute du camp retranché, le 7 mai, je reçois des télégrammes laconiques : il est toujours en vie. Puis grand silence jusqu'au 16 août où je reçois trois lettres par la Croix Rouge. Les prisonniers sont libérés courant septembre. Mon mari est rapatrié et est là pour la naissance de son fils.

Durant sa captivité, il décide de préparer l'E.N.A. pour donner une vie plus stable à sa famille. Muté à Paris, il passe avec succès le pré-concours. En 1955, il travaille dans la journée et suit des cours le soir. Ne trouvant pas d'appartement, nous continuons à résider dans l'Oise. En octobre, enceinte de mon quatrième enfant, je fais une hémorragie : immobilité complète jusqu'à la naissance. On m'installe chez ma belle-mère à Paris, laissant mes trois enfants à la garde de mes parents. Cinq semaines plus tard, notre quatrième bébé naît ; nouvelle hémorragie, chute importante de globules rouges. Cela a réagi sur la santé de notre bébé. Nous percevons très vite qu' il a des retards moteurs importants.

Son père est envoyé en Algérie en mai 1956 malgré la promesse d'être maintenu à Paris.

À 18 mois (mai 1957), le bébé fait un coma. Je le fais hospitaliser aux Enfants Malades où sont diagnostiquées des lésions importantes du cerveau. Il commence à prononcer quelques mots à six ans, ne pourra jamais lire et écrire et devra fréquenter des établissements spécialisés. En 1974, les médecins diagnostiqueront une malformation du système vasculaire. Il faudra l'opérer à deux reprises. Fin 1982, il fait une occlusion consécutive aux opérations précédentes et une autre en janvier 1984. En septembre 1984, il entre dans un centre pour adultes handicapés. Cette décision n'est pas prise sans immense peine. Il y mourra en 1985.

Dès son arrivée en Algérie, en mai 1956, mon mari perd une de ses sections au combat. Dix-sept de ses hommes, des rappelés, sont tués dans des conditions horribles dans une embuscade à Palestro. Je décide d'aller visiter les familles éprouvées résidant dans la région parisienne pour leur apporter ma sympathie et leur proposer mon aide. Je découvre, dans certains cas, une vraie misère.

En septembre 1957, mon mari rentre d'Algérie et est à nouveau muté à Paris. Il passe le concours de l'E.N.A. auquel il est collé et le passe à nouveau en 1958. Reçu second, il commence en janvier 1959 sa scolarité par un stage de 10 mois à Grenoble, puis rejoint Paris en janvier 1960.

Pendant 2 ans, nos difficultés sont d'ordre matériel : 57 m^2 dans lesquels il faut tenir à six et permettre au père de travailler en dehors des cours ; il ne touche que la solde de capitaine, sans solde à l'Air, alors que notre F. coûte cher.

À la sortie de l'ENA, mon mari, administrateur civil, est nommé au Plan à Paris où il reste jusqu'en mai 1964, date de sa nomination comme sous-préfet chargé de la mission économique de la Haute–Normandie.

En septembre 1970, il commence une nouvelle vie professionnelle dans le privé comme secrétaire général, puis comme président directeur général à partir de 1982. Il mourra en 1988.

Nous avions choisi de résider à Rouen car nous avions besoin d'une certaine stabilité, ayant déménagé douze fois en vingt-deux ans, dont onze fois entre 1949 et 1964.

En 1976, nous avons la douleur d'apprendre le décès d'un petit-fils né en Nouvelle-Calédonie où son père fait son service comme médecin coopérant. Mon fils handicapé meurt en 1985, mon mari en 1988, mon fils polytechnicien en 1995 et mon gendre médecin en juin 2003.

Ainsi éprouvée, je décide de m'occuper des autres. J'avais été cheftaine de Guides. Je rentre à Rouen à l'Association EMMAUS. Je développe l'association SOS Familles EMMAUS jusqu'en 1997, date de mon départ en retraite. Il existait alors 35 associations départementales ; plus de 10 autres ont été constituées depuis lors. Je reste membre du Comité des Sages d'Emmaus de façon à assurer la pérennité du mouvement.

Je travaille aussi à la Fondation Olga SPITZER, aide aux familles ayant un enfant handicapé. Secrétaire générale en 1997 et vice-présidente en 2001. J'ai été appelée en 1998 au Conseil d'Administration de la Promotion Victoire dont mon mari avait fait partie, ainsi qu'au Conseil d'Administration de DRAC (Défense et Renouveau de l'Action Civique). Des curatelles de familles en difficulté m'ont été confiées par le juge du Tribunal d'instance du VIe arrondissement. »

Ses engagements lui ont valu de recevoir la croix de la Légion d'honneur en 2003.

***

Christiane

« En 1958, fille de militaire résidant au Maroc, je me suis fiancée à un sous-officier. Malheureusement, son régiment a été transféré en Algérie. La frontière étant fermée, pas question pour nous de nous voir pendant deux ans.

Quand nous nous sommes enfin mariés, il a été affecté en Allemagne mais son service était si absorbant que je ne le voyais en fait que le dimanche après-midi, quand tout allait bien… Notre premier enfant est né à cette époque.

Il est passé adjudant et a été affecté dans un autre régiment comme chef de peloton. Là aussi, il était toujours absent, notamment lors de la naissance de notre deuxième enfant. Le soir de Noël, il passait le réveillon avec ses hommes avant de nous rejoindre. Lors du décès de mon père, il n'a même pas pu venir à l'enterrement. Quand j'ai dû subir une opération grave et urgente, il était à l'étranger…

Il a eu la chance de devenir officier mais ce changement d'état, difficile pour d'autres, a été facilité pour nous par la gentillesse des lieutenants Saint-Cyriens qui nous ont adoptés. L'ambiance du régiment était excellente et j'ai vu la femme du colonel s'enquérir elle-même de nos problèmes les plus modestes.

Nous sommes rentrés en France et, malgré le prix des loyers et la modicité de nos ressources, j'y ai été heureuse. En 35 ans de service, nous avons connu une dizaine de déménagements et j'ai dû assumer seule trois d'entre eux. Ces mutations ont occasionné pour mes trois enfants des changements d'école (trois fois en deux ans) mais les ont bien préparés à des changements brutaux de situation comme on en rencontre dans la vie moderne.

En ce qui me concerne, j'ai toujours été très entourée d'amies, femmes de sous-officiers et d'officiers et j'ai aimé cette vie. »

***

FEMMES DE SOLDATS ET SÉQUELLES DE L'ALGÉRIE

Avant de leur donner la parole, je tiens, pour les lecteurs les plus jeunes, à replacer brièvement les faits dans leur contexte. Beaucoup de choses ont déjà été écrites sur ce sujet mais je veux témoigner, 43 ans après et sans passion, de ce que j'ai ressenti.

En 1961, notre génération de soldats avait déjà été durement éprouvée. Nous avions grandi dans le souvenir de la Grande Guerre. Nos grand-mères étaient vêtues de noir et leurs récits étaient à l'unisson. Nous avons vu monter la menace Hitlérienne et déploré (déjà) la division des « tribus gauloises » et l'avènement du Front Populaire. Nous avions cependant une haute idée de la France, du fait, notamment, de sa victoire de 1918. Nous étions fiers aussi de l'étendue des terres colorées en rose sur nos cartes murales (« L'Empire Français »).

La débâcle de 1940 nous fit d'autant plus mal, à travers l'exode que nous avons vécu en direct et l'humiliation de voir flotter la croix gammée sur nos monuments.

Du fait de l'Occupation, nous avons eu froid et faim, et souvent peur. Mais, par dessus tout, la honte de la défaite nous a tenaillés, sans nous abattre...

Du coup, ce furent d'autres épreuves pour beaucoup : la clandestinité, le maquis, la Résistance ou l'évasion par l'Espagne, et pour certains la Déportation...

Après les brefs intermèdes exaltants de la Libération et de la Victoire de 1945, ce furent, très vite, le débarquement en Indochine, la guerre menée en aveugle et dans l'inconnu, au sein d'une nature hostile et d'une population jouant souvent le double jeu entre les Viets et nous (on la comprend...). Un tiers des nôtres devait mourir là bas au détour d'une piste ou sur une diguette, et nombre d'autres revinrent blessés ou paludéens.

En 1954, Dien Bien Phu retentit pour nous comme un nouveau coup de tonnerre. Notre nouvelle humiliation fût aggravée par le remords lancinant d'avoir dû laisser, aux mains des bourreaux Viets, nos anciens soldats autochtones et tous ces partisans et ces villageois qui nous avaient fait confiance.

C'est dans cet état d'esprit, que, retour d'Extrême-Orient, nous avions débarqué à nouveau en Algérie, à la fois morceau de la France, selon une certaine vision (ou fiction) politique, et, pour nous, dernier bastion de notre Empire.

Soldats, nous ne prétendions qu'exécuter la mission de sécurité qui nous était impartie : protéger la population contre les exactions du FLN. Nous essayions en même temps, avec conviction, de contribuer au rattrapage progressif du retard culturel, économique, social et politique que l'attentisme des régimes successifs avait laissé s'installer, depuis un siècle, entre la masse paysanne musulmane et la partie la plus aisée de la population, de souche française ou autochtone.

Mais, sous le soleil d'Algérie et le sang ne tardant pas à couler, les passions se déchaînèrent vite. Les techniques de guerre révolutionnaire, mises au point par Mao et Ho Chi Minh et adaptées par le FLN, visaient d'ailleurs à faire monter la tension en exacerbant le sinistre binôme terrorisme-répression, pour entraîner peur et haine réciproques…

Rien d'étonnant donc que, quand le général de Gaulle a commencé à montrer ce qui m'a paru être son souci de « se débarrasser du fardeau Algérien », des réactions passionnelles se soient déclenchées.

Elles furent d'abord le fait de Pieds Noirs menacés dans leur existence propre alors que leurs pères et eux avaient avait littéralement ***fait*** *l'Algérie et qu'ils avaient payé un lourd tribut à la Libération de la Mère Patrie, une métropole où beaucoup n'étaient jamais allés avant de débarquer en kaki en Normandie ou en Provence...*

Ces réactions reçurent un écho favorable chez des militaires excédés de s'être battus « pour rien », d'avoir vu tomber beaucoup de camarades et d'adversaires et de devoir, vainqueurs sur le terrain, reculer sur ordre du pouvoir politique avec la nouvelle honte de trahir encore leur parole donnée à leurs compagnons d'armes musulmans et aux populations qui avaient choisi le camp français (le plus souvent d'ailleurs par attachement personnel au lieutenant X ou à l'adjudant Y...).

Le résultat, ce fut en 1961, quand le Putsch se déclencha et après, une ***crise morale*** *sans précédent dans toute l'Armée.*

Par delà les grades, les cadres, déchirés dans leur cœur, se rattachèrent, selon leur personnalité et surtout selon les circonstances locales, soit au camp des activistes qui soutenait le putsch, soit au parti des gaullistes inconditionnels (relativement peu nombreux dans l'armée de terre) qui suivaient aveuglément le chef de l'Etat, soit au camp, largement majoritaire, de ceux qui, « Algérie Française » de cœur, ne pouvaient se résoudre à désobéir, surtout à un personnage d'une telle stature historique…

Il en résulta, après l'échec du Putsch, des situations dramatiques que les quelques témoignages qui suivent mettront en évidence. J'estime juste d'évoquer aussi (pour ne citer que des cas que je connais) :

- *la douleur de la femme du capitaine B., assassiné devant elle par l'OAS, à la porte de son domicile à Alger,*
- *celle de l'épouse du commandant R., héros des campagnes d'Italie, de France, d'Allemagne et d'Indochine, plastiqué dans sa chambre d'hôtel à Oran. En plus de son chagrin « naturel », elle a eu celui de recevoir une bordée de lettres, anonymes ou non, sur le thème « C'est bien fait : il n'a eu que ce qu'il méritait ! » (tel était le déchaînement des passions à cette époque !)*
- *dans l'autre camp, celle de Sophie F. dont le mari s'est donné la mort après l'échec du Putsch dont il était un ardent soutien à l'EM d'Alger et dont il s'est peut-être cru responsable...*

Sur un plan moins terrifiant mais cependant douloureux, (et sans parler des inculpations, condamnations et emprisonnements évoqués ci-dessous), cette période vit :

- *d'une part, toute une série de déchirements internes à l'armée, de terre surtout, se traduisant notamment par des clivages passionnels entraînant fréquemment la mise en quarantaine durable de tel ou tel (d'ailleurs dans des camps différents...),*
- *d'autre part, une véritable « chasse aux sorcières » officielle à l'encontre de cadres soupçonnés, à tort ou à raison, d'être des partisans de l'Algérie Française : enquêtes de la Sécurité Militaire rappelant les pires moments de l'histoire française, éviction de l'armée d'excellents cadres, radiation du tableau d'avancement pour simple délit d'opinion...*

Le rapatriement des troupes d'Algérie entraîna d'immenses souffrances morales du fait de l'impression d'abandon des pieds noirs et des harkis et des populations ralliées à notre cause. La dissolution de dizaines de magnifiques régiments dans des conditions très hâtives ajouta encore au désarroi des cadres.

Tout cela entraîna dans leurs rangs une véritable hémorragie, soit qu'ils soient encouragés à partir, soit qu'ils préfèrent démissionner par écœurement. (Une grande partie de mes camarades a alors quitté l'armée...)

Il va de soi que ces évènements eurent des répercussions sévères sur la vie des ménages et des familles – et que le destin de beaucoup d'entre elles bascula.

Moi qui n'ai pas eu à souffrir, professionnellement parlant, de cette situation, j'ai vécu à ce moment la pire période de mes 40 ans de vie militaire et j'atteste qu'il a fallu 15 ans pour que l'armée s'en remette, certaines personnes (épouses y compris) et certaines familles ayant été brisées à vie par ces évènements.

C'est dans ce contexte là qu'il faut placer les témoignages qui suivent.

J.D.

***

Marie-France

C'était alors une petite lycéenne dont le père, officier, achevait son énième séjour colonial à Saïgon. C'est là qu'elle rencontra G., qui avait été volontaire pour l'Indochine trois mois seulement après sa sortie de Buchenwald. Il était devenu officier en Indochine et achevait alors son première séjour…

« Quand j'ai rencontré G., j'ai d'abord été fascinée par son énergie, par son insolence vis-à-vis de la souffrance endurée, par son élévation d'âme et par son instinct de chasseur attentif qui sent le danger, l'évite et mène à bon port la troupe qui lui a été confiée, malgré la fatigue et l'angoisse. Bref, j'ai épousé d'Artagnan !

J'ai toujours pensé qu'un homme qui avait surmonté la déportation à 18 ans, les coups des SS, les mesquineries de toutes sortes, les ordres qui n'en étaient pas de la part du commandement militaire, l'isolement dans les marais de la Plaine des Joncs, la maladie et les blessures… bref, que cet homme-là ne pouvait m'emmener dans la vie qu'en toute sécurité…

Par la suite, pendant la guerre d'Algérie, sa vie de combattant très exposé à la tête d'une unité de Légion fut pour moi, qui attendais son retour dans l'angoisse, comme une sorte d'offrande que je faisais à Dieu et à la Patrie.

Souvent, quand, de S. où j'étais restée, à B. où habitait ma belle-mère, nous passions devant la prison de Fresnes, je *faisais tête droite* devant le café minable à l'enseigne : « *On est mieux ici qu'en fac*e ». Je compatissais de tout mon cœur à la souffrance des femmes qui venaient visiter leur mari ou leur fils, et, rétrospectivement, à celle de mes beaux-parents qui avaient su leur fils enfermé là, condamné à mort tous les jours pour le faire parler, avant de partir, avec beaucoup d'autres, vers les camps nazis.

Longtemps après, quand je me suis retrouvée devant ce même bistrot, seule, en train d'attendre l'ouverture des portes de cette prison où j'allais visiter mon époux, je me disais que, vraiment, la France traitait mal ses héros. Mon mari avait gagné la Légion d'honneur à 25 ans et on lui reprochait d'avoir voulu donner une leçon à la République, celle de respecter la parole donnée !

Heureusement, mon côté agressif et un certain sens de l'humour m'ont vite fait réagir !

Je viens de dire que j'étais seule. Non, je ne l'étais pas ! Non seulement, j'étais bronzée car j'arrivais du bord de la mer mais encore j'avais un petit chien sous le bras ! Mes parents gardaient mes enfants mais j'avais gardé avec moi mon chiot mal élevé. Cela faisait mauvais effet pour entrer en prison ! D'ailleurs, le regard des femmes qui, comme moi, attendaient l'ouverture des portes était nettement réprobateur !

Un fonctionnaire, très aimable et très ennuyé, m'a pris des mains la liasse d'autorisations que j'étais allée chercher, les unes au fort de l'Est, les autres à l'autre bout de Paris. Il m'a fait remarquer qu'il comprenait les circonstances mais que je devais, moi aussi, essayer de comprendre qu'on lui donnait à garder des prisonniers pas ordinaires. De toute façon, les chiens n'étaient pas admis en prison !

En fait, tout s'est arrangé et le chien est même resté deux jours en cellule, le temps de faire beaucoup de bêtises et de dynamiser, par ses facéties, le moral de G. et de ses compagnons…

J'avais tellement le désir de redonner de l'espoir à mon mari, je sentais tant d'espérance en moi que, malgré tout, nous échafaudions des projets d'avenir…

Dehors, il faisait très chaud en cet été 1961. À l'intérieur, tout ressemblait à ces films où le méchant purge sa peine derrière les barreaux. Des escaliers de fer, des coursives bruyantes où les bruits résonnaient à l'infini. Seules les portes étaient différentes. Elles restaient ouvertes pour ces prisonniers-là qui y avaient accroché leurs prestigieuses décorations militaires…

Je me croyais aux plus beaux jours de la chouannerie tant ils avaient une jolie façon de me baiser la main, mais j'étais partagée entre un sentiment d'exaltation et celle de vivre une histoire de fous qui pouvait très mal tourner...

C'est ce sentiment, celui d'être dans cette situation tragique qui m'a aidé. Une rage aussi. Celle d'être, dans une certaine mesure, une femme trompée.

En présentant, deux mois plus tard, mes papiers aux fonctionnaires qui actionnaient les nombreuses portes verrouillées et bruyantes, le directeur m'apprit, d'un ton très ennuyé, que mon mari avait été transporté à l'hôpital Begin. Ses gardiens, en ouvrant un matin la porte de sa cellule, l'avaient trouvé là, se tordant de douleur à cause d'une violente crise de colique néphrétique. Il avait appelé mais on ne lui avait pas ouvert !

C'est pour lui que j'ai souffert. Je l'avais déjà entendu hurler pendant une crise et imaginer qu'il se trouve seul et sans secours pendant toute une nuit me bouleversa. C'est en larmes que j'ai pris la route de Vincennes. Mon mari m'attendait tout pâle dans une petite chambre, seul, gardé par deux gendarmes armés, eux aussi très ennuyés. (Pendant cette période, quand j'y repense, j'ai souvent rencontré des regards ennuyés et navrés !)

Tant il était épuisé, G. était bien incapable de fomenter quelque mauvais coup contre la République.

Des personnes, faussement gentilles, et qu'il n'a d'ailleurs pas toujours bien accueillies, sont venues le voir, d'autres, plus fraternelles, lui ont donné de bons conseils.

C'est alors qu'un substitut du Procureur est venu lui apprendre que le Gouvernement n'avait, en réalité, rien de grave à lui reprocher et qu'il était libre.

Un sentiment très partagé m'a envahi, un grand malaise même. Mais l'Histoire est ainsi faite : les héros sont souvent malheureux.

J'ai moi aussi quitté l'Armée, après la signature qui lui en faisait, sans nostalgie aucune, prendre congé.

J'allais encore me trouver seule mais je n'étais plus femme d'officier. J'étais devenue l'épouse d'un directeur à l'exportation. »

***

Hélie de Saint-Marc parle de sa femme et des femmes.

Hélie de Saint-Marc commandait par intérim le 1er REP qui soutint le Putsch. Lors de son procès, il a déclaré :

« ***Monsieur le Président, j'ai connu dans ma vie pas mal d'épreuves : la Résistance, Buchenwald, trois séjours en Indochine, l'Algérie, Suez, encore l'Algérie...***

Et pourtant, le verdict sévère est tombé en juin 61 : 10 ans de réclusion criminelle.

Hélie est resté en prison jusqu'au 24 décembre 66 et a été, depuis, l'objet d'une amnistie comme tous les condamnés politiques des deux bords.

Je viens de solliciter le témoignage de son épouse sur cette période. Il m'a téléphoné amicalement pour me dire : « Je ne veux pas réveiller en elle des souvenirs très douloureux. Ouvre donc mon livre, « *Les sentinelles du soir* », à la page 140, tu y trouveras ce qu'il te faut... »

Voici donc cette superbe page...

***

(...) « La femme dont je partage la vie depuis 40 ans a représenté la cristallisation de cette quête de vérité et l'accomplissement de ma fascination pour les femmes. Notre union est une réussite, dans la mesure des réussites humaines. Beaucoup de choses nous distinguent. Elle m'a donné ce que je n'avais pas ou que j'avais perdu : le sens du bonheur et l'insouciance. Peut-être lui ai-je apporté ce qu'elle n'avait pas : la gravité et une certaine persévérance ?

L'intimité avec autrui n'est jamais un équilibre parfait. Il faut, pour irradier la vie ensemble, une lumière qui vient de l'accord entre les rêves de chacun. La confiance est, comme au combat, la clé de tout. Si l'amour se nourrit de mystère, il résiste rarement au mensonge. La familiarité avec le danger rend plus transparent. Elle induit une certaine vérité intérieure qui aide peut-être à se trouver l'un l'autre.

J'ai essayé de lui donner le meilleur. Je n'y ai pas toujours réussi. Sa jeunesse en Algérie avait été lumineuse. Elle avait épousé un jeune commandant. Deux enfants étaient nés. D'une certaine manière, tout lui souriait. Elle n'avait que 25 ans le jour où je suis entré à la prison de Fresnes.

Pendant mes années de détention, elle a dû vivre chez ses parents avec nos enfants. Ma solde était supprimée. Elle m'a connu prisonnier politique, puis ancien détenu sans papiers ni chéquier, ce qui n'était pas un statut social particulièrement enviable. Elle a toujours été à mes côtés infiniment vivante. Son sourire et son courage sont pour moi semblables à deux sentinelles qui veillent sur ma route en ces derniers tournants et la protègent.

C'est avec une grande réticence que j'évoque ces souvenirs intimes mais, au delà de ma propre expérience, ils éclairent une autre dimension des femmes **: leur capacité à durer, à endurer, à construire, à dilater les sentiments, le tout en changeant perpétuellement. Elles nous enracinent dans l'existence.**

Quatre filles ont éclairé la deuxième partie de mon existence. Le destin m'a fait un cadeau en peuplant notre maison de ces femmes dont j'avais été privé. J'ai tout aimé d'elles. Leur présence a apaisé bien des angoisses et plus d'un cauchemar.

Mes filles me trouvent souvent absent, lointain. Elles m'imaginent enfermé dans le souvenir des aventures que j'ai vécues. Elles se trompent. Je suis bien plus proche d'elles qu'elles ne se l'imaginent. Je suis l'une des sources de leur existence. Je suis une part de ce qu'elles vivent, un morceau de leur bonheur, un éclat de leurs rires mais aussi un chapitre de leurs souffrances et une présence dans leurs épreuves. Chaque jour, une ombre m'accompagne, se réjouit pour elles ou pleure en silence. Seules, la pudeur et cette émotion que l'on craint et qui monte parfois sans prévenir avec le poids des ans m'empêchent de le leur dire.

Aujourd'hui encore, la femme reste un mystère. Des silhouettes m'accompagnent femmes aimées, croisées ou admirées. L'énigme de leur beauté m'étonne encore. Dans la Résistance ou dans les épreuves, je les ai vues capables d'un courage silencieux et tenace qui m'a ébloui. **Elles m'apparaissent comme le reflet de la part invisible du monde. »**

« *Les sentinelles du soir* ». Editions Les Arènes 1999.

***

Marie-Antoinette 2

« Tout juste fiancés, déjà l'apprentissage de la séparation. Dès août 1949, il partait au Maroc. Nous nous sommes pourtant revus une fois, le 2 novembre 1949, pendant quelques heures lors du retour des cendres de son frère aîné, tué à Rach Ghia.

Jusqu'à ce moment là, j'avoue que l'Indochine n'évoquait pour moi que les livres de géographie... Il a fallu ce deuil pour que j'en prenne vraiment conscience.

Après dix-huit mois de lune de miel au Maroc, nous avions un premier enfant et j'attendais le second. Quand sonna la date du départ de D., j'eus vraiment l'impression que le ciel me tombait sur la tête. Mon beau-frère H. en était à la deuxième année de son séjour, mes trois frères venaient de s'embarquer, beaucoup de camarades de la Promo s'y battaient, et D. se demandait ce qu'il faisait encore au Maroc. Je dus m'envoler pour la France dès le mois de mai 1951 pour m'installer dans sa maison, avec quelques cantines, une table roulante et une glacière. J'étais effondrée de quitter mon mari, et son absence annoncée de 30 mois me semblait effrayante, abominable, inhumaine.

Deux belles-sœurs m'attendaient la-bas. Elles furent mon premier réconfort. Notre aîné avait huit mois et je rendais grâce à Dieu d'avoir eu ce petit garçon et d'avoir attendu un second enfant avant le départ de D. Ces deux petits me donnaient tous les courages.(...) Les jours étaient longs et l'hiver interminable. Pourtant notre grande maison, à elle seule, était source intarissable d'occupations. Les Mayennais ne connaissaient pas l'Indochine et ils se méfiaient de l'Armée. Ils pensaient que D. gagnait beaucoup d'argent là-bas. Je ne trouvais pas tout à fait ce même état d'esprit chez nos voisins châtelains, pourtant bien éloignés de mes préoccupations. (...)

...Je n'avais que 25 ans et aucune expérience. (...) La Providence a permis que j'assume tout cela et qu'il revienne sain et sauf alors que j'ai eu deux frères blessés. L'indescriptible joie de son retour ne fût pourtant pas sans ombres. Maîtresse de maison sans partage, il m'a fallu accepter une autre façon de décider les choses que les miennes. Faire accepter aussi à nos enfants la présence de ce Monsieur qu'on appelle Papa, qui prend beaucoup de place dans la maison. D. retrouvait un petit garçon de trois ans qu'il n'avait pas vu grandir...

Mais les grâces du mariage ont marché à fond, et deux grands mois de permission ont permis à notre foyer de retrouver son équilibre avec, de nouveau, le goût du bonheur.

Trois années (1954-1957) de paix et de vie heureuse suivirent cette première séparation. D. fut nommé à Saumur avant la fin de sa permission. Nous avions rêvé d'aller en Allemagne, de profiter des économats, des logements confortables aux loyers... gratuits, ou presque, de nouer des relations dont nous avions des échos enchanteurs. Mais il ne fallait pas faire la fine bouche et Saumur fut un paradis (…).

Ces trois années ont passé comme l'éclair, avec trois enfants de plus. Et quand l'heure du départ en Algérie sonna à son tour, nous étions les heureux parents d'une famille nombreuse.

L'arrachement du départ ne fut pas mieux vécu qu'en 1951. J'y avais même ajouté un brin de révolte. Les jeunes mères de famille n'avaient pas d'autres occupations que celles d'élever leurs enfants et de tenir une maison, joyeuse et ouverte.

Pour moi qui avais eu le souci, pendant l'Indochine, d'entretenir la maison en ne laissant pas les toits devenir des passoires et les ronces pousser dans le parc, j'avais été, alors, trop occupée pour chercher des responsabilités ailleurs. Mon action sociale se réduisait à accompagner les « *veuves* » (horrible mot) comme moi. Les nouvelles d'Algérie arrivaient à la maison très régulièrement mais, dans la garnison, tout se savait immédiatement. La moindre égratignure devenait blessure grave ou au moins sérieuse...

Evidemment, je tremblai comme toutes les autres dès que l'épouse du colonel arrivait dans notre quartier. Si, par hasard, elle sonnait, nous étions blêmes en lui ouvrant. « *Tout va bien* », martelait-elle en nous embrassant. Quelle peur !

Notre moral était accroché aux nouvelles et il ne fallait pas laisser s'isoler les plus timides d'entre nous. Les visites s'imposaient, toujours à l'improviste (personne n'avait le téléphone). On se gardait mutuellement les enfants, surtout au moment des permissions – tous les six mois – véritables bouffées d'oxygène. Les amis étaient exemplaires. L'un arrivait avec sa trousse à outils, un autre avec sa grosse voix pour ramener le calme chez les garçons trop turbulents. Des invitations nous sortaient de nos maisons. (…)

Les enfants n'étaient pas encore à l'âge des grandes décisions. Il fallait quand même éduquer leurs premiers gestes et veiller à leur transmettre notre Foi. C'était encore une époque facile et D. a même pu être présent à la première Communion de nos aînés.

Son retour ne changea rien à ma vie. Lui, instructeur, et moi, mère au foyer, tandis que nos enfants continuent à grandir, avec cette présence paternelle si précieuse. L'ambiance était égale à elle-même, avec d'excellents amis. Pourtant le drame algérien nous serrait le cœur et nous faisait trop souffrir.

D., engagé dans l'OAS, comprend vite, mais trop tard déjà, qu'il ferait mieux de repartir en Algérie. Le voilà « embastillé », selon le jargon de cette affreuse époque...

Mon cœur battait en dents de scie. Tantôt l'exaltation d'être l'épouse d'un homme courageux, tantôt une indescriptible tristesse devant l'échec et la perspective d'une séparation, de quatre ans celle-là.

Tout devint compliqué. Plus de solde, plus de couverture sociale, la maison surveillée, une perquisition... Surtout, l'incompréhension de beaucoup, spécialement à la campagne. Notre L. supportait très mal les réflexions de ses camarades de classe, du genre « *Ton Père, pourquoi est-il en prison ? C'est un voleur ?* » Et j'en passe... Décider, expliquer, consoler mon petit monde qui ne devait pas souffrir de cette épreuve trop injuste...

Alors, encore et toujours, mon admirable famille, nos chers amis, des gens simples de notre rue, tous se sont mobilisés, sans se concerter. Ils m'ont tous aidée, discrets, chaleureux, fidèles, et pendant deux ans... De même la Promo et la Saint-Cyrienne. À Rouen où D. séjourna longtemps, j'ai trouvé des amis extraordinaires. Chaque ménage me recevait lors de mes visites à la prison et s'évertuait à adoucir mon épreuve.

En évoquant avec D. tous ces moments difficiles que nous avons partagés malgré l'éloignement, nous avons envie de fredonner :

« *Mais qu'est-ce que ça peut faire, du moment qu'on s'aime...* »

Quant à nos enfants, ils en ont souffert, c'est certain. Mais nous croyons qu'ils y ont trouvé plus de force que de « séquelles invalidantes »...

***

Annexe

« La prison de Rennes avait accueilli une population de qualité : notables chargés de responsabilités locales ou régionales, officiers d'active aux beaux états de service, chrétiens engagés au service de l'Eglise. Le doyen d'âge avait une croix de guerre 1914-1918 impressionnante ; nous comptions aussi un Compagnon de la Libération (…)

Le directeur de la prison et les gardiens avaient vu très vite à qui ils avaient affaire. Les fouilles n'étaient pas trop méchantes, le parloir commun : une même table séparait les prisonniers, d'un côté, et les familles, de l'autre. On échangeait nos nouvelles à voix basse, et je pensais que D. reviendrait vite à la maison.

Le premier devoir de l'officier prisonnier étant de s'échapper, il parvint à fabriquer une clef. Mais le parloir était une véritable passoire à nouvelles, et le complot fut découvert au dernier coup de lime. Le changement de régime fut immédiat. D. se retrouva au *mitard*, et moi privée de visite avec, en prime, l'interrogatoire, plein de fiel et de ruse, d'une assistante sociale que je voudrais, encore maintenant, pouvoir étrangler.

Le transfert des prisonniers politiques fut immédiat et les *plus coupables* se retrouvèrent à la Santé en attendant d'être jugés. Là, les familles avaient droit à une visite par semaine. Pour ne pas perdre une minute de ce temps précieux, il fallait être au début de la file d'attente qui s'étirait au pied du grand mur de la prison au moins une heure avant l'ouverture... Il n'y avait pas de chaises. Quelques gardiens débonnaires, étonnés de nos allures bon chic bon genre, nous adressaient parfois la parole, s'enhardissant jusqu'à dire que *ces messieurs* étaient plus agréables à garder que les fellaghas. Fouilles en règle, tours de clés, bruits de grilles, échos des noms criés dans les couloirs, c'était l'entrée en matière habituelle avant d'être admise dans une pièce sans fenêtre et enfermée à double tour.

Tous les visiteurs avaient le même traitement et nous étions côte à côte sans nous voir. Quand notre prisonnier arrivait, nous essayions de nous raconter en une heure, mais le temps passait trop vite et nous repartions, le cœur à l'envers.

L'interminable attente du jugement et le verdict ont été un cauchemar dont je n'aime pas me souvenir. Les officiers qui siégeaient au jury (les faux-frères...), les *conjurés* qui avaient droit à tous les éloges, la déclaration de D., tellement applaudie que le Président menaça de faire vider la salle et l'affreux verdict m'empêchent encore, parfois, de dormir.

La bonne petite équipe de Rennes se retrouva disloquée. Les uns devaient purger 10 ans, d'autres 4, ou 3, avec des destinations différentes. Certains furent libérés.

D. fut envoyé à Rouen. Je reçus là un accueil extraordinaire. Sans peur des représailles, des familles s'étaient organisées pour avoir chez elles les femmes des prisonniers politiques, souvent accompagnées de leurs enfants, assurer les allers et venues à la prison (loin de la gare). Certains commerçants nous faisaient même des réductions !

Le personnel pénitentiaire féminin était pourtant désagréable. Une *fouilleuse*, explorant un jour les poches de notre B., poussa un cri en trouvant une fausse souris, qui sortait du magasin de farces et attrapes. Le cri de triomphe de notre garçon ne plut pas et ma visite fut écourtée d'une grande demi-heure... »

***

AUTRES TÉMOIGNAGES SUR CETTE PÉRIODE

Yvonne

« ... L'épreuve la plus redoutable que j'ai vécue a été l'Indochine. Fiancés peu de temps avant le départ, nous avons été séparés 30 mois. Nous avions 22 ans, *le bel âge de la vie*, dit-on. Je ne crois pas qu'il ait jamais regretté cette aventure, même s'il a connu des moments difficiles.

Pour celle qui attendait, en revanche, toute nouvelle journée était source d'angoisse. Le courrier fonctionnait lentement : trois semaines entre l'envoi et la réception. La lecture quotidienne du journal me donnait le lieu des accrochages et le nombre des morts. Moins de deux ans avant, son frère, engagé volontaire à la première Armée, avait été tué pendant la bataille d'Alsace. Le drame était encore tout proche. Il était très discret sur ses équipées – *Grande Muette oblige* – mais je devinais tous les pièges qui le guettaient. Je redoutais aussi les effets du climat…

L'éloignement avait aussi des effets négatifs sur l'évolution de notre couple. « *L'absence est le plus grand des maux* », a dit La Fontaine. Faute de communication réelle, le doute s'installait. J'ai le souvenir d'un moment de crise provoqué par un livre de Psichari : « *L'appel des armes* ».

Ce livre développait une mystique militaire qui me terrifia. Dans cette ivresse de solitude, de désert, de combats, quelle pouvait être la place de la femme ? Je crus à un profond malentendu et il a fallu que l'exilé usât de toute sa persuasion pour me convaincre qu'il n'adhérait pas à cette optique. (…) Les lettres se raréfièrent dans les derniers mois tant la communication épistolaire avait des limites…

Je fus aussi très choquée par l'indifférence de l'opinion publique. Comme seuls les soldats de métier participaient, elle ne se sentait pas concernée. Pour le Français mal informé, l'armée poursuivait un but de reconquête et soutenait les planteurs de caoutchouc…

Il faut dire que nous étions au lendemain de la guerre qui avait déclenché un appétit de vivre bien compréhensible. Autour de moi, la vie s'écoulait normalement, même joyeusement, les fêtes avaient un sens, mes amies se mariaient. Je me sentais marginalisée. J'acceptais les invitations chaleureuses, tout en ayant envie de m'enfuir et de rentrer dans ma coquille.

Je ne sais pas si j'aurais vécu différemment ce contexte quelques années après, une fois notre famille fondée. Mais j'ai lieu de croire que l'épreuve serait restée cauchemardesque…

(…)

La guerre d'Indochine fut l'occasion d'une prise de conscience qui m'aida par la suite à mieux supporter les chocs et à organiser notre existence en fonction des aléas de la vie militaire. Avant, j'avais envisagé presque sans regret de renoncer à toute vie professionnelle. La perspective d'une existence nomade dans des paysages exotiques n'était pas sans charme pour une étudiante qui n'était jamais sortie de sa ville natale.

Mais « l'après » fut différent. Tous les risques étaient présents à mon esprit, la mort ou la captivité. Je ne voulais plus être seulement celle qui attend. (...) Je préparais donc l'agrégation *(tout en élevant ses trois filles avec l'aide précieuse de ses parents NDLR).*

Quand mon mari partit en Algérie, je m'en sentis plus forte pour affronter cette nouvelle épreuve. (...)

L'armée privilégiant toujours la mobilité, j'eus des années difficiles. (...) Tout au long de la carrière de mon mari, ce fût l'épée de Damoclès ! A chaque mutation, je perdais des points de stabilité. Je cumulais 15 mutations, fait rarissime dans ce métier. (...)

L'activité professionnelle de la femme n'était pas encore bien acceptée dans l'armée. Une femme se devait de se consacrer entièrement à sa famille et à la carrière de son mari. Afficher des titres universitaires n'était pas de mise. (...) Il faut ajouter que les obligations professionnelles limitaient beaucoup le temps que l'épouse pouvait (et devait) consacrer aux relations de son mari, si importantes dans l'armée.

(...)

La troisième difficulté concerne le milieu dans lequel j'évoluais : l'enseignement. Nul n'ignore qu'entre armée et éducation nationale, ce ne fût pas, à certaines époques de notre histoire, le parfait amour !

Les guerres de décolonisation suscitaient une politisation importante dont je me sentais à la fois le témoin et la victime. Assez peu de réactions pendant la guerre d'Indochine. Ce fût très différent pendant l'Algérie. La période avril-juillet 61 m'a laissé un souvenir bien plus pénible qu'à mon mari. Côté administration, neutralité parfaite. (...) La majorité de mes collègues observaient aussi une grande réserve, même si les conversations sur l'Algérie allaient bon train.

Mais quand j'expliquais combien le malaise de l'armée était compréhensible, on me chuchotait : « *Surtout, méfiez-vous, il y a des communistes ici !* » Et j'entends les éléments les plus radicaux évoquer la torture, les procès à réviser, la piraterie des Européens... Même si leur discours contient une part de justesse, ils parlent de ce sujet avec l'arrogance de celui qui détient une vérité unique et dans la vie desquels la tragédie n'entre pas. « *Entre la justice et ma mère*, disait Camus, *je choisis ma mère.* »

Le sommet est atteint au cours de repas auxquels je participe. Chez une amie, je rencontre un couple d'universitaires extrémistes qui, après avoir dénoncé le cinéaste Jean Renoir, le cinéma d'après 1930, même Picasso et Robespierre, des *impurs*, s'en prend à l'armée et m'annonce qu'il va leur falloir entrer dans la clandestinité ! Par égard pour mon amie, je laisse dire. Par contre, au cours d'un repas de famille auquel participent deux instituteurs, on m'assène que de Gaulle est *un fumier*, l'armée d'Algérie *une armée de SS* et autres propos que je préfère ne pas citer. Cette fois, c'en est trop. Je quitte la table.

À la rentrée, le calme est revenu mais je sentirai jusqu'à la fin 1962 de la part de certains une hostilité larvée qui m'est pénible. (…) Une amie dont le mari officier occupe un poste important à Alger vécut dans son lycée des moments critiques : tracts injurieux dans son casier, ordre de lire le livre qui venait de paraître sur la torture... Dans certains établissements très politisés, l'ambiance a dû être exécrable.

(…)

J'ai un peu insisté sur ces difficultés, en pensant que, si elles étaient peu répandues de mon temps, elles risquaient d'être beaucoup plus fréquentes de nos jours où la proportion de femmes qui travaillent a beaucoup augmenté. »

***

Nicole P.

« … En réalité, je ne me suis jamais posé beaucoup de questions, le but de ma vie étant, avant tout, le bonheur et l'équilibre de ma famille.

Bien sûr, au début de mon mariage, j'ai été étonnée par l'imbrication de la vie militaire et de la vie privée (*L'obligation* d'aller rendre visite à la femme du colonel…) et la priorité que ces messieurs donnent, en toutes choses et 24 h sur 24, au *Service*. Etonnée aussi que le *prestige* de l'officier doive passer avant le devoir d'aider son épouse. J'ai ainsi éprouvé ma première déception quand, retrouvant mon mari dans la rue, en uniforme, alors que je portais un gros paquet, il m'a dit : « *Désolé, ma chérie, mais je n'ai pas le droit de porter un paquet en tenue…* »

Je ne connaissais pas toutes ces traditions mais je les ai acceptées, de plus ou moins bon cœur, les épouses de militaires étant souvent des rebelles…

L'expérience des fréquentes mutations a été pour moi essentielle car ces changements périodiques nous permettent d'éviter la sclérose. J'ai, à chaque fois, aimé ce *redépart.* Lorsqu'on arrive dans une nouvelle garnison, il permet à la famille de se souder car, pendant quelque temps, on ne connaît personne.

Dans les Bataillons Alpins, l'ambiance est toujours bonne. La montagne est exaltante et sa pratique permet vite de se faire des amis.

Bien sûr, il faut beaucoup d'amour et de confiance dans les ménages militaires car les femmes doivent se débrouiller et j'ai constaté que, quand la séparation était un peu longue, un petit malentendu s'installait. Comme dit le proverbe, *quand le chat n'est pas là, les souris dansent.* Le militaire pense que c'est ce qu'il a prévu et organisé qui est le meilleur ! A nous de lui prouver le contraire !

Je ne voudrais pas me livrer ici à un réquisitoire mais il me semble, qu'à Coëtquidan, on devrait donner aux élèves des cours de psychologie féminine car le propre des militaires est d'avoir, à travers leur tendance à l'autoritarisme, quelques mécomptes avec la gent féminine.

(Pendant qu'on y est, on pourrait leur apprendre aussi qu'on n'élève pas ses enfants comme on entraîne ses soldats... Nos chères têtes blondes sont encore plus difficiles à manier que les recrues…)

Cela dit, j'ai beaucoup aimé le déroulement de ma vie de femme de soldat.

Le fait d'être toujours en mouvement, l'obligation de s'adapter rapidement, le choix du logement, du médecin, des écoles, les responsabilités qui nous incombent de fait développent notre personnalité (ou nous forgent un *sacré caractère !).* Rien d'étonnant donc, que le pauvre chéri se sente mal quand, au retour, il s'aperçoit qu'il ne commande plus chez lui, alors qu'il est le chef au quartier …

J'ai aimé les années de responsabilité de M. quand je devais l'aider à créer et à maintenir une certaine ambiance.

J'ai aimé ces rencontres entre officiers et sous-officiers, et même avec des hommes du rang comme les moniteurs de ski. Nous les invitions systématiquement chez nous en les mélangeant. Ces contacts sont une grande chance de la vie militaire et beaucoup de civils nous les envient.

J'ai aimé les efforts que je devais faire pour mettre à l'aise les jeunes femmes et me mettant à leur portée. Cette fois (les temps avaient changé…), c'est moi qui allais rendre visite à chacune d'entre elles.

Je regrette que beaucoup de femmes d'aujourd'hui aient des situations qui provoquent le *célibat géographique*. L'ambiance militaire s'en ressent.

J'ai moins aimé le côté arriviste de certaines femmes qui confondent leur rôle et les galons de leur mari.

J'ai finalement aimé le fait de n'avoir pas beaucoup d'argent. Car, que de trésors d'imagination et de recherches il m'a fallu pour que notre *sweet home* soit joli et digne du mari que ses obligations amenaient à recevoir chez nous – et, qu'en même temps, les enfants ne se sentent pas lésés…

J'ai finalement aimé le temps des petites séparations comme les manœuvres. Elles permettaient une pause. Que de travaux de peinture ai-je réalisés quand M. partait !

En revanche, j'ai détesté le temps de l'Algérie où nos soldats sont morts pour rien alors qu'ils avaient œuvré avec tant de courage. Femme de para, j'avais la peur au ventre en permanence. Pour les enfants, cela a été aussi une période difficile car, au retour, ils avaient du mal à accepter l'autorité de Papa.

Voila tout ce que j'avais à dire. Rien d'original somme toute. En tout cas, comme chantait Edith Piaf, « *Non, rien de rien, non je ne regrette rien…* »

***

Anne P.

C'est avec plaisir que je vous réponds mais je me permets… (et je vous prie d'excuser le direct de mon écrit) de mettre un bémol sur la vie (je vous cite) « *effacée, parfois douloureuse, voire héroïque, toujours pleine d'amour, de courage et d'abnégation* ». Je pense n'avoir jamais été ni effacée, ni héroïque, ni pleine d'amour, de courage et d'abnégation… Quant à la douleur, ma vie n'a pas toujours été des plus faciles…

Elle commence difficilement… Deux mois après notre mariage, mon mari est muté en Allemagne. Je ne peux l'accompagner. Quand je peux enfin le rejoindre un mois 1/2 après, notre logement se réduit à une chambre de bonne et à une salle de bains à partager avec une famille de trois enfants… Ce n'était que le début. Un mois après, son régiment est envoyé en Algérie. Là encore, impossible de le rejoindre. Enceinte de ma première fille, je me réfugie à Brest chez ma mère. Il me faut souligner ici la chance d'avoir une famille car qu'aurais-je fait sinon, seule, enceinte ?

Mon mari vient quand même me voir pour la naissance de mon enfant mais il n'a pu obtenir de permission qu'une fois l'enfant né. Il en profite pour se faire opérer et repart là-bas. Je suis de nouveau seule.

Malgré les interdits et les difficultés de logement, il nous fait enfin venir quand notre fille a 10 mois. J'imagine que tout va aller bien mais tout me terrifie : les gens, le pays, l'ambiance de l'époque. Pourtant, j'ai été en Indochine comme infirmière militaire pendant deux ans et j'ai été affectée dans la zone opérationnelle du Sud-Annam au moment de l'opération Atlante. Mais je n'ai jamais éprouvé un tel sentiment d'insécurité. Il est vrai, qu'en Indochine, je n'étais ni mariée ni mère.

Nous habitions à Mostaganem et mon mari était souvent absent.

Encore une fois, j'étais seule avec mon bébé. Un jour, il me trouva un logement plus près de son affectation, sur le bord de la mer (c'est important pour une bretonne) et il venait plus souvent. Je me suis liée avec des pieds noirs sur lesquels j'ai pu compter. Au moment de la naissance de notre seconde fille, ce sont eux qui ont pris l'aînée en charge.

En conclusion, de 1957 à 61, pendant toute la période d'Algérie, je n'ai reçu aucune aide de l'armée. Nouvelle affectation à Spire en Allemagne. Nous sommes ensemble ; les enfants sont plus grands. Notre vie s'organise normalement : l'expérience aidant. De l'armée, rien, toujours rien. Un accueil ? Toujours pas !

Mon mari quitte la vie militaire de 1962 à 1965. Il la réintègre à Saumur en 1965. Je le rejoins en 1966. Le même scénario se répète : trouver un logement, installer une nouvelle vie dans un nouveau monde inconnu. Aucune aide. Toujours seuls, nous devons nous installer, nous acclimater, vivre. De l'armée, toujours rien.

J'arrête ici ce bref historique. Il n'est guère élogieux en ce qui concerne l'armée mais c'est ce que je ressens encore aujourd'hui. Souvent, on me dit que c'est une grande famille. Pour les hommes peut-être. En ce qui me concerne, je n'y crois pas car, au bout de tant d'années, je ne l'ai jamais rencontrée, cette grande famille.

Je finirai sur une petite note d'humour. Vous dites qu'on vous annonçait quand vous étiez jeune « *qu'un militaire marié perd 50 % de sa valeur* », j'ajouterais « ... grâce à sa femme qui lui a ouvert les yeux... »

***

Claude R.

« Mariée en juillet 1945, j'ai aussitôt suivi mon mari alors officier d'ordonnance à Alger. Il accompagnait son patron dans toutes ses inspections. Sans moi. Ce fut donc une première solitude dans des conditions difficiles de ravitaillement (tout était introuvable) et de froid ; si paradoxal que cela paraisse en Afrique du Nord, 13° en janvier !

En mars, mutation pour l'Allemagne. Malheureusement, avant que je puisse rejoindre, son bataillon fut transféré à Besançon. Deux mois d'hôtel, puis un meublé (deux pièces immenses et inchauffables). Notre premier fils devait naître alors que mon mari était au camp du Valdahon ; il n'en revenait que la nuit du samedi au dimanche pour repartir le soir. (...) 1947, troubles en Algérie. Nouvelle séparation. Brève retrouvailles sur place en septembre mais, dès décembre, retour à Besançon... sans logement. Des amis nous offrent une chambre et la possibilité de faire la cuisine dans leur salle de bains où défilaient sept garçons... Confort discutable qui durera cinq mois.

L'École d'état-major nous assure une année scolaire à Paris. Un deuxième enfant doit naître fin novembre. Ce sera dans un logement sordide... Mon mari est affecté à Rabat. Il n'y a pas de logement militaire disponible et il faut me attendre... chez les beaux-parents.

Les difficultés de logement ont donc pesé fort lourd sur nos premières années

(...) Mon époux part en Indochine en novembre 1951 ; une petite fille est née en avril. Sans logement, je décide de rester au Maroc pour continuer l'arabe. Quatrième enfant en route.

Au printemps 1953, une occasion se présente à Versailles, je décide de partir. Jamais ville ne me sembla aussi froide que Versailles en 1954 mais, après des mois d'opérations, mon mari se trouve à Saigon en relative sécurité.

Il revient et est reçu à l'École de guerre en 1956 : un cinquième enfant vient de naître. Notre logement est exigu. Déménagement volontaire pour la première fois.

Mon mari, nommé colonel, prend en 1963 le commandement du régiment de Mutzig.

Il décide de partir seul. Nous le rejoignons aux moindres vacances mais ce n'est pas la même chose qu'une présence continue sur place pour connaître les gens…

(…)

Ensuite, Paris, puis Metz, puis Coëtquidan, commandant des Écoles.

Mélange de fierté et d'inquiétude pour moi : je serai forcément le point de mire et en espace clos… Je circule à bicyclette ; je m'inscris à toutes les activités, gymnastique notamment car le survêtement facilite l'oubli de la hiérarchie et je souhaite un mélange harmonieux des épouses. Ce fut une réussite car j'ai encore à l'heure actuelle des relations avec des épouses de sous-officiers de l'époque.

(…) J'ai vécu la mort d'un des nouveaux-nés et la découverte du mongolisme d'un autre… J'ai pu amener ce dernier au professeur Lejeune.

La *tricot partie* ne les attire que peu. J'essaye d'en changer l'esprit en mettant dans le coup celles que je connais par la gymnastique. (…)

Malheureusement, notre séjour est marqué par un drame auquel je dois seule faire face. Lors d'un parachutage à Pau, un avion s'est crashé avec une trentaine de victimes, élèves-officiers presque tous mariés. Je dois aller prévenir toutes les épouses habitant sur le camp… Tâche affreuse...

1972 : Strasbourg. Deux années un peu difficiles… Mais bientôt, mon époux prend le commandement des troupes françaises en Allemagne. Or, nous avons l'un et l'autre étudié l'allemand. Cet atout nous permet des contacts souvent profonds avec la population militaire et civile. Par ailleurs, les relations avec les Américains, Canadiens, Anglais et Russes sont fructueuses. (…) Le plus rude pour moi est le thé hebdomadaire où l'on se croit obligé de venir d'un peu partout... Je sors épuisée de ces quelques heures où se trouvent parfois réunies trois cents personnes.

Nous recevons des civils ou militaires allemands. Je prends là conscience que la guerre franco-allemande n'avait rien représenté pour ces derniers à côté de leur campagne de Russie. Mon époux, amputé du bras droit, avait été blessé en 1940. Ils lui parlent candidement de l'Indochine, et ses dénégations les laissent cois. Ils se font bientôt répondre que cette blessure *prouve que les Allemands tirent mal…* et c'est la fin des questions.

En outre, pour rencontrer les résidents français de Baden, je participe aux activités proposées à tous : gymnastique, sorties, visites à l'hôpital, surtout la chorale franco-allemande qui est une occasion inestimable de contact entre les deux pays.

Cette tâche à Baden m'apporte beaucoup de bonheur. D'autant plus que je sais mon époux comblé. Son départ au bout de trois ans est quelque peu difficile. Son parcours devait s'achever comme inspecteur général de l'Armée de Terre. La retraite approche et je l'appréhende. Heureusement, le *Souvenir Français* cherche un président. Cette association « *chargée de conserver la mémoire de ceux qui sont morts pour la France tout au long de son histoire, ou l'ont honorée »,* convient bien à mon soldat qui avait vécu trois guerres et perdu tant de camarades. Elle se charge de veiller à l'entretien des tombes et des monuments tant en France qu'à l'étranger, ce qui implique quelques voyages. Mon rôle y est très modeste. Je suis contente, qu'après avoir tant aimé la vie militaire, « mon » général ne souffre pas dans la vie civile. Il se donne en tout cas à celle-ci jusqu'à l'extrême limite de ses forces… (…)

Pour mener cette vie-là, il faut avoir soi-même une bonne dose de patriotisme et de l'estime pour les grandeurs et servitudes du métier militaire, à accepter dès le début. »

***

Anne G.

De défilés (de mode) en défilés (militaires)... Styliste chez Dior, elle épouse un soldat blessé retour d'Indochine...

« Femmes de soldats... nous devenons une denrée rare mais, comme à La Redoute, nous restons des *valeurs sûres*... Ce n'est pas parce que la société nous ignore et veut faire de nous des *femmes inconnues* (comme il y a le Soldat Inconnu...) qu'il faut nous laisser aussi enterrer sous la Flamme...

J'ai abandonné mon métier mais j'ai fait une *carrière* superbe, personnelle, créatrice, humanitaire (terme à la mode) tout en essayant, à titre personnel, de donner discrètement autour de moi un témoignage chrétien (certains trouveront que c'est ringard, moi je trouve que c'est plutôt *« in »).*

Ma vie a été tout simplement celle d'une femme mariée ! Mais on ne sait peut être plus ce que cela veut dire ! Pour moi, ça a été de construire à deux une vie familiale, puis de chercher à transmettre à nos quatre enfants ce que j'avais eu la chance de recevoir. Au cours de ma vie nomade, j'ai appris à m'adapter à tous les climats, à toutes les situations, à *faire avec*... les personnes nouvelles avec qui je devais vivre... Les différences de caractère, d'éducation, voire de couleur de peau... j'ai dû tout assumer... Et j'ai appris à partager (au moins à essayer...)

Tout cela demandait des efforts... En contrepartie, pour se défouler, on organisait partout des fêtes (de petites fêtes minables par rapport aux *évènements* rapportés dans les magazines à la mode, minables comme nos moyens matériels ...). On devait à chaque fois se surpasser, imaginer. Les civils nous enviaient ces animations. On n'avait pas besoin de superbes salles des fêtes. Je me rappelle les gymnases (où on l'on « *caillait* »), les mess avec leur éternel poulet froid mayonnaise... Dans ces lieux-là, à deux heures du matin, on trouvait tout super, parce qu'on voulait que ce soit super...

De petit café en sorties culturelles, en passant par les visites, dîners et bals, on faisait de bonnes relations publiques pour l'armée car, *par les femmes*, je trouve qu'on peut faire passer beaucoup de choses.

À travers nous, les civils découvraient l'armée. On leur montrait que nous n'étions pas des sauvages enfermés dans leurs ghettos mais des gens accueillants voulant partager leurs valeurs : l'amour du pays et un certain respect de l'autorité à travers la hiérarchie à condition qu'elle donne l'exemple. En revanche, cette volonté de *« mettre les civils dans le coup »* m'a attiré des difficultés avec certaines anciennes, y compris à Paris. « *Ils vont nous manger* ! », me reprochaient-elles. (sans commentaire).

En ce qui me concerne, j'ai voulu en plus « *sortir Dieu du placard* ». Beaucoup de mères qui souhaitent que leurs petits restent dans le droit chemin me rejoignaient.

À Strasbourg où rien n'existait pour les garçons candidats à l'EMIA, j'ai monté des soirées pour jeunes dans cet esprit. Toutes les mères voulaient que leurs filles y soient invitées (y compris les civiles du Conseil de l'Europe et du Parlement Européen). Le bal Second Empire dans les salons du Gouverneur fut notamment un triomphe. On me disait *« Il n'y a que l'Armée pour faire des choses pareilles ! »*

De même, j'ai cherché à faire connaître la France aux militaires étrangers et je me rappelle encore l'enthousiasme à cet égard de l'attaché militaire japonais. C'est comme cela que, dans l'ombre, on se fait des amis.

C'est un des aspects de ce qui a été ma vie splendide de femme de soldat… de défilés en défilés…

***

Annie D.

« Cent fois, j'ai reculé avant d'écrire ce témoignage car vous nous faites rouvrir un bien pénible mémento. Ce sont mes petites-filles qui m'y poussent (j'en ai 9, plus 10 petits-fils.)

Alors, allons-y. Jeune mariée fin 47, je pars avec mon chasseur alpin pour le Tyrol. Il me quitte vite pour l'Indochine. J'attends un bébé et rentre chez mes parents à Dijon avec le bémol de redevenir une petite fille, un peu la sœur aînée de mon fils... La garnison qui ne me connaît pas est nulle à mon égard et les civils vivent, eux, normalement. Ah, ces dîners où l'on hésite à vous inviter parce que votre solitude déséquilibre la table… Ces questions auxquelles on préfère ne pas répondre : « *Il est en Indochine comme volontaire, non ? Vous avez une solde supérieure, n'est-ce-pas ?* » Ces dimanches passés au square voisin avec un landau où le bébé est peut-être déjà orphelin… Le courrier mal reçu, à contretemps : on numérote les enveloppes pour compter celles qui manquent… Le décalage entre deux vies totalement désaccordées, d'autant plus qu'elles n'ont pas eu le temps de s'accorder avant la séparation… Les tiraillements avec une belle-famille qui veut reprendre son poids… Les phrases écrites en un moment de découragement ou de colère et qui arrivent au pire moment, pendant une attaque, là-bas, ou un coup de blues, ici… Les annonces, les unes après les autres, d'amis tués, blessés ou disparus, avec, à chaque fois, l'angoisse : « *A quand mon tour ?* »…

Et quand enfin, il revient après plus de 30 mois, il est si lointain qu'il faut le réadapter à la vie civilisée, le faire aimer de son petit garçon, s'imprégner de nombreux bons souvenirs en vue du prochain départ, parce que vite, très vite, il arrive, le prochain départ, avec encore une future naissance.

On recommence. On s'enfonce un peu plus, avec encore une affectation en Haute Région et les larmes de Dien Bien Phu, et toujours cette monstrueuse indifférence. C'est tellement loin, l'Indochine. Et puis, ça sert à quoi de se faire tuer pour un pays qui n'est pas de notre sol. Et le petit écolier qui commence à sentir qu'il n'est pas comme les autres et à qui il faut expliquer que son papa est un héros – et ce sera pire avec les séjours en Algérie...

Les maris absents laissent leurs femmes combien de fois ministres : éducation, santé, finances… avec toujours la situation de femme seule. L'échange de papiers officiels est ubuesque entre la Savoie et le Tonkin au moment des naissances… Nos guerriers sont détachés de la paperasserie, nous en plein dedans, à batailler contre la lenteur et l'indifférence.

Les années passent avec les enfants qui grandissent et à qui il faut *raconter Papa*. On n'a toujours pas déballé les cadeaux de mariage. Les présences ne compensent pas, en durée, les absences. Je ne suis ni amère ni triste mais les bons moments sont brefs.

On ne peut parler à cœur ouvert qu'en famille. À l'extérieur, on ne nous comprend pas. Que de fois ai-je entendu : « *Ces séjours en Indo, c'est pour masquer un divorce !* »... Et, de fait, c'en est presque un quand la durée de la séparation dépasse celle de la vie commune. On se perd l'un l'autre, on oublie ses gestes, sa voix, son allure, son odeur, ses goûts et ses habitudes...

Après quoi, il faut reconstruire par dessus une faille. Je m'amuse aujourd'hui à dire à mon mari (après 56 ans de mariage) que les militaires sont des « *intermittents du conjungo* ».

Lorsque, au cours d'une remise de la Légion d'honneur, il a le bon goût de rendre hommage à l'épouse du décoré, il a la bonne grâce de reprendre ma formule :

« *A nous le ruban... A elles la croix...* »

Cela dit, chaque épreuve bien assurée, laisse un bénéfice égal au prix qu'elle a coûté.

Si fort que j'ai crié contre cette armée « *mère dénaturée* », j'ai quand même un fils colonel, un petit-fils bientôt capitaine, un autre en Prépa à Saint-Cyr, le suivant va le rejoindre, en attendant au moins un ou deux autres... »

***

Marie-Christine

« Juillet 1959. Fiançailles au pas de charge (coup de foudre en fin de permission) avec un officier méhariste. Avril 1960. Mariage civil avec un Spahi. Trois jours après, mariage religieux avec un Chasseur d'Afrique (le même). Les bons bourgeois ont eu du mal à comprendre et moi, je commençais bien ma carrière en décousant et recousant galons et boutons.

Je m'étais jurée de tout faire pour le suivre : ne pas l'entraver mais essayer d'avoir une vie de famille.

J'ai suivi, j'ai eu la chance de pouvoir suivre. Trente ans. Du bled oranais à Paris en passant par Orange, la Bretagne, l'Alsace, la Champagne, la Provence, le Périgord. Du commando de chasse à la compagnie de Saint-Cyriens, d'un escadron de hussards à l'École de Guerre, d'un centre d'Instruction aux bureaux parisiens, d'un régiment de Chasseurs à l'École Militaire, puis au Musée de l'Armée. Une certaine variété…

Quand je l'ai rencontré, je travaillais à une thèse sur « *Le logement des gens de guerre au XVIIe siècle* ». La thèse s'est noyée dans les travaux pratiques. Le logement de ***mon*** homme de guerre et de sa famille a suffit à m'occuper. Une vingtaine de demeures, de la *sale baraque* au palais périgourdin, un mobilier de camping, meubles pliants et cantines, à peine 50 m^3 à nous six, en fin de course, trois adresses parfois, puis aucune… Et maintenant, une maison *de vacances* où nous avons enfin déballé nos trésors, livres et cadeaux de mariage…

Le temps est venu aussi d'ouvrir la malle aux souvenirs. Elle est bien pleine de visages fraternels et d'histoires diverses, cocasses, émouvantes, singulières, exaltantes. Dès le début, en Algérie, ma vie de jeune mariée dans un secteur *en voie de pacification*, donc encore théâtre d'opérations, seule femme permanente dans une popote animée (et aux petits soins !) avec un mari toujours « *d'alerte* » et souvent sorti sans préavis, cette vie m'a souvent fourni de quoi alimenter une chronique.

Bien sûr, au rythme qui fût le nôtre,

– *On n'amasse pas mousse…*
– On dépense beaucoup de temps, moins à faire des cantines, car cela devient une routine, qu'à courir les agences, les établissements scolaires, les administrations…
– On demande beaucoup aux enfants. Qui ont bien encaissé, Grâces leur soient rendues ! Mais évidemment, changer de méthode de maths presque tous les ans n'ouvre pas la porte de Polytechnique…
– On demande aussi beaucoup à ses parents vieillissants, quelque mal que l'on se donne.

C'était le prix à payer pour vivre ensemble. »

***

FACE À LA MORT DU MARI

Annick

« J'étais fille de militaire. En 1954, j'avais 20 ans, j'ai fait la connaissance de J. C. à Saint-Maixent. Nous nous sommes mariés en 1956. Il était alors chef de SAS dans le bled dans la région d'Orléansville, en charge d'une population très pauvre, répartie en douars isolés dans la montagne. Je travaillais avec lui comme comptable de la SAS et c'est là que j'ai mis au monde mon premier enfant en 1957.

En février 1959, j'attendais un deuxième enfant et je me trouvais dans la baraque en bois à cloisons minces qui nous servait de bureau. Mon mari parlait avec un chef de douar dans la pièce voisine.

Des travailleurs faisaient la queue à l'extérieur pour recevoir leur paie que je préparais. Ils étaient sous la surveillance d'un moghazni mais un rebelle s'est infiltré parmi eux et réussit à jeter une grenade quadrillée par la fenêtre ouverte dans le bureau de mon mari.

Il s'est effondré en sang et j'ai été également blessée. Le sous-officier adjoint à réussi à nous charger dans la jeep de la SAS et à nous amener à l'hôpital d'Orléansville où mon mari, mortellement atteint, a succombé.

On m'a opérée pour m'enlever un éclat qui, entré sous le bras, avait traversé la plèvre pour se loger dans l'estomac.

Guérie, je suis retournée à la SAS pour régler ma situation et chercher mes affaires, puis, enceinte de trois mois, je suis revenue me reposer chez ma mère à Saint-Maixent. Le général commandant l'EAI m'a remis la croix de la Valeur Militaire. Mon bébé est né sans séquelles de cette aventure. Après mon congé de maternité, j'ai confié mes deux enfants à ma mère et j'ai décidé de retourner à la SAS, à la fois pour sauvegarder mes droits de fonctionnaire des Affaires Algériennes et pour exorciser ce passé douloureux. J'y suis restée jusqu'en 1962, date de dissolution des SAS.

J'ai alors obtenu un emploi réservé à la Préfecture de Paris, puis, j'ai contracté un engagement comme personnel féminin de l'armée de terre (PFAT). Nommée sergent après un stage à l'école des PFAT de Dieppe, j'ai été affectée à l'École des Sous-Officiers d'active de Saint-Maixent, comme secrétaire du général. Veuve de guerre, mère de deux enfants en bas-âge et très aidée par ma mère, ma situation s'est alors stabilisée.

En 1963, j'ai fait la connaissance d'un capitaine célibataire de l'école. Nous nous sommes mariés et j'ai résilié mon contrat de PFAT. Nous avons eu deux autres enfants et connu une nouvelle vie itinérante dans 5 garnisons avant que mon mari prenne sa retraite comme colonel dans le Midi. J'ai été déléguée de l'ANFEM dans diverses villes et je continue à m'occuper des anciens des SAS et des Moghaznis de notre région. »

***

P.

« Ma vie de femme de soldat m'a laissé surtout le souvenir d'une grande famille où l'on était accueillie à bras ouverts dans chaque nouvelle garnison. J'y ai noué de solides amitiés qui demeurent encore. Mais il y a eu des périodes difficiles.

En décembre 1951, lors de notre mariage, son départ en Indo était prévu dans les trois mois. Sa désignation pour le stage d'observateur-pilote d'avion a retardé de 15 mois son départ, le temps de connaître notre premier enfant. À son départ, le bébé avait 4 mois et j'en attendais un second. Je décidais de vivre au jour le jour et de ne pas penser à ce qui pourrait advenir.

Je repris mon travail d'enseignante non loin de mes parents que je revoyais chaque semaine. Ces conditions ont sans doute contribué à m'aider au quotidien mais j'étais séparée du milieu militaire si fraternel. Le milieu civil était indifférent à mon sort...

En partant, il m'avait prévenu que le courrier serait irrégulier. Aussi, en octobre 1953, quand l'absence de lettres s'est prolongée, je ne me suis pas inquiétée tout de suite. Les jours passant, j'essayais de me rassurer en me disant que j'aurais été prévenue s'il lui était arrivé quelque *accident*... Ce fut le cas au bout de 15 jours quand je reçus une lettre m'annonçant qu'il était blessé, qu'il était *entier* et qu'il serait rapatrié sanitaire dans quelque temps. Aucune précision sur la nature de ses blessures...

La période qui suivit fût difficile à vivre. Je le savais à l'hôpital de Saïgon mais ne recevais aucune lettre directe de lui... J'étais en congé de maternité et j'allais chaque matin au devant du facteur. À son visage, je devinais qu'il n'y avait toujours rien. Pourquoi n'écrivait-il pas ou ne faisait-il pas écrire ? J'ai même imaginé qu'il avait perdu la mémoire !

Un mois après, j'ai enfin reçu une lettre de lui, écrite maladroitement, me disant qu'il était resté 15 jours dans le coma dû à un traumatisme crânien. Son avion avait été abattu lors d'une mission. Ce fût le soulagement et même le bonheur puisque nous avions la perspective de nous retrouver. Il quitta Saïgon sur un navire hôpital le jour où je mis au monde notre fils. Il n'apprit la naissance que trois semaines plus tard lors d'une escale à Djibouti. Les PTT n'avaient pu acheminer mon télégramme et ce fût à son tour de se faire du souci pendant trois semaines... A la maternité, je reçus sa photo : il était défiguré par sa blessure mais il était vivant et je remerciai Dieu...

(Par la suite, j'appris qu'au cours d'une mission d'observation à basse altitude, son pilote avait été tué et que son avion s'était écrasé entre les Viets et les Français. Un patrouille amie a voulu récupérer le poste radio et s'est aperçue que l'observateur vivait toujours. Elle l'a sorti de la carlingue mais les Viets ont contre attaqué et la patrouille a dû se replier en l'abandonnant. Il a fallu monter une opération spéciale pour le récupérer, dans le coma mais toujours vivant...)

***

Parmi les souvenirs forts de ma vie de femme de soldat, je veux parler aussi de la fin de vie de M. dans une garnison d'Allemagne. Loin de ma famille, j'ai trouvé l'appui de tous nos amis dont B. et D. Boone qui n'ont pas hésité à retarder leur déménagement pour nous accompagner et nous soutenir jusqu'au décès de M. et bien au delà.

Je suis alors rentrée en France mais mon plus grand réconfort, je l'ai trouvé au sein de la grande famille militaire. »

***

Georgette

« Natifs du Nord de la France, nous avons connu, tous les deux, entre 1940 et 1945, l'évacuation, l'occupation allemande, les bombardements journaliers, le froid, la faim, la peur, l'horreur de la guerre... C'est la raison pour laquelle mon mari a voulu mettre, non pas sa vie, mais son courage au service de peuples qui ne voulaient pas vivre dans l'oppression. À 14 ans, il avait déjà voulu servir son pays. Le jour de son anniversaire, il fût dénoncé, arrêté par la Gestapo et condamné à mort. La veille de son exécution, les troupes canadiennes libérèrent les prisonniers et il eut la vie sauve. Habitant dans un vivier communiste qui ne cherchait que les règlements de compte, le courage de cet enfant de 14 ans fut occulté.

Il est vrai que ses idées politiques étaient opposées à ce parti. Puis vinrent la préparation militaire et les sauts en parachute. Nous sommes devenus amis... Il s'engagea en 1947 et vint à l'École de Saint-Maixent, et fit partie de la première promotion de sous-officiers dont 28 seulement sont restés vivants....

Il partit en Indochine... Chef de poste en brousse. Seul européen, il apprit la langue. Il vécut une période très dure. À l'âge de 20 ans, il sauta sur une mine et fut sauvé par ses partisans qui ne voulaient pas le laisser aux mains des ennemis. Après six mois d'hôpital, sa jambe sauvegardée grâce à un chirurgien qui fit tout pour éviter l'amputation, il reprit le combat...

Au bout de trois ans, il revint en France. Comme accueil à Marseille, il eût sa cantine éventrée à coups de hache... Non seulement l'indifférence mais la haine... il avait eu la chance de revenir vivant... Il voulait repartir en Indochine, je l'en dissuadai. Un an après, nous nous sommes mariés... C'était en 1954. Trois jours de permission... Nous sommes partis à Lunéville... Là commença la galère... Pas de logement... N'ayant pas d'enfant, il y avait un an d'inscription... Pas de mess, les femmes de sous-officiers n'avaient pas le droit d'y manger... Pas de travail dans une ville où j'étais inconnue. Nous logions dans un petit hôtel où tout nous était interdit... Un sergent-chef n'était pas fort payé et il n'y avait pas de chômage pour les épouses qui quittaient leur emploi pour suivre leur mari. Nous n'avions pas de soutien familial mais nous étions heureux d'être ensemble et nous nous aimions...

Au bout de 6 mois, les manœuvres furent interrompues pour partir en Algérie, soi-disant pour trois mois, cela dura plus de trois ans...

Je repartis chez ma grand-mère dans le Nord. Je travaillais provisoirement dans ce milieu judiciaire que j'avais quitté six mois auparavant. Cela m'a beaucoup aidé. Mon mari faisait partie des commandos de chasse. Pas de téléphone, ni d'internet. Sitôt rentré, il m'envoyait un télégramme. Pour moi, c'était une bouffée d'oxygène et d'amour. J'avais un mari extraordinaire. Je lui écrivais beaucoup, nous avions rempli plusieurs sacs que nous avons fini par brûler... Mes colis était meilleurs que les boîtes à ration...

Je vivais dans la hantise de voir arriver un gendarme annonçant une mauvaise nouvelle.... Je sortais avec un revolver car le FLN résidant en France avait des listes de familles de militaires combattant en Algérie. Dans le Nord, il y avait beaucoup de règlements de compte entre FLN et MNA... Tous les six mois, mon mari avait une permission d'un mois… Il avait beaucoup de mal à se replonger dans cette vie et à récupérer en si peu de temps. Notre bonheur ne pouvait être parfait, d'autant plus que nous n'avions toujours pas d'enfant, pourtant désiré...

Au bout de trois ans, retour en France… Enfin, nous allions pouvoir vivre ensemble... Affectés à Soissons, nous avons dû nous réinscrire pendant un an pour un logement.... Pour la première fois, nous approchions du but, mais voilà le régiment dissous et mon mari affecté à Laon... Nous gardons le logement en attendant une nouvelle inscription dans la nouvelle garnison. Il faisait la navette, partant tôt le matin et rentrant à sept heures du soir. J'allais le chercher à la gare... Nous empruntions une grande avenue qui longeait un jardin public, de la gare jusqu'à un grand carrefour. Il se méfiait et il regardait toujours dans les vitrines. Il eut la vie sauve grâce à une permission, inhabituelle en octobre, qu'il avait prise pour dépanner ma grand-mère. À notre retour, les gendarmes qui avaient arrêté des suspects d'un réseau FLN, nous ont dévoilé que le nom de mon mari était le premier sur leur liste. L'attentat devait avoir lieu pendant la semaine de notre absence.... Nous vivions encore dans l'angoisse... Le jour où un logement nous fût attribué à Laon, il repartait en Algérie...

Je repartis donc chez ma grand-mère, je passais un concours judiciaire. Il y avait là une grande solidarité. Pendant ses permissions, j'assurais juste les audiences et le plus urgent du travail à la maison, ce qui me permettait d'être avec mon mari. Après son départ, l'inquiétude du danger qu'il courrait réapparaissait. Après l'indépendance de l'Algérie, il revint et fût affecté au 43e R.I. de Lille…

Nouvelle inscription pour un logement... Il fit la navette Douai-Lille et je gardais mon emploi... Au bout de dix ans de mariage, nous eûmes enfin deux filles... Il était chargé de représenter l'Armée lors des funérailles de soldats tués au combat. Il devait affronter la douleur mais aussi l'incompréhension et aussi le mépris. Cela se passait souvent dans des petits villages dont le Maire était anti-militariste..... Même en France, il ne pouvait être libéré de cette guerre mais il devait assumer....

Puis un départ en Allemagne s'annonçant, je dus démissionner de ce travail que j'aimais tant. Je ne l'ai pas regretté, mon mari ne méritait pas que j'entrave la carrière pour laquelle il était fait.

Nous avons eu une vie de famille réussie. J'ai pu constater que l'Armée était une grande famille. Nous avons été très heureux pendant six ans.

Puis vint une mutation pour l'Ambassade de France à Londres qui ne logeait pas son personnel... Comme par hasard, nous avons trouvé un logement civil mais nous y avons découvert des micros. Le stress recommençait. Notre voiture était suivie... L'IRA mettait ses bombes partout. Un après-midi, devant l'Ambassade, une bombe fût déposée devant notre voiture. Heureusement, l'IRA prévenait toujours une heure avant et elle fût désamorcée à temps... Les filles fréquentaient le Lycée Français mais nous étions toujours sur le qui-vive …

Au bout de quatre ans, mon mari fut affecté à son point de départ, Saint-Maixent. Nous y avons été très heureux. Mon mari avait aussi de grandes responsabilités. L'ambiance était très chaleureuse. Il se consacrait au maximum aux sous-officiers dont il avait la responsabilité. L'École était une grande famille, chaque chef donnait le maximum. J'essayais de le seconder auprès des femmes de sous-officiers qui ne supportaient pas toujours la solitude. Nous étions tous très soudés.

Puis ce fût une mutation à Paris auprès du C.E.M.A. T, avec des responsabilités qui plaisaient à mon mari. Mission interrompue, il permuta dans un autre service.

Six mois avant la retraite, mon mari fit son premier infarctus sur le Champ-de-Mars. Il y en eut d'autres, puis trois pontages cardiaques dont il s'était bien remis. Puis, ce furent quatre cancers importants pendant les six dernières années de sa vie. Il fit preuve de beaucoup de courage et d'endurance.

Je l'aidais du mieux que j'ai pu. Il fallait vivre dans la dignité mais nous étions souvent dans les hôpitaux. Entre deux cancers, même diminué, il essayait de s'intéresser aux autres comme il l'avait toujours fait. Ses deux petits-enfants l'aidaient beaucoup moralement.

Je suis à présent seule... Je ne regrette pas la vie que j'ai menée. (...) Comme dans la chanson, je dirai, *Non rien de rien, non je ne regrette rien...* Nous avions le même idéal. et surtout beaucoup d'amour pour accepter une telle vie. Je crois que voir la souffrance et la mort de près vous rapproche des autres, vous aide à apprécier les bons moments de la vie, une vie qui n'est pas souvent un long fleuve tranquille... ! »

***

Anne B.

« Mariée à 20 ans, j'ai eu quelques étonnements et j'ai beaucoup appris. Mon mari a eu une carrière atypique car, désigné pour l'Indochine quelques mois après notre mariage, il a été déclaré inapte : il avait un problème de santé récurrent et rédhibitoire en climat chaud et humide.

Ce fut pour lui une humiliation, un regret et un remords difficiles à digérer. Ai-je très bien compris sur le moment ? C'est ainsi qu'il s'est retrouvé écuyer au Cadre Noir où on n'acceptait que des *vieux* ou des éclopés.

En 1956, l'Algérie. Je suis restée à Saumur avec les trois enfants que nous avions alors, et... 125 autres femmes seules... On se serrait les coudes, on se donnait des nouvelles quand les maris étaient dans les mêmes coins, on s'entraidait, on préparait ensemble les colis – car, bien sûr, à Noël, le capitaine restait avec ses hommes. Et « *les permissions ne sont pas un droit* » m'avait répondu un jour un officier supérieur (célibataire) à qui je demandais quand viendrait son tour.

Il en a eu quelques-unes tout de même. Mais quand notre quatrième enfant est né, j'ai espéré la venue de son père qui n'a même pas pu assister à son baptême car « il était sur le point de rentrer ». Et le jour où on m'a annoncé : « *votre mari rentre la semaine prochaine* », j'ai répondu sèchement : « *j'attendrai qu'il soit là pour le croire* ».

Et puis, deux ans relativement paisibles, un cinquième enfant, et de nouveau l'Algérie. Cette fois, j'ai pu y aller trois fois pendant quelques jours, ce qui a adouci la séparation.

Au retour, en 1963, il est rentré malade, (toujours la même histoire) : Val-de-Grâce, opération, mutation à Paris et recherche d'un logement. Après bien des déboires, j'ai fini par visiter à Viry-Châtillon, dans un énorme ensemble HLM, un 80 m^2 où vivaient avant nous 9 personnes. Nous n'étions que 7... Nous avons découvert là la vie en cité, l'entassement dans l'appartement, la promiscuité, le bruit (Orly tout près), les difficultés avec les voisins, mais aussi l'entraide et toujours l'amitié.

Mon mari préparait l'École de Guerre. Il partait le matin à 6 h, rentrait à 22 h pour travailler tranquille à son bureau. Un jour, une de nos filles m'a dit « A*u moins, quand il était en Algérie, on avait ses lettres* »...

C'est là que nous avons perdu notre fille aînée d'une leucémie à 18 ans. Elle a été malade un an, tantôt à la maison, tantôt à l'hôpital. Alors, les voisins ont été extraordinaires. Quand je passais la journée à l'hôpital, j'avais toujours une voiture pour me conduire à la gare et des amis pour s'occuper des autres enfants.

Il a fallu ensuite faire vivre la famille amputée, retrouver un équilibre pour chacun mais nous étions deux pour faire face.

Quelques années après se situent les deux ans de commandement d'un régiment en Alsace. Etre femme de chef de corps dans une très petite ville suppose un véritable engagement. À l'époque, peu de femmes travaillaient, elles étaient donc toutes sur place, il n'y avait pas d'assistante sociale au régiment. Les très jeunes femmes – de sous-officiers en particulier mais pas seulement elles – se sentaient très loin de leur famille et étaient quelquefois incroyablement ignorantes et démunies devant un bébé malade ou un budget trop étroit. On recevait de surprenantes confidences et il fallait accueillir, écouter, aider, conseiller – en toute discrétion naturellement, même vis-à vis de son colonel de mari. Mais en échange, on recevait tellement !

Et puis, de nouveau Saumur – et l'accident, la mort de mon époux.

Et là, comment faire face ? Il ne restait plus à la maison que notre dernier fils de 14 ans. Le tête-à-tête mère-fils est difficile. Comment éviter de faire peser sur cet adolescent marqué par la mort de son père le poids de mon écrasante solitude ? Comment lui dire que j'ouvrais tous les jours la boite aux lettres comme au temps de l'Algérie. J'ai repris des études abandonnées depuis plus de 25 ans, j'ai obtenu le poste de bibliothécaire à l'EAABC, travail passionnant qui m'a sauvée, avec l'aide inaltérable des amis, des enfants, de la famille. La vie finit par se réorganiser. Il y a eu un avant et un après !

Et quand, grâce à l'effort de réflexion que m'a demandé la rédaction de ce papier, je fais ce retour sur ma vie, je me sens complètement plurielle, ma vie coupée en tranches qui semblent avoir à peine de rapports les unes avec les autres.

Pourtant tout est dominé par la foi que nous partagions, mon mari et moi – lui plus solide que moi – mais, devant l'épreuve, c'est ce qui m'a aidée à tenir debout, à maintenir une façade pour les autres – Dieu seul voyait la maison écroulée derrière et m'a aidée à la reconstruire petit à petit – différente forcément.

Je Le remercie tous les jours de nous avoir donné ce que j'appelle « *le don d'amitié* », l'amour de la vie, la passion des livres et le besoin de rire. »

***

L'ARMÉE PEUT AUSSI AMENER LES FEMMES À FAIRE D'AUTRES D'EXPÉRIENCES.

Francine

Femme de marsouin devenu député-maire

« Mon expérience de la vie de militaire, c'est dans ma famille que je l'ai d'abord rencontrée. Mon père, officier de réserve, a été rappelé lors de la guerre de 39-45 et il a fait la campagne de France et d'Allemagne avec la division Leclerc. Il s'est embarqué pour l'Indochine en décembre 1945 où nous avons été le rejoindre en juillet 1946.

Au gré des différentes affectations paternelles, nous avons vécu à Saigon, Dalat, Ban-Me-Thuot, Tourane, Hué, les déplacements se faisaient soit en convoi, soit en avion Junker 52, assis sur les cages des cochons et poulets, ou les tas de pneus... et même en train, la

« *rafale* », en fourgon blindé en raison du passage du Col des Nuages plutôt mal famé..

La santé de Maman se dégradant nous a obligés a quitter ce territoire en décembre 1947. Nous avons débarqué à Marseille sous la neige et aucun vêtement chaud, introuvable à Saigon. Papa nous a rejoint en juillet 1948 pour un congé, puis est reparti en Extrême-Orient pour un second séjour de 30 mois. À son retour, il a été muté en Algérie en 1955 et la famille a refait les cantines.

De nouveau, les attentats, les coups de feu, les cadavres, la guerre révolutionnaire...

L'Algérie était un pays très attachant. Aimant beaucoup l'ambiance de l'armée, je me suis engagée dans le corps des E.M.S.I. (Equipes Médicales Sociales Itinérantes). Affectée à Bordj Ménaiel en septembre 1959, j'ai travaillé dans les villages kabyles pendant huit mois. Une maladie a interrompu mes activités que j'ai pu reprendre trois mois plus tard mais en plaine. Fini les pitons en half-track ! L'essentiel de mon travail se faisait au regroupement SAS de Camp du Maréchal. Je dépendais d'un bataillon de Chasseurs Alpins basé à Tizi-Ouzou. Les évènements politiques ne nous permettant plus de poursuivre l'œuvre commencée, j'ai quitté l'Algérie, en décembre 1960 pour la Haute-Volta afin de m'occuper des veuves des anciens combattants africains. C'est là que j'ai rencontré mon mari, lui même un ancien des SAS d'Algérie.

Je l'ai épousé, la trentaine passée, en 1969, Nous sommes rentrés en France en juillet 1970. Il a quitté l'armée en 1972 afin d'effectuer un stage au Crédit Lyonnais qui recherchait des cadres susceptibles de partir en Afrique, ce que nous désirions ardemment.

Cette mutation ne s'est pas réalisée. Par ailleurs nous devions libérer le logement militaire. Nous nous sommes installés à Montfermeil en 1973. P. a décidé de lancer dans la politique.

Première bataille des municipales en 1977, battu de peu, (les enfants étaient alors âgées de quatre et un ans). Nouvelle tentative en 1983 où il a été élu. Il a donné 20 ans à la Mairie dont quelques années comme député-maire.

Redresser 50 ans de communisme n'est pas une sinécure. Véritable cité dortoir, dont le vieux bourg était condamné à la démolition pour y construire des H.L.M, notre ville avait perdu son âme. Après avoir assaini les finances au cours du premier mandat, la municipalité s'est investie pour restaurer tout ce que l'histoire avait laissé et réaliser un « Son et Lumière » qui réunit bénévolement toute une population de tous âges tant parmi les acteurs, les couturières ou les accessoiristes, dans une ambiance des plus conviviales.

Ma fille alors âgée de huit ans a dit à son père :« *Quand tu as choisi cela, tu ne nous as pas fait de cadeau !...* » Horaires élastiques, week-ends rares, repas des associations, vacances réduites, réunions tardives… et quelques agressions pour moi quand je conduisais les enfants en classe : cailloux sur la voiture, serrures bouchées, crachats. Les tracts distribués dans les établissements scolaires dénotaient de l'agressivité. Il m'appartenait donc d'assumer seule l'éducation des enfants, leurs activités sportives, religieuses et culturelles. Il était hors de question de les laisser se déplacer seules. Filles d'un maire « *bourgeois et raciste* », elles n'étaient pas en sécurité : la fille d'un chirurgien dentiste qui se rendait à sa leçon de danse a disparu...

Voilà un tableau de mon expérience de l'armée et d'épouse d'un homme politique. De toutes ces activités, ce sont les E.M.SI qui m'ont le plus marquées.

Est-ce le goût du risque, l'aventure doublée d'inconscience ou le dénuement et la misère de ces femmes kabyles d'une grande dignité, tellement attachantes, restées seules dans les villages avec leurs enfants et quelques vieillards, les hommes étant soit en France, soit harkis ou au F.L.N. C'est mon cauchemar d'avoir dû les abandonner.

Je déplore fortement que l'on ne parle jamais du travail des militaires qui se dévouaient sans compter dans le cadre de la pacification, de ces jeunes faisant la classe dans le bled, demandant la prolongation de leur service pour ne pas abandonner leurs petits élèves en cours d'année scolaire. C'est pourquoi j'ai aimé le livre « *L'Armée Française et la jeunesse musulmane* », d'Henry d'Humières, que vous avez adressé à mon mari cet été. »

***

Chantal D.

38 ans aux côtés d'un serviteur de l'État

« J'ai rencontré J. la veille de son départ pour son deuxième séjour au Sahara et la jeune marseillaise de 16 ans que j'étais s'est mise à rêver. Nous avons dû attendre pour nous marier la fin de la guerre d'Algérie et un stage de J. chez les *bérets verts* aux USA. J'allais avoir 20 ans.

Je n'avais jamais déménagé jusque là. Ma vie de pérégrination commença à Perpignan où J. était affecté chez les « Choc ». C'est là que naquit notre fille aînée. Très vite, nous nous installions à Collioure où se créait le Centre d'Entraînement-Commando. Notre fils arrive l'année suivante mais J. est déjà muté à Montpellier où il dirige l'équipe de pentathlon et prend des cours de droit. Notre deuxième fille naît avec une importante malformation et mourra quatre mois plus tard. Le cours des capitaines et l'École d'état-major nous amènent vers d'autres horizons. Puis il va commander une compagnie en Allemagne. C'est là que notre deuxième fils naîtra. Puis J. est muté à l'ETAP à Pau et nous accueillons notre troisième fille. Une dernière affectation militaire à Paris, juste le temps de mettre au monde notre troisième fils et dernier enfant.

En 10 ans, six affectations et six enfants.

Et c'est le passage dans la Préfectorale. (...) Carcassonne, Saint-Jean de Maurienne, Tahiti, Paris, Versailles, Paris, puis les préfectures de Guyane, de Saône-et-Loire, de la Réunion, des Yvelines, avant la DGSE *(Direction générale de la Sécurité Extérieure*) et l'Ambassade de France en Éthiopie. (...)

Nos enfants obligés de s'adapter à de nouvelles vies sur tous les continents sont naturellement ouverts au monde et aux autres. Ceux qui ont été élevés pendant notre période militaire sont plus autonomes que ceux qui n'ont connu que les ors des Palais de la République. (...)

***

Monique N.

« Nous nous sommes fiancés quand il commandait une batterie en Algérie où il a été blessé. J'ai donc connu les inquiétudes de toutes les femmes de combattants en Algérie. J'étais alors fonctionnaire au ministère des Affaires étrangères.

Après notre mariage, il a été nommé à Paris. Ayant eu l'occasion de fréquenter ses camarades, j'ai été frappée de leur ouverture d'esprit alors que dans le monde étudiant que je venais de quitter régnait un esprit plutôt anti militariste.

Ma première expérience de la vie militaire a eu lieu aux Etats-Unis où mon mari suivait les cours de Leavenworth, au Kansas, puis à l'Armed Forces Staff College, à Norfolk en Virginie. Expérience passionnante malgré les conditions matérielles défavorables. La France ayant quitté l'OTAN, les officiers français ne recevaient aucune subvention des Américains et leur famille n'était pas comprise dans les maigres crédits que leur octroyait l'armée française.

Outre la découverte du monde militaire américain, cela fut pour moi l'occasion de rencontrer de nombreux officiers étrangers, en particulier les francophones : marocains, tunisiens et surtout tous ceux de l'ex Indochine française très désireux de nouer des liens avec nous – ce que ne comprenaient pas les Américains alors en pleine guerre du Vietnam pour certains desquels nous n'étions que d'affreux colonialistes.

Le général laotien venait souvent partager nos repas et mon mari l'aidait pour ses devoirs militaires. Il a fini ses jours dans un camp de rééducation. À l'opposé, le soudanais est devenu président de son pays.

Pour éviter que les femmes ne distraient leurs maris, les Américains avaient prévu toutes sortes d'activités pour épouses : sorties, coffee-parties, cocktails, spectacles, conférences et cours divers, démonstrations de cuisine locale particulièrement attendues, activités sportives... Il était impensable de s'y soustraire. Dans l'armée américaine, les officiers et leur famille forment une communauté assez soudée. En général, les femmes mènent la vie sociale, gèrent les budgets et dirigent les études des enfants.

De plus, nous étions les représentants de notre pays à notre modeste niveau. J'avais, à l'époque, deux jeunes enfants mais le système de baby-sitter fonctionnait bien ; l'aîné allait à l'école maternelle où il a appris la prière au drapeau américain. Le *sponso*r qui nous avait été affecté était un colonel particulièrement cultivé et, comme sa femme, francophile ; nous sommes restés très liés avec eux, ce qui est exceptionnel car, si l'accueil des Américains est extraordinaire de gentillesse, il débouche rarement sur des relations plus profondes.

Puis mon mari a été envoyé à Fort Carson où il a exercé les fonctions d'adjoint à un commandant de groupe d'artillerie. Sa division s'entraînait pour la guerre du Viet-Nam, qui était l'objet de beaucoup de discussions (pas toujours très franches).

À la fin de l'été, nous avons rejoint Norfolk. Cette fois, nous étions logés dans la base et avons partagé de plus près la vie des Américains. Les rapports avec nos voisins immédiats ont été très cordiaux et nous ont permis de voir de près la vie des familles, la façon dont elles élèvent leur enfants et leurs préoccupations journalières. Leur vie matérielle était à l'époque beaucoup plus facile que les nôtres : facilités de toutes sortes dans la base, magasins PX, clubs, salles de réunion, écoles, activités sportives, vie sociale importante qui, à mon avis, les maintenait à part de la population civile mais leur apportait beaucoup de solidarité entre elles et une communauté d'idéal, de patriotisme notamment.

Au retour des Etats-Unis, mon mari a été nommé à Polytechnique et j'ai repris mon travail. J'avais bénéficié d'un congé pour le suivre. Mes obligations étaient peu nombreuses : nous n'habitions pas l'École et le général savait que je travaillais. Par contre, mon mari ne manqua pas de préoccupations lorsque se sont déclenchés les évènements de mai 1968.

Il a quitté l'armée en 1970, non sans état d'âme. Il a été reçu au CPA et s'est inscrit aux O.R.S.E.M (Officiers de Réserve du Service d'État Major). En plus de ses nouvelles responsabilités (D.G.A. d'une société de transport), il allait à des cours du soir, des sorties en fin de semaine. Le rythme s'est intensifié lorsqu'il a été élu président des ORSEM pendant huit ans. Il a alors été retenu plusieurs soirs par semaine, la plupart des samedis, parfois le dimanche. Il allait souvent en province, il devait étudier des dossiers et répondre à une volumineuse correspondance (je ne pouvais presque plus utiliser notre téléphone). Par son intermédiaire, j'ai rencontré des gens très différents du monde militaire mais de grande valeur, en provenance d'horizons très divers ayant en commun un idéal et un désir de servir leur pays.

J'ai participé aux difficultés de mon mari. En particulier les femmes d'officiers de réserve freinaient, voire empêchaient le *système* qui les privait de leur mari le soir et les samedis. Tous les deux, nous avons tout fait pour *les mettre dans le coup* ; nous les avons invitées à des réunions, à des causeries à l'École militaire; moi-même j'en ai fait.

Malgré les absences fréquentes de mon mari, cela a été une période très enrichissante et pleine d'intérêt.

En résumé, j'ai connu de très bons côtés de la vie militaire. Du fait de mon travail et de nos quatre enfants à élever, j'ai peut-être mieux supporté les absences de mon mari. J'ai rencontré un grand nombre des gens ouverts et intéressants. Je n'ai jamais regretté les engagements qu'avait pris mon mari ; j'y ai souvent participé. Je suis heureuse d'avoir partagé son idéal. »

***

DEUXIÈME PARTIE

FEMMES DE SOLDATS D'AUJOURD'HUI

AU TEMPS DES OPEX

Le contexte militaire français 2004

(Opérations extérieures)

Pour les lecteurs qui n'en seraient pas familiers, je me permets de le rappeler brièvement.

Le format de l'armée de terre a été réduit. Il est nécessaire de faire des économies drastiques sur son maigre budget. Il faut par ailleurs satisfaire le désir d'aventure de nos jeunes engagés et les entraîner sur des terrains nouveaux et difficiles. Tout cela a conduit le commandement à remplacer la plus grande partie de nos effectifs permanents stationnés Outre Mer par des unités prélevées temporairement sur les corps de troupe de métropole. C'est ce qu'on appelle le système des « **compagnies tournantes** ». *Dorénavant, nul militaire de l'armée de terre n'échappe à cette noria. Les relèves ont lieu en principe tous les quatre mois.*

À ces déplacements réguliers s'ajoutent ceux que provoquent, occasionnellement mais fréquemment, les décisions gouvernementales : participation aux opérations de maintien de la paix patronnées par l'ONU ou l'OTAN, en ex Yougoslavie ou au Liban par exemple, ou interventions d'inspiration nationale, déjà anciennes comme au Tchad ou récentes comme en Côte-d'Ivoire. Dans ces différents cas de figure, nos unités sont relevées périodiquement. Les compagnies partent en principe aux ordres chacune de son capitaine mais, sur le terrain, elles sont utilisées dans un dispositif interarmes (voire interarmées) et placées sous les ordres de chefs (français ou étrangers) qu'elles ne connaissent pas toujours. La faculté ***d'adaptation aux circonstances*** *est ainsi devenue une des marques de notre armée de terre au même titre que sa discipline et sa capacité opérationnelle. Beaucoup d'armées étrangères lui envient cet ensemble de qualités.*

La contrepartie de ces aptitudes est évidemment le besoin d'une organisation poussée (notamment sur le plan logistique) et celui ***d'hommes*** *à la hauteur de ces difficiles missions..*

À cet égard, je tiens à dire ma gratitude amicale à mes jeunes camarades. Le pays leur demande, aujourd'hui encore, beaucoup de sacrifices.

Dans leur diversité, les témoignages qui suivent montrent que leurs épouses méritent au moins autant notre admiration.

***

TÉMOIGNAGES

A.

« Une mission tous les ans. 1997 : Tchad ; 1998 Bosnie ; 1999 Congo Brazza ; 2000 : Djibouti ; 2001 : Kosovo ; 2002 : Kosovo ; 2003 : Côte-d'Ivoire …

La première mission a eu lieu dès la sortie de l'École d'Appli, direction le Tchad pour quatre mois. La grande aventure commence pour lui, la grande solitude pour moi. Sans enfant à l'époque, loin de ma famille et débarquant dans une région inconnue. Le moral est d'abord au plus bas et je découvre rapidement la cohésion et l'entraide des épouses. Voilà l'indispensable moyen de ne pas sombrer dans une solitude trop pesante. L'ambiance de la garnison fera toute la différence : certaines sont très actives, d'autres sont malheureusement inexistantes.

Bien sûr, on compte toujours les semaines et les mois, qui d'ailleurs ne se ressemblent pas.

Le premier mois : on se sent très seule, abandonnée, le retour paraît encore tellement loin.

Le deuxième mois : c'est plus facile, on a pris de nouvelles habitudes, on s'organise un nouvel emploi du temps, on gère ce nouveau *célibat.*

Le troisième mois : c'est toujours le plus long ; la moitié est déjà faite mais il en reste encore autant.

Le quatrième nous paraît interminable, surtout la dernière semaine.

Nos enfants ne savent pas très bien où est papa ? Quand rentre-t-il ? etc. Nous devons jouer les deux rôles, paternel et maternel, gérer le quotidien du mieux possible. Les plus jeunes qui n'ont pas encore la notion du temps se montrent souvent bien malheureux. Ma fille aînée par exemple ne s'endort le soir qu'avec la photo de son papa et réclame tous les soirs de lui parler au téléphone. Elle ne comprend pas cette séparation. À moi de prendre le temps de faire comprendre aux enfants ce qu'ils doivent savoir.

Nous avons heureusement des moyens de communication modernes. Les e-mails (souvent accompagnés de photos) sont devenus quotidiens et le téléphone hebdomadaire.

Puis, c'est le moment tant attendu du retour, des moments inoubliables mais quelquefois un peu décevants. La raison est simple : les enfants passent avant l'épouse. Rien de plus normal, ces chers petits qui l'ont attendu si longtemps ne pensent désormais plus qu'à leur père. Le train-train quotidien revient très vite.

Je pense que les missions d'autrefois étaient largement plus difficiles à vivre : absences très longues, courrier seul support de communication, décalage dans le temps et danger.

On me dit *« Tu as épousé un militaire; tu savais à quoi t'en tenir…* » Je réponds qu'il m'était impossible de le savoir, nos parents n'ayant jamais connu ce type de séparations.

Les missions tombent les unes après les autres mais on ne s'habitue jamais. Notre entourage civil nous trouve toujours admirables et pleines de courage.

En fait, nous n'avons pas le choix, il faut subir et accepter la séparation.

La passion et la vocation de nos maris passent avant tout. S'ils sont heureux dans leur mission, alors nous le sommes aussi.

Merci d'avoir pensé à nous. Je suis très touchée que notre sort soit l'objet de vos réflexions. »

***

Brigitte 1

« Mon mari commandait le régiment d'hélicoptères pendant la guerre du Golfe,

Le premier départ a eu lieu en août 1990, le deuxième en septembre et le troisième en décembre.

Le régiment s'est trouvé d'un seul coup privé de maris, de pères, et d'hommes à la maison, le tout sous le regard des médias.

Mon rôle a constitué principalement à épauler 300 jeunes femmes qui se sont trouvées du jour au lendemain chefs de famille, et pour plusieurs, complètement perdues avec la gestion de leur famille et de leurs revenus.

Puis, il a fallu les occuper pendant les week-ends car la plupart étaient loin de leur famille ; organiser des sorties, des ateliers de bricolage, des réunions d'information. Ayant pris conscience de leur inquiétude légitime, le chef de la base arrière du régiment a mis sur pied une cellule d'information destinée à informer les familles, avec des réunions régulières toutes les quinzaines.

Il m'a fallu prendre le relais de cette mission et donner de l'information, en lien avec le commandant en second. Mon mari pouvait donner par la voie officielle des nouvelles très succinctes que je leur communiquais.

Nous avons organisé l'arbre de Noël et nous avons fait une fête malgré tout.

Malheureusement, nous avons été éprouvés par plusieurs morts subites de nourrissons qu'il a fallu gérer de A à Z, ce qui a encore amplifié le stress de cette guerre.

Je me suis trouvée assez seule devant cette tâche car les femmes d'officiers supérieurs, soit sont retournées dans leur famille, soit n'avaient pas suivi leur mari dans sa garnison. Heureusement, toutes les femmes de capitaines m'ont bien aidée.

J'ai été aussi très soutenue par la population civile et les autres régiments qui n'étaient pas partis, eux.

Il a fallu aussi gérer le problème des médias qui me téléphonaient plusieurs fois par jour pour me demander où était basé mon mari, son emploi de temps, etc.

Malgré tout, nous avons réussi à maintenir le cap en nous soutenant les unes les autres, et nous avons vu, un jour de mai, revenir nos maris sains et saufs et heureux de retrouver un foyer en bonne forme.

J'en déduis que le rôle de l'épouse de militaire est primordial car elle est le pilier de la famille. C'est elle qui, du jour au lendemain, (guerre ou simplement manœuvres) doit prendre en charge tous les problèmes de l'éducation des enfants, de la bonne marche de la maison, tout en continuant à tenir son emploi le cas échéant… le tout, sans oublier de redonner les rênes du gouvernement *à Monsieur*, quand il revient à la maison… »

***

Anne-Sophie

Printemps

« Depuis quelques mois, je sais qu'il a été désigné pour une mission en Afghanistan. Cette séparation sera la première depuis notre mariage. Pour moi, l'OPEX fait partie du jargon militaire mais ne représente rien de concret. La date de départ, encore incertaine, devrait se situer dans la première quinzaine de juillet. Heureusement, le petit Joseph, notre troisième enfant, a la bonne idée d'arriver quelques jours en avance, et comme par un doux miracle, le départ de mon mari est remis au lendemain durant toute une semaine ! Juste le temps de baptiser Joseph, de profiter de ce sursis et de chanter avec Edith Piaf : *« Laissez le moi encore un peu mon amoureux, le temps de s'adorer, de se le dire ».*

Eté

Je ne réalise pas encore qu'il nous quitte pour 5 mois mais j'imagine confusément que son absence m'apportera son lot de difficultés et de fatigue. Il me laisse du pain sur la planche : une vente de maison à finaliser, un déménagement suivi d'un emménagement dans une nouvelle ville, et tout cela avec trois petits de deux ans et demi, 15 mois et 15 jours ! Sa mission est confidentielle. Un certain flou entoure donc cette opération en Afghanistan : localisation, conditions de vie, travail à effectuer, moyens de communication entre nous (le téléphone est interdit), date de retour (avant ou après Noël ?). Bref, j'ignore tout ou presque ; c'est la règle du jeu dans les forces spéciales.

L'au revoir est chargé d'émotion et de tristesse ! Les enfants l'ont dit tout naturellement à leur papa, pas moi ! Je l'accompagne jusqu'à l'autoroute où l'attend une voiture militaire. Le lieu se prête peu aux grands adieux ! (...) Très vite, nous communiquons. Au camp de base, il dispose d'Internet avec une adresse électronique. En outre, chaque semaine, un avion assure les échanges épistolaires entre les soldats et leur bien-aimée.

Le temps des vacances en famille me permet de m'accoutumer à son absence, d'être entourée. Plus vulnérable, j'ai besoin d'être soutenue aux moments où le moral flanche ! Parents et beaux-parents, corvéables à merci, n'hésitent pas à retrousser les manches : suivi du déménagement, cartons à emballer puis à déballer, garde des enfants...

Automne

Il faut de nouveau affronter le quotidien. Le courrier s'est accumulé. Je suis débordée par la paperasse : je n'ai pas retourné en temps utile les nouveaux contrats EDF et Télécom. Du jour au lendemain, sans préavis, alors que les journées raccourcissent et refroidissent, le téléphone et l'électricité sont coupés ! Je peste contre les services publics et surtout contre moi-même. Sur l'injonction électronique de mon mari, je finis par accepter de rechercher une jeune fille au pair. Le bouche à oreille m'apporte la perle. La proximité de mes parents me permet de recharger les batteries régulièrement : c'est d'un œil compatissant qu'ils m'accueillent, à bout de souffle, maniant avec beaucoup d'efforts une poussette double de 3 tonnes, avec en prime un bébé dans le kangourou ! Mon père et mon beau-père sont à tour de rôle banquiers, gestionnaires, conseillers, réparateurs, déménageurs, bricoleurs. Je finis par nous surnommer *la famille boulet.*

Mon sens de l'inorganisation ne m'aide guère à tout mener de front. Je consacre mon énergie au bien-être des enfants : il ne cesse de m'écrire que leur équilibre passe d'abord par le mien. C'est ainsi que même à 5 000 km de distance, il me comble de tendresse et de cadeaux. La distribution du courrier met la maison en fête, chaque enfant reçoit sa carte hebdomadaire et le soir je retrouve Jean endormi, la carte de son papa serrée sur son cœur ! Ces vues aériennes de paysages lunaires, ces photos de soldats français, d'Afghans enturbannés, de matériel militaire nous permettent de parler de leur héros ! Il est partout, sur les murs de la chambre, dans le cahier de vie de l'école, dans le petit album créé exprès pour les enfants, et la moindre occasion est bonne pour citer « Papa ».

Communications

La maison endormie, je savoure mon mail quotidien. À mon tour je déverse sur lui, via Internet, mes états d'âme de la journée, mes joies et mes contrariétés. Je lui dis quand j'ai *le nez dans le guidon* et n'hésite pas à lui demander conseil. Les échanges de mail nous procurent de grandes joies. Mais nous réalisons l'un et l'autre que nous devenons esclaves de ce contact quotidien. J'y passe beaucoup de temps. À plusieurs reprises, nous nous mettons d'accord pour espacer les mails, mais au bout de 48 h, notre impatience l'emporte ! En plus, il ne me semble pas juste de faire peser sur mon mari des petits tracas qui, à distance, risquent de se transformer pour lui en gros soucis. En revanche, je reste fidèle à ma missive hebdomadaire. J'y consacre tout le temps nécessaire, je rassemble quelques dessins des enfants, des photos récentes et j'essaie de prendre davantage de recul sur les évènements de la semaine écoulée. Je saute sur l'occasion de lui faire parvenir deux colis, grâce aux voyages en Afghanistan du CEMA, et d'un ami officier. Avec les enfants tout excités, nous emballons quelques douceurs, une cassette audio contenant les premiers mots de Jean, des livres et quelques articles qui m'ont plu.

Retour

Les semaines filent mais le retour me semble toujours loin, d'autant que la date en est arrêtée au dernier moment. Lorsque la bonne nouvelle tombe, je n'arrive pas à y croire : je veux peut-être me protéger d'un éventuel contre ordre ? Toujours est-il qu'il sera là d'une semaine à l'autre. Il faut qu'il se sente vite chez lui dans ces murs qu'il ne connaît pas encore : je lui laisse de la place dans l'armoire, je mitonne en pensée des bons petits plats et je prépare les enfants à retrouver leur papa.

Après, le temps s'arrête ! Je laisse la garde des enfants à mes parents. Il doit débarquer à 350 km de chez nous et je veux être là. Ce féerique moment des retrouvailles mérite bien une « *suite* » dans un Relais Château. Je n'hésite pas à « *faire chauffer la carte bleue* ». J'ai tout prévu… sauf le contretemps de dernière minute : le retour, prévu à 20 heures, est décalé au petit matin ! Je finis par tomber dans les bras de Morphée, après avoir usé et abusé de la baignoire pour rentabiliser ma petite folie et passer le temps...

Pendant quelques jours nous vivons sur un nuage. Les retrouvailles sont bien plus émouvantes que le départ. Quant à moi, je garde dans le secret de mon cœur la magie de cet instant. Je retrouve l'oreille à qui je peux tout confier, l'épaule sur laquelle m'appuyer, la parole réconfortante qui me manquait. L'autorité paternelle retrouvée fait du bien à toute la famille. Je tâche de m'effacer un peu afin que le père retrouve ses marques.

Hiver

Le temps s'écoule paisiblement depuis son retour et je voudrais qu'il s'en écoule encore avant son prochain départ, même si le bilan de notre séparation demeure positif. Il est revenu heureux de sa mission, il a trouvé ses enfants épanouis, sa petite femme un peu fatiguée mais fière d'avoir assumé. Notre amour s'est enrichi, malgré la distance. Ce temps de « désert » nous a permis de réaliser combien nous tenions l'un à l'autre. Nous nous sommes découverts dans un contexte particulier. Nous avons appris la fidélité, fidélité dans le courrier, fidélité à rendre le père bien présent, fidélité à l'éducation que nous avons choisie de donner. Nous mettions un point d'honneur à être très en vérité l'un avec l'autre, à partager nos soucis, nos coups de cafard, nos déceptions. Nous nous redisions notre amour et, s'il le fallait, nous nous demandions pardon.

La mémoire est sélective et les difficultés de ces 5 mois me paraissent bien lointaines maintenant. Je me souviens cependant avoir été un peu triste de vivre des moments exceptionnels et éphémères sans mon mari, notamment les progrès de nos enfants.

J'ai regretté aussi de ne pas rencontrer de femmes vivant cette absence. Là où nous habitions, j'étais la seule de mon espèce. L'armée est une grande famille et, d'habitude, lorsque les maris partent, les épouses sont soutenues moralement et matériellement. Les chefs savent ce que vivent les familles et ils veillent au moral des troupes.

Notre expérience est inhérente au métier militaire. Je comprends maintenant que c'est une vocation d'épouser un soldat. Aux amies qui me plaignaient, je répondais : « *On choisit son mari mais pas le métier qu'il exerce.* » A la réflexion, je ne le redirai plus. J'aime mon mari aussi parce qu'il fait ce métier. Je suis heureuse qu'il s'y donne avec enthousiasme.

Mon rôle est d'adhérer à son engagement et d'accepter avec le sourire les contraintes qui en résultent. Il faut d'ailleurs relativiser notre mérite. Nos aînées en ont vu d'autres... »

***

Catherine E.

Leur séjour à Moscou était le deuxième, ce qui lui a permis d'apprendre la langue et de la faire apprendre à ses enfants. De ce fait, plusieurs sont aujourd'hui bilingues.

Elle a même poussé le souci de s'adapter à la vie russe jusqu'à se joindre une fois à ces courageux sportifs moscovites qui nagent chaque hiver le jour de Noël dans la Moskova en cassant la glace ...

« Deux périodes dans ma vie ont été plus délicates à gérer mais cela n'avait rien à voir avec les difficultés qu'ont eues à affronter, dans la durée, les générations précédentes !

D'abord les trois années passées à Moscou où mon mari était attaché de défense. C'étaient trois années-clé pour le pays, encadrées par les deux putschs (1990 et 1993) qui ont fait basculer le pays du communisme dans une forme de capitalisme sauvage : trois ans de transformation politique et sociale rapide et d'effondrement moral. Mon mari était rarement à la maison et il a bien fallu faire sans lui pour s'adapter à un monde étranger, étrange par bien des côtés, où nos cinq enfants (de 5 à 15 ans) ont débarqué avec moi alors que la rentrée scolaire était faite à l'école de l'ambassade, après un déménagement de plus fait pratiquement toute seule (avec trois passages en douane successifs...)

Tout de suite beaucoup d'obligations du côté des parents : il a fallu à nos enfants apprendre à être vite autonomes

Mais, s'il y a eu des moments difficiles, ils percevaient le côté passionnant de leur vie et du poste de leur père. Et puis, si les parents vont bien et le montrent (même si, dans l'instant, ce n'est pas absolument vrai...), alors cela va bien aussi pour les enfants : rien n'est plus contagieux en famille que la méfiance ou le découragement...

La deuxième période a été l'année que mon mari a passée à Sarajevo. Tous nos autres enfants étaient, cette année-là, en province ou à l'étranger. Nous sommes donc restés à deux à Paris, A. (12 ans) et moi, et cela n'a sûrement pas été facile pour lui qui n'avait jamais vécu que dans une fratrie nombreuse. Il ne l'a pas montré et m'a constamment soutenue à sa façon. Et quand les informations télévisées sont devenues trop démoralisantes pour nous, nous avons décidé de ne plus les regarder...

Un moment un peu dur : le retour d'une visite de trois jours en Bosnie, retour sans papa bien sûr, et dans un quotidien un peu monotone, loin de la vie passionnante qu'il menait là-bas entouré de ses gardes du corps... Une vie dont nous ne percevions pas bien la grande austérité – ni les risques (heureusement !)... »

***

Brigitte 2

« Le sud de la France est peut-être notre dernière étape après 20 déménagements. Si j'ai fait le bonheur des transporteurs et des marchands de vaisselle, j'ai surtout rempli ma vie nomade de souvenirs, de rencontres et d'amitiés.

Les souvenirs sont ceux des pays dans lesquels nous avons vécu, souvenirs colorés, culturels et dépaysement linguistiques. Tous ces séjours ont été une grande occasion d'ouverture. Loin de la famille, la nostalgie nous prenait parfois mais, souvent, la curiosité l'emportait et nous stimulait. Nous pouvions craindre que les enfants réagissent mal, mais, ô surprise, ils ont joué le jeu, ce qui est sympathique. Je n'oublierai jamais leur petites bobines étonnées lorsqu'ils ont passé, en une nuit, du goudron parisien aux cahots de la piste africaine !

En Europe de l'Est, l'obstacle de la langue n'a pas été un problème pour eux ; ils se sont révélés bien plus débrouillards que je ne l'imaginais…

En Afrique, contrairement à la France, je ne rencontrais jamais les femmes à « l'Alimentation du coin » mais il m'est arrivé de me retrouver, seule blanche au milieu des femmes noires (la salle à manger n'est pas mixte comme chez nous…), déchaussée, assise au sol, mangeant avec les mains… Nous bavardions et riions ensemble comme de vieilles connaissances…

Se faire des amis quand on débarque quelque part, ce n'est pas toujours facile. « *Ah, vous êtes des militaires ! Est ce que vous payez des impôts ? Est ce que votre essence est gratuite ? (sic)* » Le tout comme première prise de contact… plutôt dur. « *Ce n'est pas la peine de vous fréquenter. Dans deux ans, vous serez partis ! » (re-sic)* Une douche froide comme ça, ça secoue, tant mieux ! On apprécie d'autant plus ceux qui vous accueillent chaleureusement (on en trouve). Il faut, par ailleurs, accepter avec simplicité tous ces petits ennuis de la vie quotidienne.

Le résultat, c'est que nous avons un carnet d'adresses peu commun, que nos amis vivent un peu partout, que nous pouvons toujours compter sur eux et que nos retrouvailles (que nous provoquons avec joie) sont toujours de grands moments.

J'ai connu aussi des périodes plus difficiles. Un jour, par exemple, il a fallu que je me prépare à annoncer à une jeune femme, mère de famille, que son mari (sous les ordres du mien) avait été tué accidentellement en service, au bout du monde. J'ai eu mal pour elle. Trouver les gestes, les mots ? Ma présence discrète a semblé la soulager un peu. Elle n'a pas revu son bien-aimé mais elle a fait preuve de beaucoup de courage et de dignité, et suscité mon admiration.

D'une semaine à six mois, nous avons connu bien des séparations ! J'avais le choix entre l'écriture et les cassettes audio (c'était ce qu'il y avait de mieux à l'époque). Entendre la voix de l'autre à des milliers de kilomètres, c'est un cadeau de roi, surtout pour les enfants qui ne savent pas encore lire. Les miens savaient dessiner et leurs œuvres ont tapissé des mètres carrés de la guitoune de leur père... De temps à autres, le téléphone, le tam-tam moderne, lorsqu'il voulait bien fonctionner, nous a permis un direct bien appréciable. Mais un jour notre seconde n'a pas reconnu son père ! Heureusement, le « grand » frère était là !

Ces mois d'absence ont engendré entre nous, les femmes du régiment, plus de solidarité et d'entente. En ce qui me concerne, j'avais un peu peur d'être seule, de « ne pas y arriver », alors que, finalement, tout s'est bien passé. J'ai pris confiance en moi et un peu de fierté ne fait de mal à personne. Comme moi, beaucoup de femmes s'en sont retrouvées valorisées.

Il est vrai que nous n'avions pas le choix et que nous tenions à respecter notre engagement...

Et puis, paradoxe ! autre découverte ! notre vie de couple a bénéficié de ces séparations et de ces retrouvailles... Un mal pour un bien, comme dit la sagesse populaire. »

***

Irène

« J'étais fière d'être petite-fille d'officier; je le suis plus encore d'être épouse d'officier mais cela ne se dit pas et je ne m'en vante pas. Pas question d'étaler dans notre maison les signes visibles d'une vie professionnelle bien remplie, juste ce qu'il faut de souvenirs. J'ai connu mon mari sous-lieutenant à Saint-Cyr. Un accident a malheureusement bouleversé notre vie et, peut être parce que nous étions tous les deux très jeunes, nous avons lutté, sans trop réfléchir, en nous aimant tout simplement. Grâce à cette énergie, les galons se sont ajoutés au fil des ans, puis les étoiles avec ce qu'elles apportent de responsabilités. Je ne m'attendrirai pas longtemps sur l'épouse du lieutenant blessé mais je développerai quelques réflexions et souvenirs qui me sont infiniment agréables.

Chut ! Papa travaille ! Combien de fois nos trois (à l'époque) filles m'ont entendu leur demander de jouer plus calmement. Après des mois de séparation pour sa courageuse rééducation, mon mari avait repris ses études : licence en Droit avec un régime particulier pour les personnes travaillant. C'était donc le soir, le samedi et le dimanche que mon époux redevenait étudiant et ma façon de l'aider à réussir était de lui faciliter ce rythme plutôt fatigant. C'est à ce moment difficile que nous avons eu, à Grenoble, de sincères et précieux contacts militaires : des encouragements pour mon mari car la reprise des études n'était pas évidente, d'autant plus que se cumulaient le travail au Bataillon, les cours de faculté et la rééducation. Pour moi, ces relations amicales étaient réconfortantes. L'amour d'une petite famille donne des ailes et nous voulions cette réussite.

Ce que je trouve extraordinaire chez les militaires et leurs épouses, c'est cette facilité avec laquelle on se retrouve, comme si nous nous étions quittés la veille. Pas de vernis, c'est du direct, et, comme on connaît tout sur tout le monde, on est au courant des mutations des uns et des autres. C'est toujours un vrai plaisir de se retrouver et les réunions de promotion favorisent cette communication.

Mes plus fortes émotions sont lors des prises d'armes : c'est vrai que je suis bon public. J'ai un attrait particulier pour la musique militaire et l'ordonnancement des cérémonies : *Marseillaise* – silence – musique. Je suis à chaque fois émue lorsque, du coin de l'œil, j'aperçois mon cher mari au garde à vous au milieu d'autres uniformes et que la fanfare résonne. Quel bonheur d'appartenir à cette grande famille et quelle fierté pour notre pays !

Je m'attendris en voyant les photos de mon mari accompagnant chacune de nos filles en mariée. Le prestige de l'uniforme dans la plénitude de sa vie professionnelle pour l'un ; l'autre s'en va vers son destin, confiante et sécurisée.

Notre statut de femme d'officier est plutôt bien vu dans le civil, bien qu'on nous colle des étiquettes un peu rapidement. Il nous donne au moins l'avantage d'être reçue partout.

Chaque couple est unique dans son bonheur comme dans ses épreuves et nous avons eu la chance dans ces années de réorientation d'être toujours à l'unisson. Si je dis, « *mon mari a réussi grâce à son courage et à sa ténacité...* », il répond : « c'*est grâce à mon environnement familial* »...

Indépendamment de l'accident de mon mari, j'ai fait le choix d'être toujours à ses côtés et de m'occuper de ma petite famille. À l'époque de la femme libérée, cela ne me gêne pas de le dire bien fort. Les associations caritatives sont les premières à bénéficier du temps libre des femmes qui ne travaillent pas et j'ai pu y mener beaucoup d'activités intéressantes. J'étais comblée puisque mon mari l'était dans le métier qu'il voulait et qu'il a failli perdre.

Grâce à l'éventail des choix que l'armée lui a proposé, ce qui se retrouve peu dans les autres professions, il a pu retrouver les joies du commandement et des responsabilités. »

***

Isabelle 1

« Mon expérience en matière d'OPEX est assez limitée puisque, depuis notre mariage, R. n'est parti qu'une fois, en Afghanistan, au printemps 2003.

L'expérience a été vécue de façon très positive : le climat politique était relativement calme, la présence française était bien accueillie là-bas. Enfin, la possibilité de communiquer par Internet jouait pour beaucoup sur le moral. Il arrivait parfois que l'on entende aux informations des nouvelles peu réjouissantes.

R. anticipait par mail et je recevais ce type de message : « N*e t'inquiète pas, tu entendras certainement parler prochainement d'une rocket qui s'est abattue à proximité de Kaboul. Tout va bien ici, personne n'est touché…* ». Ce mode de communication permettait également à nos filles de recevoir rapidement des photos de leur papa, et d'une certaine façon, d'être un peu avec lui.

Avant notre mariage, R. est parti deux fois, dans un contexte plus tendu. Mon souvenir le plus pénible remonte au deuxième mandat. Il était retourné à Sarajevo à l'automne 96. Un soir, ma sœur apprend par la radio le décès d'un lieutenant du même régiment que R. Ça pouvait être lui. Les 48 h qui suivirent m'ont paru très longues… Le surlendemain, je reçois un appel de sa mère. Le ton de sa voix n'annonçait rien de bon… Elle m'apprend le décès d'un camarade de R. Sur le coup j'ai éprouvé un sentiment de profond soulagement (ce n'était pas lui…), suivi d'une grande tristesse car je le connaissais bien. »

***

Marie G.

« Si c'était à refaire, je ne changerais rien de ces presque 40 ans passés avec mon mari dans ce milieu que j'ai découvert à 18 ans, en me mariant.

Il était parachutiste et j'ai très vite été plongée dans le bain des séparations à répétition mais qui n'excédaient jamais un mois et demi. La première année nous avons été quand même été séparés plus de six mois, et dans une région que je ne connaissais pas.

J'y ai découvert la force de l'amitié entre jeunes femmes dans la même situation. Il existait encore à cette époque des épouses d'officiers très à cheval sur ce qu'il était de bon ton de faire lorsque l'on arrivait dans une garnison : aller se présenter à la femme du capitaine et entendre avec des yeux exorbités un jargon qui me passait au-dessus de la tête !

Cela m'a servi de leçon, et je me suis toujours refusée à me mêler en quoi que ce soit du métier de mon mari. En revanche, il m'a toujours paru évident d'être accueillante envers les nouveaux arrivés et de faire en sorte qu'une bonne ambiance règne au sein des épouses.

Nos vingt-deux déménagements m'ont permis d'apprécier l'accueil toujours bien organisé des familles de militaires sur place. Quelle richesse que tous ces déménagement qui, bien que toujours fatigants, nous donnaient une ouverture d'esprit que nous n'aurions peut-être pas connue ailleurs ! Le marathon pour trouver un logement et inscrire les enfants à l'école ne laisse pas toujours de bons souvenirs, surtout lorsqu'il faut redéménager l'année suivante dans la même ville pour trouver un appartement plus décent. Des propriétaires ont abusé de nos difficultés financières pour nous louer des appartements sordides que nous repeignions automatiquement et sans aucun dédommagement pour ne pas vivre dans la crasse !

Pendant 25 ans environs, en dehors des périodes de manœuvres, mon mari était à mes côtés et je trouvais cela agréable et normal. Puis la France s'est engagée sur les théâtres d'opérations extérieures et il a bien fallu que j'assume une séparation d'un an, avec une très forte pression médiatique et des risques évidents pour sa vie.

Personne n'est préparé à vivre une telle expérience mais, finalement, cette épreuve a été une richesse pour nous. Nous avions eu deux mois pour en parler et nous mettre d'accord sur la meilleure façon de vivre cette séparation. Nous avons commencé par faire une retraite dans un monastère pour remettre cette période de notre vie entre les mains du Seigneur et envisager la meilleure façon de la vivre sur le plan pratique : rendez-vous quotidien dans la prière, aucun non dit, d'un côté comme de l'autre, même pour protéger son conjoint ; pour moi, éviter dans la mesure du possible, les informations télévisées et ne faire confiance qu'aux informations directement données par mon mari ; s'écrire tous les jours, si possible. Ces quelques règles de vie ont été vitales pour nous.

Malheureusement nos résolutions épistolaires sont très vite tombées à l'eau, faute d'avions pour acheminer le courrier, mais il avait la chance d'avoir un téléphone à sa disposition et pouvait régulièrement me donner des nouvelles... quand il avait un peu de temps, la nuit généralement.

Nos conversations étaient courtes et en langage légèrement codé, mais nous nous comprenions. Quand il m'a dit un jour qu'il venait de « sauter » et qu'il ne restait pas grand chose de sa voiture, nous avons pu ensemble remercier le Ciel de l'avoir épargné... même si je n'ai pas beaucoup dormi dans les heures qui ont suivi !

Le plus difficile était de faire bonne figure vis-à-vis de l'extérieur, mon entourage étant persuadé, qu'étant donné ses responsabilités, il ne risquait rien, et que, de toute façon, il était payé pour cela.

Dans ces moments là, l'épouse du chef est fréquemment seule, totalement abandonnée. Personne ne me téléphonait pour me demander de mes nouvelles ou me parler de la situation là-bas. Je garde cependant avec émotion le petit soldat de plomb de l'ONU que la femme du chef d'état-major m'avait offert pour le mettre dans ma crèche au moment de Noël.

Elle avait réussi aussi à faire parvenir à mon mari une ravissante petite crèche provençale. Seule une épouse de militaire pouvait avoir ce genre de délicatesse, délicatesse que je n'oublierai jamais.

Sur le plan spirituel, cette expérience a été extraordinaire. Trois fois, mon mari m'a téléphoné en me disant que la situation était très grave et qu'il fallait prier. Nous avions un réseau de prière merveilleux : couvents, familles et enfants se joignaient à nos supplications ; chaque fois nous avons été entendus et, au retour de mon mari, nous sommes allés remercier ceux qui nous avaient soutenus et témoigner des grâces reçues. »

***

Anne C.

« 1986 : nous sommes alors à D. avec nos cinq enfants qui ont entre quatorze et un an. T. doit partir très vite pour une mission inopinée mais les contre-ordres se succèdent. Une cantine est prête dans l'entrée. L'angoisse est palpable dans la maison en attendant le coup de téléphone qui déclenchera le départ. Lui parti, la tension retombe et on attend. À cette époque, pas de téléphone, les questions/réponses par lettre sont inutiles : les réponses arrivent trop tard. Chacun s'attache donc à rassurer l'autre. Au régiment, tous font leur maximum pour m'aider et me donner des nouvelles. En fin de mission, tout rentre dans l'ordre.

Golfe 1990-1991 : T. commande le régiment. Beaucoup d'hommes partent mais lui reste et il le vit mal. Le téléphone sonne à n'importe quelle heure. Faudra-t-il que j'annonce une catastrophe à une jeune femme ? Elles font mon admiration : elles ne se plaignent jamais et rassurent leurs enfants. La guerre est pourtant le sujet favori des médias. La TV montre des images pratiquement en direct de jour comme de nuit.

Mes réflexions de femme, de mère et belle-mère d'officier et de grand-mère…

Depuis quelques années, le nombre d'opérations extérieures a beaucoup augmenté. À peine mariées, les femmes se retrouvent seules pour plusieurs mois. Leurs maris partent pour quatre mois, passent quatre mois en France et repartent ailleurs. Pendant leur séjour en France, ils ont effectué des stages, participé à des manœuvres… Ils ne sont jamais là !

Lorsqu'elles ont la chance d'avoir des enfants, elles doivent gérer les angoisses des petits, les crises d'eczéma, les pipis au lit qui recommencent, les cauchemars…

Quant à celles qui éprouvent des difficultés à être enceintes et qui doivent suivre des traitements, la perspective d'un nouveau départ n'arrange rien à leur problème… »

***

Michèle

« Mon mari a eu un parcours atypique. Sergent lors de notre mariage en 1986, il est maintenant chef de bataillon, stagiaire au CID *(l'ex École de Guerre).* Il a donc passé deux concours importants en 14 ans et entre temps… OPEX, temps de commandement et École d'état-major...

Lieutenant à Colmar, il a, en trois semaines, été muté pour un an à la FINUL. Nous avions alors trois enfants de six, trois et un an. Compte tenu du nombre de nos précédents déménagements, nous avions décidé que je resterais à Colmar alors que nos familles sont à Brest et à Toulon et que j'avais droit à un déménagement pour rapprochement familial. Mutation et non détachement, je n'existais plus pour le régiment, bien que l'épouse du chef de corps ait été très attentive, mais tout reposait sur moi. Avec le recul, c'est ce poids qui m'a semblé le plus lourd à porter. Un an, c'est long et il faut apprendre peu à peu à se construire son univers dans cet isolement.

Il faut en même temps préserver son époux de tout souci parce que l'éloignement amplifie le moindre problème, tout en conservant un climat de confiance mutuelle et en faisant en sorte qu'il sente que sa « base arrière » est solide.

Il faut aussi qu'il ait le sentiment qu'on lui garde sa place à la maison, tout en lui laissant entendre que « *tout roule* » en son absence.

Je lui écrivais alors tous les soirs pour qu'il garde la réalité de la maison, les progrès et les soucis des enfants… Des lettres sans importance qui relataient les évènements de la journée mais qui lui ont permis, je pense, de se replonger à son retour plus facilement dans notre vie de famille et de combler ce vide pour les enfants qui, consciemment ou non, « savaient qu'ils savait ». Cela tranquillise beaucoup les petits dont les parents sont unis. Les nôtres n'ont eu à aucun moment une impression de déséquilibre ou de situation anormale.

Ces lettres ont été aussi pour moi d'une grande aide pour entretenir son autorité paternelle. En cas de petit conflit (les enfants étaient très jeunes...), je me retranchais sur le « *Que dirait papa ?* ». En cas de décision à prendre, je lui demandais son avis, sachant que la réponse irait dans mon sens. Rien n'a donc changé dans le fonctionnement de la maison...

Bien qu'ayant connu des moments de lassitude (j'ai réalisé un jour que c'était le 27e week-end d'affilée que nous passions seuls tous les quatre) et de gros soucis : le feu à la maison la nuit, le petit dernier qui a fait un arrêt cardiaque dans mes bras... il y a eu aussi des moments de grande émotion : G. avait un an au départ de C. et ne parlait pas. Pour tenter d'entretenir son souvenir, j'avais accroché une grande photo en face de la table à langer. À chacun de ses réveils, je parlais pour lui à la photo : « *Bonsoir Papa, j'ai été mignon aujourd'hui... J'ai fait une bonne sieste ... Maman m'a grondé ...* » Mon époux est revenu pour quelques jours de permission au bout de quatre mois et, à l'aéroport, il a pris G. dans ses bras. Notre petit bonhomme a posé ses mains sur les joues de son père avec un regard étonné car « *la photo bougeait* ». Ce petit truc a évité bien des problèmes relationnels pour l'un comme pour l'autre.

Plus récemment, il est reparti pour six mois à Sarajevo au lendemain des résultats de l'École de Guerre. Difficile pour nous deux car les deux années de prépa avaient demandé une grande cohésion familiale autour de lui. Les enfants avaient grandi, ils ont été très raisonnables, remettant à après le concours tout ce qu'ils avaient à faire avec lui.

Ce fut beaucoup plus difficile pour moi que le premier séjour.

La scolarité au CSEM commençant en janvier et C. rentrant de Sarajevo en octobre, j'ai calculé que si je ne déménageais pas dès l'été afin que les enfants aient une scolarité complète, nous vivrions séparés 13 mois sur les 16 à venir.

Sans « Ordre de Mutation », il m'a été très difficile d'obtenir un déménagement anticipé et tout ce qu'il entraîne : logement, école, choix du déménageur... Sachant que « *le temps perdu ne se rattrape jamais* », j'ai mené une bataille contre le système établi. Je n'ai pas réussi à faire admettre que l'équilibre de notre famille était supérieur au fait que je ne sois pas prioritaire d'un point de vue administratif. On a refusé de m'avancer le prix du déménagement.

J'ai trouvé très éprouvant de n'avoir aucune aide, de ne recevoir aucun conseil avisé ; une « feuille de route » pour faire les bonnes demandes au bon endroit m'aurait apaisée.

Seule face à des bureaux peu compréhensifs, j'ai trouvé un grand réconfort dans l'instantanéité du courrier électronique avec mon époux. Le fait de savoir qu'à tout moment, je pouvais lui demander son avis pour telle décision dont nous dépendions tous m'était très précieux.

J'ai reçu aussi un grand soutien des enfants, je dirais un juste « *retour sur investissement* » sur des années. À la différence du séjour précédent au Liban, je pouvais leur faire partager quelques tracas et leur soumettre quelques idées pour qu'ils m'aident à trouver des solutions. J'avais un monde presque adulte à qui parler. Il m'avait manqué la première fois…

L'année du Liban, la maison que nous louions a été mise en vente et j'en ai fait l'acquisition. Quelques mois plus tard, j'accueillai mon époux « chez moi » à son retour.

En conclusion, je me permets d'ajouter que, si un militaire qui se marie perd 50 % de sa valeur, sa femme, elle, se découvre très rapidement 50 % de ressources insoupçonnées … »

***

Aliénor

« Nous sommes mariés depuis quatorze mois quand mon mari part avec son régiment en Bosnie. Notre fils aîné vient juste de naître. Nous nous préparons à cette séparation avec confiance et l'insouciance de nos 22 et 24 ans respectifs, sans aucune expérience préalable, sinon celle des anciens qui nous entourent…

Le plus difficile est de ne pas avoir le temps de profiter de notre vie à trois, avec notre fils âgé de dix jours. Nous venons d'arriver dans une nouvelle garnison et, comme la plupart des jeunes mères n'ayant pas de contraintes scolaires, je pars avec bébé vivre chez mes parents.

Le 24 décembre de cette année-là, notre enfant est hospitalisé et opéré d'urgence ; il a deux mois. Sur le chemin me conduisant à l'hôpital, j'apprends par la radio la mort d'un Casque Bleu dans la poche de Bihac ; alors j'imagine le pire, déjà fragilisée par les circonstances. Je mesure dès lors le drame qu'ont vécu toutes ces veuves de guerre. Heureusement, mon mari parvient à me téléphoner et me rassure.

Les semaines passent, les nouvelles que je reçois sont fréquentes ; le courrier, le téléphone et même la télévision nous permettent de rester en contact quotidiennement et je m'imagine que ce lien essentiel m'épargnera toute surprise. Nous « tenons » grâce à l'impatience que nous avons de nous retrouver.

Quelques semaines avant le retour définitif de nos soldats, le médecin du régiment nous envoie un courrier nous prévenant qu'en cas de difficultés, une cellule d'aide psychologique était à notre disposition... Légère, je ne me sens pas concernée. Enfin, l'être aimé est de retour ! Passés les premiers jours d'euphorie, un certain malaise s'installe : notre fils qui a maintenant sept mois ne veut pas approcher son père et hurle dès qu'il est seul avec lui. Mon mari me découvre mère et souffre de cette complicité naturelle mère-enfant dont il se sent exclu. Quant à moi, je mets trop d'impatience à vouloir retrouver celui que j'ai quitté, refusant l'idée qu'un baptême du feu ait pu le transformer.

Maladroits et malheureux, nous laissons s'installer entre nous un silence boudeur !

Quatre mois seront nécessaires pour renouer le dialogue et accepter que nous ayons grandi chacun loin de l'autre et partager enfin la richesse de nos expériences respectives. Nous en ressortons plus forts qu'auparavant, conscients des erreurs à ne plus commettre lorsque la prochaine séparation surviendra.

Quelques mois plus tard, nous partons à Djibouti. C'est un double dépaysement ; le mariage harmonieux Légion-Afrique nous met en face de situations auxquelles nous n'avions jamais été confrontés auparavant. La misère de la rue, la chaleur du climat, les maladies et même les tremblements de terre, tout cela sur fond de séparations fréquentes, ne sont pas toujours faciles à supporter. Mais, passé le premier sentiment de retenue vis-à-vis de l'Afrique comme de la Légion, l'une et l'autre dévoilent leurs secrets, leurs rouages et se laissent aimer souvent avec exaltation à la condition qu'on n'y oppose aucune résistance.

Je découvre au sein de la Légion une vérité maintes fois évoquée par ma grand-mère, elle-même femme de légionnaire : la solidarité et l'amitié qui lient les épouses n'est pas une légende et c'est d'autant plus vrai outre-mer. (...)

Au-delà de ces épisodes plus ou moins amusants, j'ai appris à attendre mon mari avec patience, à le partager avec ses hommes et j'ai rencontré des gens au destin hors du commun et aux origines diverses qu'une autre vie n'aurait probablement pas mis sur mon chemin. Bref, j'ai récolté les fruits d'une expérience très riche qui m'aura apporté beaucoup de joie et de bonheur. »

***

Béatrice

« Je suis fille d'officier et, avant de commencer, je voudrais remercier Maman. Elle a épousé mon père en Oubangui-Chari. Ils ont eu pendant six ans une vie heureuse qui s'est terminée brutalement quand Papa a sauté sur une mine en Algérie. Je vois encore son commandant venir chez nous annoncer sa mort !

Seule, elle nous a élevées, ma sœur et moi, dans le culte du souvenir de notre père.

Je me suis mariée très jeune quand mon fiancé sortait de Saint-Cyr. Après un séjour de 10 mois à Angers, il a choisi un régiment où, quand on est d'alerte, on peut partir pour trois jours ou plusieurs mois. La ronde de sa section d'engagés a commencé : manœuvres, stages, séjours outre-mer... Il est parti une première fois au Gabon quand notre fils avait 5 mois. À la naissance d'A., j'étais heureuse de le récupérer un peu mais, deux jours plus tard, il m'annonçait son départ pour le Liban. Elle avait trois semaines quand il est parti et sept mois à son retour. Il avait dormi plus souvent avec son capitaine qu'avec moi !

Un an après, nouveau départ, cette fois pour le Tchad. Trois mois plus tard, ayant déposé mes enfants chez une amie, je suis partie « *comme une grande* » à la clinique où on a provoqué la naissance avec trois semaines d'avance, la sage-femme n'étant pas rassurée de me savoir seule. Trois mois plus tard, T. rentrait et faisait connaissance avec sa petite dernière. Après une interruption de deux ans pour un séjour breton, ça a recommencé. D'abord, un passage à Beyrouth de trois mois qui devait ne durer que quelques jours. Puis, l'été suivant, un nouveau départ pour le Tchad.

Nous avons ensuite découvert l'Allemagne du Nord, d'où les enfants sont revenus bilingues (notre fils travaille aujourd'hui à Munich). Puis un séjour parisien avant que T. commande son cher 17 et parte deux fois avec lui à Sarajevo, deux Noëls de suite…

Si ces années régimentaires ont été parfois dures (il m'est arrivé plus d'une fois d'avoir le cafard …), elles ont été riches d'amitiés, de souvenirs bons ou mauvais qui se transforment un peu en bons, tant l'unité est forte entre nous.

L'éducation donnée par ma mère m'a sûrement permis de réagir ; je connaissais les conséquences de la guerre. J'ai pu mieux comprendre et suivre cette vie passionnante pour mon mari et finalement pour moi, car c'est aussi ma vie.

Nous sommes maintenant à Paris. Les enfants quittent la maison et j'ai parfois la nostalgie de ma vie d'autrefois. Il est difficile de traduire tout ce que j'ai ressenti pendant presque 30 ans mais j'aimerais dire aux jeunes femmes de militaires que j'ai eu une vie merveilleuse, avec des hauts et des bas, qu'on ne peut pas rester indifférente et qu'il faut soutenir nos maris dans leur vocation. »

***

B.

« Je suis fille d'un officier et à ce titre j'ai connu de 1950 à 1965 une vie mouvementée. À travers l'Autriche, l'Indochine, l'Afrique Noire, l'Algérie et Madagascar, bercée depuis ma plus tendre enfance dans le milieu militaire, je m'étais promis de ne plus poursuivre cette vie d'errance et, diplôme d'infirmière en poche, je m'orientais résolument vers le *milieu civil.* C'était sans compter avec la Providence, l'amour, le destin qui en 1968 me firent croiser la route d'un parachutiste. Il est depuis mon mari.

Mariée en mai 1968, je commençais bien ma vie de jeune épouse tranquille, mari en alerte permanente et trois déménagements en France pour nos six premiers mois de mariage.

Certes nous nous contentions alors de deux ou trois cantines et voguions de meublé en meublé, mais les souvenirs et habitudes que je voulais enfouis refaisaient surface.

Pau fut notre première garnison, nous y eûmes rapidement nos trois premiers enfants. Dans l'attente du deuxième, mon mari parti pour six mois en Afrique, j'accouchai seule. Sans autre lien que le courrier, quelle merveilleuse surprise j'éprouvai d'entendre alors au téléphone la voix de mon mari absent déjà depuis trois mois. Pour une toute jeune mère de famille déjà presque nombreuse, la séparation était vécue presque facilement en raison de l'extraordinaire cohésion du corps des officiers subalternes et des merveilleuses attentions du chef de corps et de son épouse. Il régnait alors entre tous et toutes une entraide quotidienne de tous les instants. Le chef de corps n'avait pas d'enfant. À la naissance de notre troisième, son épouse m'allégea quelques temps des deux petits aînés… mais bien vite une délégation me visita à la clinique me poussant à abréger mon repos, l'humeur du colonel se ressentant de nuits trop blanches passées à biberonner !

Ce fut le début d'une longue série : six enfants, une dizaine de garnisons, une douzaine de déménagements, de longues et fréquentes périodes d'entraînement en France et à l'étranger, trois séjours opérationnels de six à dix-huit mois sans famille évidemment, un mari très absent ou débordé de travail.

Il ne fallait pas pour autant perdre pied ni gémir mais bien plutôt regarder droit devant et autour de moi pour m'investir là où j'en sentais le besoin et la nécessité en particulier dans les écoles des enfants, sans oublier ma part de responsabilité d'épouse d'officier auprès des familles des militaires, notamment les plus fragiles, et ma participation aux activités sportives et culturelles de la garnison, source de rencontres, d'amitié et de cohésion. J'allais vers ceux et celles qui me semblaient en avoir davantage besoin ou qui simplement me le demandaient.

Même si je l'avais envisagé, prévu puis préparé, les enfants et moi-même pouvions souffrir à terme de ce rythme et de cette instabilité. En effet où se fixeraient nos souvenirs, où serait l'ancrage de notre famille ? C'est pourquoi très vite et avant même les naissances et par la suite, toutes les économies furent investies dans notre « ferme », vieille masure sans valeur initiale mais désormais et pour longtemps cœur de notre famille où chacun s'investit depuis trente-cinq ans. C'est là, dans ce nid d'aigle que nul n'échangerait pour tout l'or du monde, que, tous rassemblés, nous accueillîmes, un jour de retour de Bosnie, le père absent depuis de si longs mois. Quelques jours d'intense bonheur avant un nouveau départ.

Femme d'officier français, j'ai vécu une belle aventure car j'ai accepté ce beau métier dans lequel nos maris se donnent corps et âme au pays. Nous, leurs épouses, il nous faut savoir rester humbles, courageuses, heureuses, et ne pas baisser les bras si du moins nous voulons qu'ils puissent totalement remplir leur mission.

Épouse d'officier, j'ai accepté totalement la carrière de mon mari comme l'avait fait ma mère. Totalement, pour le meilleur et pour le pire, dans les joies comme dans les peines. Par deux fois, je l'ai accompagné auprès de femmes dont le mari était mort en service commandé, moments éprouvants et difficiles.

Mais les absences répétées ne vont pas sans difficultés, personnelles ou familiales. Le père manque et ne se remplace pas ; cela valut un jour à mon mari, de l'un de ses fils, un cadeau aussi brutal que subtil, un ouvrage intitulé :

« A père manquant fils manqué »...

L'éloignement et les préoccupations immédiates peuvent pousser chacun à une certaine indépendance, la réadaptation peut être délicate… La réussite est peut être d'avoir su tout simplement aimer pour faire comprendre et admettre par les enfants le beau don de soi qu'est le métier de leur père.

Cette grande aventure de femme d'officier est d'autant plus facile à conduire que l'on est bien entourée et appuyée. Les amis militaires y ont eu une importance considérable. La grande et véritable famille qu'a été l'Armée de terre dans ma vie de femme d'officier a eu et a toujours une importance primordiale pour m'aider à tenir le coup et continuer tête haute et sourire aux lèvres. Elle m'a puissamment aidée par l'entraide si souvent admirée de l'extérieur, les amitiés profondes et fondamentales qui durent.

Sur cette longue route de trente-sept années, comme beaucoup de mes amies, j'ai tenté d'être la plus efficace possible auprès de mon mari pour qu'il puisse réaliser au mieux sa vocation au service de la Patrie. L'image de ma mère m'a toujours accompagnée et puissamment aidée ; puisse cette conception de l'état de femme d'officier se perpétuer encore longtemps, pour notre Armée et pour la France, je le souhaite. »

***

Chantal

« Je ne me sens pas au niveau de toutes celles qui, avant nous, ont vécu des moments autrement plus difficiles. Ayant eu le privilège de connaître certaines d'entre elles, j'ai pu mesurer leur courage et leur discrétion au travers des rares évocations qu'elles faisaient de ces moments sombres et parfois dramatiques de leur vie.

Je me suis alors demandée la portée que pouvait avoir le témoignage de ma modeste expérience d'épouse appartenant à la génération post Algérie.

Puis, en y réfléchissant bien, j'ai compris qu'il fallait que j'intervienne, ne serait-ce que pour toutes celles qui m'ont accompagnée tout au long des 32 ans de ma vie militaire. Ces épouses d'officiers et de sous-officiers, qui ont aussi affronté des situations difficiles avec autant de courage, de discrétion, et de dignité que nos aînées.

Avant de relater deux épisodes qui m'ont marqués, je voudrais signaler que, si nous arrivons à traverser ce genre d'existence ponctuée d'angoisses et d'incertitudes, c'est parce que le monde militaire est exceptionnellement soudé. C'est une grande famille qui permet à chacune d'entre nous de ne pas se sentir isolée, et où les liens d'amitié qui se tissent au fil des ans sont durables et vrais. Beaucoup de civils nous envient ces relations solides !

Encore jeune, avec trois petits enfants, j'étais sans nouvelle de mon mari, absent depuis plusieurs semaines pour une destination que j'ignorais. Ce silence prolongé inquiétait tout le monde et la date du retour prévu était dépassée depuis longtemps.

Néanmoins la vie continuait : ne jamais montrer aux enfants ma lassitude, mon angoisse, mes inquiétudes. Remplir les journées au maximum pour que personne ne ressente trop l'absence du chef de famille. Situation classique en somme, comme pour toutes les épouses dont les maris s'absentent souvent.

Puis un matin, à midi, attendant mon trio à la sortie de l'école, je vois arriver deux voitures desquelles sortent le chef de corps, son adjoint et le médecin avec des mines déconfites...

Mon sang se glace, je comprends que la catastrophe m'attend au bout du chemin, je me prépare au pire, je sens que tout va s'arrêter.

« *Nous avons une mauvaise nouvelle à vous annoncer, untel est mort en service et nous avons besoin de vous pour vous occuper de sa femme...* », me dit le chef de corps.

Nerfs qui craquent. Manifestation de joie indécente. Etre rassurée pour soi mais pleurer pour l'autre. Terrible conflit intérieur ! Que de sentiments contradictoires se bousculent en moi à cet instant. Merci mon Dieu de nous avoir épargnés encore une fois !

Quelques années plus tard, une nouvelle absence de plusieurs mois. On s'y habituerait presque ! On joue les fortes, on fanfaronne, on ne veut pas être plainte, mais on n'aime pas non plus que notre situation de femme seule soit *ignorée.* En fait, c'est un conflit perpétuel. Il faut *tenir* car nous n'avons pas le choix.

Un vendredi soir, mon mari m'appelle pour me dire qu'il passera les deux prochains jours dans le poste de la troisième compagnie et qu'il ne pourra pas donner de nouvelles.

Je projette donc d'aller passer le week-end chez des amis, mais avant de partir, je préviens le chef de corps et lui donne le numéro de téléphone de mes amis. Le dimanche à 7 h du matin, il m'appelle pour m'annoncer que le poste de la troisième compagnie vient de sauter et me demande si je sais où est mon mari. J'ose dire que je l'ignore.

Ne pas m'effondrer, tenir devant les enfants, encore une fois; tout s'écroule, je me refuse de croire au pire. Nous partons à la messe. Je me sens ridicule, pourquoi ne pas me rendre à l' évidence : il était dans ce poste pour ces deux jours, donc il doit être mort. Pourtant je ne veux pas y croire !

Ne voulant pas changer mon programme, à 11 h je vais chez X. pour récupérer ses enfants, grands amis des miens. Il m'apprend qu'il vient d'avoir mon mari au téléphone.

Je craque, je pleure, c'est impossible, véritable miracle! Que s'est-il passé ? En fait, la veille au soir il avait été rappelé à son PC et cela je l'ignorais bien sûr. »

***

Denise

« Certains peuvent penser que 36 ans de vie *d'active* représentent une lourde somme de sévères contraintes. Au contraire, les divers changements m'ont apporté joies et souvenirs heureux. Aujourd'hui, à la retraite, j'ose même dire que les déménagements me manquent.

D'origine pied-noir, je ne viens pas d'une famille de militaires, j'ai appréhendé ce monde lorsque je me suis mariée. Après une année en marge du campement de Bou-Sfer (où séjournait le régiment), près d'Oran, nous sommes partis à Madagascar. Paquebot au long cours et splendides escales : Port-Saïd, Djibouti, Mombasa, Majunga. Je croyais que l'existence d'une femme d'officier serait pour toujours ainsi !

Que de découvertes : maison à plus de 20 km de Diego-Suarez dans la brousse, départ inopiné du mari en mission aux Comores pour une longue séparation avec un enfant en bas âge. L'autre prise de conscience importante a été la solidarité, la convivialité du monde de la Légion, et l'extraordinaire soutien dont j'ai bénéficié.

Après ces quatre années, le retour a été difficile : j'abordais pour la première fois l'existence en France, loin de ma famille et de mes amis, et la prise en charge des miens suite aux absences de mon époux. Heureusement, là encore, la solidarité entre femmes m'a apporté une aide bienvenue et réconfortante.

Après un séjour à Toulouse, nous partons pour Coëtquidan, séquence très agréable, grande fraternité, beaucoup de facilités pour les enfants, excellents amis. J'ai quitté la Bretagne avec regret pour quatre ans en lointaine banlieue parisienne. La période peut-être la plus difficile, des fins de mois fort justes, l'isolement, un peu perdue dans l'anonymat, loin du monde militaire.

Puis, Calvi, une période de grand bonheur : bonheur professionnel pour mon époux, une vie qui aurait pu être de rêve s'il n'y avait eu la nécessité de pension pour mon fils aîné.

Retrouvailles avec la Légion, un état d'esprit partagé par toute la famille : ainsi, la veillée de Noël était fêtée sans mon mari. Il est parti plusieurs fois en opérations extérieures, sous préavis de quelques heures souvent. J'ai assuré la continuité de la vie familiale en ayant toujours à l'esprit le danger et les risques réels, attendant avec impatience des courriers aléatoires.

Quelques mois feront suite à Paris, vite oubliés pour retrouver Calvi et le commandement du régiment. Ce second séjour, d'un point de vue personnel, a été plus éprouvant, trois enfants en pension. La solidarité a pleinement joué vis-à-vis d'eux : d'abord, par leur accueil dans ces remarquables structures scolaires, ensuite dans le dévouement d'amis acceptant de les accueillir ensemble en fin de semaine.

Retour à Paris, puis un séjour à Nîmes : nouvelles responsabilités, études supérieures des enfants et mon fils aîné à Cyr, vie captivante avec une implication au sein de l'A.N.F.O.C.

D'un hôtel particulier à Nîmes, nous sommes passés à Paris dans 80 m^2 pour cinq (ça aide à garder les pieds sur terre !)... Retrouvant ensemble la quiétude du quotidien, deux années qui passèrent très vite; la désignation de mon époux pour le commandement en ex Yougoslavie apportera une rupture brutale. Un an de séparation, avec, comme dans le Golfe, le fils et le père en mission loin de la cellule familiale.

Cette période a été lourde à supporter compte-tenu de l'aspect médiatique des fonctions de mon époux. Une fois encore, l'aide apportée par nos amis et la famille nous a rendus plus forts et permis de traverser les pénibles turbulences liées à ses responsabilités d'alors, et ce, longtemps après son retour.

Un dernier poste à l'IHEDN de deux ans marquera une sorte de transition avant notre repli à Sainte-Maxime, pour notre retraite, là, où nous avions, il y a 20 ans, jeté l'ancre.

Si j'ai tenu à détailler ces quelques expériences variées de ma vie « d'active », c'est pour indiquer qu'être une femme d'officier permet bien des « bouts de vie » différents, riches de rencontres, de moments gais et tristes aussi.

Ce que je retiens de ces 36 années peut se résumer ainsi. Ce n'est pas parce que je n'ai pas travaillé que je ne me suis pas épanouie : le bénévolat, l'animation d'ateliers, les réseaux d'épouses, les responsabilités officielles (être toujours disponible pour accompagner son époux).

Par ailleurs, j'ai voulu constituer le repère des enfants dans cette vie mouvementée.

J'ai essayé d'assumer au mieux durant ces années la charge de tous les aspects matériels pour que mon époux puisse réaliser ses aspirations professionnelles le mieux possible, en partageant sa captivante passion. L'aventure militaire, choisie et adoptée, n'est-elle pas source de richesses dans les rencontres, les changements de fonction de l'époux ? De cette remise en cause fréquente des liens établis et des lieux, je retiens une immense ouverture aux autres.

Enfin, si j'avais une définition du monde militaire à donner, spontanément je citerais l'entraide ; une entraide dont j'ai profité maintes fois, qui a toujours permis notre adaptation à nos mutations et aux séparations, et que je me suis appliquée à pratiquer au mieux.

Aujourd'hui, la société est marquée par la généralisation de l'activité salariée, provoquant souvent le célibat géographique. Par ailleurs, les contraintes opérationnelles s'imposent à toute l'armée professionnelle. Mais, pour autant, j'espère que prospéreront toujours les assises fondamentales que sont la solidarité et l'entraide. »

***

Isabelle 2

« Les récits de l'aventure algérienne de mes parents avaient contribué à me donner quelques références solidement ancrées dans mon imaginaire. Mon aventure personnelle commença à la Guerre du Golfe, mon fiancé y partit sans avoir le temps de se présenter à mes parents. C'est donc seule que je suis allée me présenter aux siens.

Pas de date de retour prévue, donc pas de date de mariage. Je fus confrontée aux effets des médias sur l'opinion publique, en particulier dans mon milieu de travail où j'ai parfois été l'objet d'amicales sollicitudes mais aussi d'incompréhensions. L'exploitation médiatique de l'événement avait fait naître en moi, à tort, la peur. Le contact des « anciennes » m'apprit alors à vivre avec ce nouvel environnement. J'ai été frappée par le décalage entre ce qu'il racontait dans ses lettres et ce que je pouvais apprendre par la presse.

Après sept mois d'absence, il revint ; notre mariage put être célébré et l'attente rapide de deux jumeaux rattrapa le « temps perdu ».

...Mutation à Djibouti où il prit le commandement d'un escadron de Légion. Je m'installais dans un poste isolé avec deux bébés d'un mois. Je n'avais jamais quitté la France. Ce fût la découverte ébahie de l'Afrique et l'occasion de mieux comprendre et accepter les multiples facettes du métier de mon mari. En dépit de ma jeunesse et de mes préoccupations de jeune maman, bien épaulée par l'épouse de l'officier adjoint, plus expérimentée, j'ai aussi appris à connaître les épouses de l'escadron : 19 de 17 nationalités différentes. Leur vie n'avait rien de simple, à 10 km du poste, au milieu de la population locale, souvent sans permis de conduire. Etre « discrètement présente » est un équilibre difficile à trouver.

Grâce aux médecins de l'Hôpital militaire de Djibouti, j'ai pu accomplir là-bas mes deux derniers stages d'internat de médecine générale, avec la chance inouïe de profiter de leur solide expérience.

L'escadron a été envoyé pour 4 mois en Somalie. Pour moi, ce furent 4 mois au poste, en base arrière de mon mari avec les épouses seules là haut. Quand il est rentré, nos jumeaux de 14 mois refusèrent sa présence et, quand ils l'acceptèrent, ils l'appelèrent « Maman ». Un troisième enfant est né en cours de séjour.

...Mutation à Saumur. Les enfants sont scolarisés, parlant le somali mieux que le français. Contact sympathique avec de jeunes officiers que nous voyons encore. Quatrième enfant... École de Guerre à Paris, période insouciante : cinquième enfant... Nous retrouvons la Légion et notre première garnison. Je retrouve ces épouses attachantes. Un séjour au Tchad fait découvrir aux enfants que la maison tourne sans leur père. Le rythme des « tournantes » et des missions diverses est élevé. Les épouses sont courageusement seules plusieurs mois par an. Sixième enfant.

Nous voilà enfin à Paris, étant passés traditionnellement de 400 m^2 à 115 m^2. Notre aventure n'est pas finie. Il attend le commandement d'un régiment.

En conclusion, richesse et grande diversité de souvenirs et de relations amicales. Profonde impression d'avoir été étroitement associée à la vie professionnelle de mon mari, d'avoir fait les choses à deux, dans le même sens, même lors des absences, d'avoir concilié vie familiale et vie professionnelle dans une heureuse et naturelle harmonie.

Paradoxalement, ce n'est pas lors des séparations que nous avons eu l'impression de mener notre vie chacun de notre côté, c'est plutôt lors des mutations parisiennes où, privés de l'ambiance régimentaire, les deux mondes se séparent.

Enfin, reconnaissance aux anciennes qui évoquent leurs souvenirs. Leur expérience nous est utile pour faire la nôtre. »

***

F.

J'ai épousé un parachutiste au Groupe de Livraison par Air à Metz. Petit logement avec W-C sur le palier et cuisine équipée d'un camping gaz. J'allais de temps en temps prendre un bain chez un ami du rez-de-chaussée. Etant enceinte, je suis allée chez mes parents, en Bretagne, pour le 14 juillet. Mon mari était en stage à Quélern. Mon père, médecin de campagne, m'a examinée et m'a dit : « *Soit tu t'es trompée de date, soit tu en as deux* ». Nous sommes partis à la clinique et effectivement, c'était des jumeaux, garçon et fille.

De Metz où j'étais infirmière à l'hôpital, nous fumes mutés à Coëtquidan. Deux années idylliques dans un logement SNI en préfabriqué avec chaudière à charbon. Les élèves de mon mari étaient très attentionnés : le plus âgé avait mon âge et je me sentais proche d'eux. Pendant cette période, je menais de front mon métier d'infirmière, nos enfants, la maison et la vie d'épouse. J'étais quand même impressionnée par les femmes de colonels.

Après deux ans, un an en Allemagne. Puis six mois à Montpellier. Ensuite deux ans à Arpajon !

Après Arpajon, Auch (« *Où est-ce ?* », me demandaient mes collègues). Nous y sommes arrivés en août avec un bébé de deux mois. En septembre, mon mari m'a dit : « *Je pars pour six mois au Liban* ». J'avoue que j'ai trouvé cette période difficile au début, sans famille, sans amis, avec trois jeunes enfants. Au retour de son père, notre bébé ne le reconnaissait pas.

C'est difficile d'avoir géré la maison et les enfants et de subir son mari, au retour, qui veut mettre partout son grain de sel. Cela a été ma période la plus pénible de ma vie : l'absence, le courrier aléatoire et les journalistes qui racontent n'importe quoi au sujet des militaires tués au Liban. À son retour, mon mari me dit : « *Je suis muté à Toulouse* ».

Alors là, j'ai boudé : je ne m'étais pas fait un cercle d'amis à Auch pour tout abandonner. Je suis restée dans le Gers. Mon mari faisait la navette entre Auch et Toulouse.

Nous avons encore eu des jumeaux et sommes partis à sept pour Limoges. Mon mari préparait l'École de Guerre. Je gérais donc l'intendance. Pendant cette période, nous avons eu peu de soirées en commun. Après Limoges, l'École de Guerre à Paris. Très bonne ambiance entre français et étrangers. Des années bien remplies.

Ensuite, nous sommes allés à Toulouse. Les cinq meilleures années de ma vie d'épouse. Quelle ambiance ! (...) J'avais, malgré tout, du mal à me mettre dans la peau de la femme du chef de corps, toujours sur le devant de la scène (...)

J'ai quand même eu l'impression d'abandonner mes cinq enfants pendant ces années. Je me suis rattrapée plus tard.

Il y a des moments pénibles au moment des déménagements. Sinon, ce n'est pas si terrible. Vu par les enfants, c'est différent. L'une nous a dit : « *Papa n'a jamais été présent* ». À mon avis, c'est un peu exagéré. Dans l'ensemble, nous avons bien vécu, hormis la solde un peu maigre pour un « bac plus huit ».

Le plus difficile a été de quitter Toulouse pour aller à Lille. Nous passions du soleil à la grisaille. Pendant ces années, mon mari est parti treize mois en ex Yougoslavie. (...) Je me réjouissais d'aller le voir à Zagreb mais j'ai été atteinte d'une sciatique paralysante. Les enfants sont partis seuls et je suis restée au repos. Ensuite, j'ai été opérée d'une hernie discale. Mon mari est venu me voir quelques jours plus tard. Il a bien fallu assumer la solitude ! Pendant cette période, j'ai aussi perdu ma mère qui vivait loin de nous.

Ensuite, ce fut Tours à l'E.A.T. Et puis, il est parti à Lille et là j'ai calé car nous avions acheté une maison et j'avais encore une de nos filles avec moi.

En deux pages, il est difficile de résumer 31 ans de vie. Je n'ai pourtant pas de « campagne » à raconter...

L'armée est une grande famille ou l'on n'est jamais seule quand le « guerrier » s'en va. J'ai eu beaucoup de chance par rapport à d'autres épouses, mon mari a été présent pour la naissance de tous nos enfants et c'est très important. Je ne garde que le positif.

Notre vie consiste à attendre leur retour soit en garnison où ils n'ont pas d'heure, soit qu'ils reviennent d'OPEX. Nous devons nous débrouiller seules dans tous les cas bien que nous soyons épaulées par nos amies, celles qui attendent comme nous. La solde n'est pas très grasse mais on s'en sort, même quand on a 5 enfants et qu'il faut renouveler sa garde-robe alors qu'eux portent toujours le même uniforme.

Si c'était à refaire, je crois que je le referais. »

***

Florence I

« Quel témoignage pourrais-je bien apporter ? Ne suis-je pas une épouse semblable à toutes celles dont les maris, quelle que soit leur profession, parcourent le monde et se consacrent pleinement à leur métier, sans ménager leur « temps familial » ? Je ne vis rien d'héroïque, contrairement aux « Mères Courage » des générations antérieures…

Puis, encouragée par mon mari, je me suis penchée sur mon humble état d'épouse d'officier. En quoi son métier a-t-il rejailli sur moi, sur notre famille ?

Cette question m'a finalement ramenée à un certain soir de l'an 1986 au cours duquel P., alors élève au 2e bataillon de l'École Spéciale Militaire, reçut son Grand Uniforme.

Soir béni pour lui : « *Ce soir est le plus beau de ma vie* ! », m'avait-il confié – et maudit pour moi ! Maudit parce que je réalisais qu'il ne m'appartiendrait jamais réellement ; qu'avant de me dire « oui », avant de m'offrir sa vie, l'homme que j'aimais s'était donné à sa Patrie. Cette Grande Dame aurait donc toujours priorité sur moi, sur la famille que je désirais fonder avec lui. Je n'avais pas le choix, je devais accepter de partager mon futur mari, mais accepter… profondément ! Et, j'y travaille toujours 18 ans après...

Ce sentiment de n'être que le numéro deux dans sa vie fut très présent lors de son temps régimentaire. Les souhaits les plus chers de mon parachutiste étaient alors de partir, encore et encore, en mission avec ses hommes. Pas forcément très facile à accepter pour une jeune femme de 20 ans qui avait mon caractère. Je reconnaîtrais entre 1 000 le sourire qu'il ne pouvait retenir quand il m'annonçait : « *Je pars* ». Il en était si profondément heureux. Comment lui en vouloir, n'avais-je pas promis de partager mon homme avec la Grande Dame ?

Les tournantes se succédaient donc à grand rythme. Il en est une qui me laisse un souvenir indélébile : Sarajevo 1994-1995. Cette opération était la première réellement dangereuse. Jusqu'alors seule la séparation rendait les séjours *pas drôles*. Ici s'ajoutait un paramètre inconnu de moi : l'inquiétude. J'ai souvent pensé à ces épouses de soldats des générations précédentes : comment avaient elles pu vivre l'absence de nouvelles dans des moments aussi dangereux pour leur mari ?... Moi au moins, j'avais la joie de pouvoir l'entendre régulièrement... Pourtant je dois avouer que cette inquiétude rendait ce séjour interminable...

Les semaines s'écoulaient si lentement...

C'est, de surcroît, durant cette tournante qu'un de nos enfants – quatre ans à l'époque – a pour la première fois exprimé avec violence la tristesse ressentie par l'absence prolongée de son papa. Je me souviens très précisément de ce soir où ma petite bonne femme m'avait claqué la porte au nez – ce qui n'est pas vraiment l'habitude de la maison – en criant dans ses sanglots : « *Je ne te veux pas, toi ! Je veux papa ! Je veux papa !* ». Quelle douleur ai-je éprouvé face à ces larmes. Je me sentais si impuissante...Un poids supplémentaire venait de me tomber sur les épaules : la tristesse de mon enfant due au *manque de papa*.

Jusqu'alors, « Papa est là : génial ; papa est absent : bon ! Mais maman est là ! ». Les séjours ne semblaient pas mal vécus par eux. Désormais, ma seule présence ne peut combler le vide laissé par leur papa. À leur tour, ils ont chacun appris à partager leur papa avec La Grande Dame...

En grandissant, ils comprennent cependant que leur père peut être utile *ailleurs* pour d'autres gens, d'autres familles, comme ce fut le cas au Kosovo. Ils acceptent alors moins difficilement la séparation et éprouvent un grand sentiment de fierté – sentiment tellement partagé par la maman que je suis – face aux petits copains. Ça aide aussi...

Alors c'est vrai, il existe pour moi une particularité à être épouse de soldat : en s'engageant, les maris militaires engagent aussi leurs femmes et leurs enfants : les uns offrent leur temps, leur énergie, leur force, leur vie. Les autres en assument les conséquences.

Je ne peux clore sans penser à toutes ces familles de soldats américains tués en Irak. Quand l'actualité annonce un soldat tué, je pense : une famille déchirée. Le phénomène d'identification se met en route. Comment réagirais-je ? Je l'ignore, bien sûr, mais de tout cœur souhaite qu'au-delà de la douleur, un sentiment de fierté continue de m'habiter et ne soit en rien supplanté par la rancœur. J'aimerais avoir la force de pouvoir dire : « *Il a fait son devoir et j'en suis fière »,* comme tant de femmes, que j'admire profondément, l'ont déjà dit... »

***

Florence 2

« (...) Pourquoi vous écrire aujourd'hui ?

D'abord parce que votre sujet m'a fait réfléchir. Nous, *les femmes de mili*, en quoi sommes–nous différentes des autres ? De nombreux cadres civils travaillant dans des sociétés privées s'absentent aussi de chez eux ou déménagent souvent.

Ensuite, B. est en OPEX et c'est à nouveau une période de *gestion en base arrière* qui m'incombe. À l'endroit où il est, je ne crains pas trop, cette fois-ci, pour sa vie : c'est déjà ça !

Enfin, en faisant le point sur toutes les missions qu'il a déjà accomplies, une petite expérience m'est revenue en mémoire. Elle m'a bien servi par la suite. Il y a 10 ans, il était Casque Bleu à Sarajevo. Capitaine, il était parti précipitamment avec des appelés volontaires rassemblés en toute hâte. Il occupait avec ses hommes le « *PTT Building* ».

Début août, chez mes beaux-parents, nous prenons les nouvelles de 13 h sur TF 1 et la présentatrice annonce tranquillement que le « *PTT Building* » a été bombardé toute la nuit et qu'il n'y a, sans doute, aucun survivant. Quel choc ! Pour moi mais aussi pour ma belle-mère qui a déjà perdu son père en Indochine et son fils aîné au Liban !

Coup de téléphone au commandant en second du régiment, resté dans la garnison française. Il ne peut rien dire car il n'a pas de communication directe avec le Liban. Nous ne pouvons qu'attendre. Enfin, au journal de 20 h, la présentatrice s'est excusée pour cette fausse information et a rétabli la vérité : une série de bombardements mais aucune victime !

Entre temps, une jeune fille fiancée à un sous-officier présent là-bas s'était ouvert les veines... C'est l'hôpital qui a prévenu le régiment. Une autre femme de sous–officier a été si déstabilisée qu'elle s'est retrouvée à l'hôpital psychiatrique, laissant seuls ses trois enfants en bas âge ...

Sans mettre tous les journalistes dans le même panier, j'en garde une terrible méfiance vis-à-vis d'eux.

Depuis, les moyens de communications se sont améliorés... heureusement. Il y a eu aussi un bel effort dans les régiments pour prendre en compte la vie des familles pendant les OPEX. D'ailleurs, de nombreuses épouses travaillent maintenant et la vie passe plus vite pour elles, entre la maison, les enfants et leur métier.

Il y a quand même de nombreux avantages à être *femme de mili.* D'abord, les déménagements. Moi, j'adore changer d'endroit. Evidemment, c'est matériellement plus facile quand on va, comme je l'ai fait, à Djibouti ou au Maroc. Mais les petites garnisons françaises ont chacune leur charme. Sans le métier de B., je n'aurais pas connu tous ces lieux. Les enfants grandissent et les aînés aimeraient une pause ! Nous verrons bien.

Me voici au bout de cette lettre avec encore beaucoup d'exemples en tête. Vous devez avoir reçu de magnifiques témoignages de celles qui nous ont précédées.

Je vous remercie pour l'idée de ce livre qui me fait chaud au cœur d'avance. »

***

Florence 3

« Après avoir vécu 21 ans à la même adresse et aimant le bruit, le bitume et l'agitation, j'ai découvert, il y a 19 ans, une autre existence. Je passais d'une vie insouciante d'étudiante à celle de femme de para en province. Je me retrouve aujourd'hui dans la même garnison avec quelques cheveux blancs en plus, quelques enfants, toujours le même mari et quelques responsabilités puisque me voici épouse de chef de corps.

Ne croyez pas que je sois pistonnée et que je sois toujours restée au même endroit. Nous avons été aussi au camp du Valdahon, puis de nouveau ici, puis à Paris, petit saut en Angleterre, passage à Nantes et retour à la case départ.

J'ai une vie plutôt facile, un mari aimant, passionné par son métier, une demi-douzaine d'enfants en bonne santé, ados pour les uns avec tout ce qui va avec, encore enfants pour les autres. Ma vie n'est ni effacée, ni douloureuse, encore moins héroïque. Elle m'a beaucoup gâtée. Je ne mérite donc pas le nom de « *mère courage* ». Mes responsabilités sont assez différentes de celles de mes homologues de régiments isolés où les familles vivent presque toutes sur le même site. Ces femmes sont extrêmement sollicitées. « En ville », nous le sommes un peu moins mais c'est à nous d'aller vers les autres pour assurer une bonne ambiance au sein du régiment et de lutter contre l'individualisme grandissant. C'est surtout pendant les périodes d'OPEX, qu'il faut une oreille attentive, une parole adaptée à toutes celles qui sont inquiètes.

La vie de femme de militaire n'a, à mon avis, pas grand chose à voir avec celle de nos parents. Est-ce plus difficile ou plus facile ? Je ne peux en juger.

Ce que je constate simplement, c'est que nous avons aujourd'hui le choix de notre mode de vie ; de la participation volontariste aux activités proposées (par les garnisons ou les municipalités) à un emploi rémunéré à plein temps, toutes les solutions existent. Le recentrages des garnisons vers des villes moyennes permet aussi aux épouses de s'intégrer, sans nécessairement utiliser les ressources militaires.

Notre choix a toujours été d'essayer de concilier vie de garnison et « intégration par la ville », en habitant en centre ville, au prix parfois d'un effort financier.

Autre choix que j'ai fait, celui de ne pas travailler pour privilégier la vie de famille, tant que ce sera possible financièrement. Cela nous a préservés des affres du célibat géographique.

Ce qui a été formidable depuis 19 ans, c'est notre vie de province si variée, si pleine de charme et si facile. Nous n'avons jamais eu de problème de logement mais il est vrai que nous avons pas hésité à déménager une deuxième fois, à nos frais, pour être mieux installés.

Nous n'avons pas non plus rencontré de difficultés particulières avec la scolarité des enfants jusqu'à l'inscription de notre aîné en classe préparatoire. Il a fallu alors parier sur notre future affectation. Avec de jeunes enfants, tout est assez simple mais les études des grands créent des soucis logistiques et financiers.

Les mutations successives nous ont donné un grand nombre d'amis fidèles. Quitter ses amis est un vrai crève-cœur à chaque déménagement mais les vrais amis restent.

Ai-je aimé les déménagements ? Qui aime faire des cartons ? Mais pour une femme qui aime son intérieur, quelle joie de recréer un nid, d'en profiter pour changer les rideaux. Changer les couleurs, c'est presque voyager.

Tout n'est pourtant pas si simple ; Il y a souvent des décisions importantes à prendre seule. Certaines d'entre nous voient, depuis 10 ou 15 ans, leur mari partir chaque année, pour plusieurs mois, dans des zones à risque. Il y a l'absence à supporter, l'inquiétude, et aussi la maison, les enfants et les ados à gérer. Il faut être opérationnelle et leur montrer que tout va bien car, si Maman flanche, rien ne va plus ! Il faut penser aussi à la joie du retour, au deuxième, troisième, quatrième voyage de noces qu'on va faire tous les deux... et le ciel s'éclaircit.

Mais impossible de s'apitoyer sur son sort quand on pense à la génération précédente, celles des guerres 1939-1945, d'Indochine et d'Algérie, à ces épouses qui sont restées, des années durant, seules à gérer leur famille dans des conditions sans doute plus difficiles que les nôtres.

Autre effort à fournir : être toujours prête ! Prête à préparer un dîner « simple mais chic et important » en une heure, prête à voir son mari à partir pour quatre mois avec une semaine de préavis alors que l'aîné passe un concours, le deuxième son bac, la troisième doit être opérée, la maison est louée pour les vacances et on déménage dans six mois ! Prête à chercher un nouveau logement, de nouvelles écoles alors que les enfants étaient si heureux, prête à faire les cartons et à devoir se serrer la ceinture pour peu qu'on ait la malchance d'être mutés à Paris ! Là, je ne fais plus face, c'est l'horreur. La solde ne suit pas, c'est évident. Les 10 mois précédant la mutation à Paris sont difficiles tant l'installation y est compliquée. Quant à la vie sur place, elle peut être agréable si on a la chance d'être logés par l'Armée (nous l'avons été) ou par sa famille. Sinon, tout devient problématique : trajets interminables, logement exigu, enfants malheureux ou endettement...

Je suis actuellement dans ce cas et dans cet état d'esprit. Je n'envisage pas de pouvoir y vivre avec les loyers actuels sans travailler. J'ai donc entrepris une formation de plusieurs semaines pour me remettre à jour, n'ayant jamais travaillé. Avec six enfants à la maison, est-ce bien raisonnable ? Mais ai-je vraiment le choix cette fois-ci ? »

***

Françoise 1

« Je me considère tout à fait comme atypique. De famille sans militaire, il me fallait tout apprendre. (...) Parisienne d' origine, il m'a fallu partir pour Saumur. Heureuse jeune mariée, j'ai eu du mal à me retrouver en province, éloignée de ma famille et de mes amis. Infirmière, j'ai travaillé pendant cette première année à la fin de laquelle j'attendais notre premier bébé.

À Fréjus, la vie m'est apparue plus sympathique, la mer, le soleil... Mais c'était sans compter les absences répétées de mon de mari ! Premier anniversaire de notre fille, j'attendais à peine son petit frère que F. partait au Liban au sein de l'ONU, six mois !

À son retour, je ne ressemblais plus vraiment à l'épouse qu'il avait quittée. C'était ma première expérience de solitude. Je n'étais pas préparée à prendre des décisions importantes concernant une famille. C'est là que j'ai compris que sans un caractère fort, autonome et un certain goût de l'indépendance de la part d'une femme de soldat, le couple court au désastre. Et pourtant, j'avais été choquée lorsque l'épouse d'un capitaine m'avait dit que son mari n'avait pas droit au chapitre en ce qui concernait le quotidien et l'éducation des enfants ! Mais l'expérience m'a montré que nous marchons dans la même direction, que nous appliquons les mêmes règles au sein de la famille mais qu'il faut bien qu'une personne sur les deux, en l'occurrence l'épouse, soit là pour l'application.

Au bout de trois mois, il a pu bénéficier de 15 jours de permission. J'avais pris mon billet pour Tel Aviv, juste au moment de l'entrée des Israéliens au Liban. Pas de courrier, ni de téléphone ! Pas plus de nouvelles au niveau du régiment. J'ai confié notre fille à mes parents en ne sachant pas ce que je trouverais à ma descente d'avion. Il était là. Ces 15 jours ont effacé l'attente, le manque de l'autre, l'angoisse au quotidien, la course au courrier.

En 1983, mutation pour Abidjan en famille. Encore une nouveauté qui peut paraître effrayante pour une jeune mère de famille. Cependant ce séjour a été très agréable. Nous avions les avantages de l'Afrique, tout en se sentant en sécurité. Deux années de vacances, une parenthèse dans ma vie ! Le rêve, en famille, au soleil, sans problème financier (il ne faut pas l'oublier) et servie de plus. Je ne parlerai pas, bien sûr, de la moiteur, des cafards, serpents et araignées....

Mon plus gros problème a été la « vie de camp ». J'ai trouvé cela très pesant, officiers d'un côté, sous-officiers de l'autre, avec l'impression (palpable) d'être en permanence observée pour ne pas dire jugée. D'où notre envie à notre retour d'habiter loin des autres.

À notre retour et jusqu'en 1995 nous avons eu la chance de ne pas déménager. Nous avions fait, avec difficulté, l'acquisition d'une maison en région parisienne en pensant n'en profiter que deux ou trois ans, mais les postes et les années d'études se sont enchaînés en Ile-de-France. Les trois enfants ont pu faire leurs scolarités au même endroit et avoir des amis.

1990, Guerre du Golfe. Expérience encore différente à cause de la médiatisation du conflit. Les enfants ne pouvant pas échapper à certaines images ont été très perturbés. Et pourtant nous avions des relations plus aisées grâce au téléphone. Encore trois mois de solitude, de peur, tout en gardant la tête haute face aux enfants, à la famille et aux amis.

Les études du mari, une période curieuse à vivre ! Il n'y avait que les cours et la rédaction de thèse qui comptaient. Le reste, c'est-à-dire nous, était annexe. Une fois de plus, avec un mari physiquement présent, il fallait faire office de chef d'entreprise familiale et tout gérer !

Ce qui est sympathique, c'est que votre « étudiant de mari » est toujours militaire ! Et pendant les périodes de vacances d'été, quoi de mieux que de partir en opération ? 1992, en ex Yougoslavie, en 1999 le premier mandat au Kosovo, en passant par l'Albanie. À chaque fois trois ou quatre mois qu'il fallait encore assumer seule.

Tant que votre mari est dans un régiment ou rattaché à celui-ci, vous êtes en général prise en compte. On sait que vous existez et vous pouvez compter sur la communauté. Mais dès que vous approchez de la capitale, c'est terminé.

1995, nouveau séjour en Afrique, à Bouaké. À l'époque pour moi la pire des mutations. Eh bien ! Nous y sommes allés et je n'en garde évidemment que les meilleurs moments. Pas facile pour une parisienne de se trouver dans une ville de brousse! Grande bien sûr, mais avec 18 militaires en poste en assistance technique. Rien à voir avec le premier séjour. Une chance, un lycée français pour les enfants, mais juste un médecin militaire sur place, pas d'avion pour une évacuation sur Abidjan. En cas de problème médical, quatre heures de voiture sur mauvaise route. Quel plaisir d'aller à Abidjan de temps en temps pour se ressourcer. La première année m'a paru un siècle. Mais avec la relève, le sourire est revenu et j'ai apprécié le fait de pouvoir être en contact avec tout le monde et de ne faire aucun cas des grades, après le travail. J'ai conservé de ce séjour de grandes amitiés que nous entretenons chaque année en nous retrouvant tous les week-ends de Pâques.

Peut-être pour cause de vie parisienne, je me suis trouvée coincée entre la vie civile où nous vivions et les manifestations militaires que j'ai toujours eu à cœur d'honorer. Je me suis souvent sentie, et encore maintenant, décalée face aux autres femmes que je côtoyais aux sorties d'écoles. Et pourtant les galons de mon mari n'ont jamais fait partie de mes tenues !... L'image de l'épouse d'officier qui ne fait rien de ses journées, que se pomponner et dépenser la solde considérable (en effet, elle ne travaille pas !) de son mari est tenace. Mais bien sûr, nous n'avons pas toujours les mêmes priorités !

Mais, plus étonnant, j'ai eu aussi des difficultés au sein des épouses d'officiers elles-mêmes. Cela semble changer à présent mais, à mes débuts dans la *carrière*, il m'a été choquant de voir qu'une épouse de capitaine ne pouvait devenir l'amie de celle d'un colonel sans se faire refouler par ses *égales* ...

Je trouve gênante cette image de « Mère courage ». Ce que j'ai fait, c'est par amour envers mon mari, mes enfants. Nous sommes d'abord des épouses et des mères. Bien sûr, nous avons une image à véhiculer, mais plutôt que celle du courage, peut-être est-ce plus celle de la dignité. Je n'ai pas fait le choix d'être épouse d'officier, le hasard m'a aidé.

Après, la personnalité de chacun fait le reste. Un général m'a dit, huit jours après notre mariage : « *Madame, vous ferez la carrière de votre mari !* ». Impressionnant et lourd à porter. Comment pourrai-je prétendre y avoir participé ? Et pourtant, si l'Intendance n'avait pas suivi, aurait-il eu la même tranquillité d'esprit ?

Au quotidien, la gestion est parfois lourde et l'angoisse présente à la pensée d'une éventuelle opération extérieure, d'une mutation déplaisante pour la famille, mais je n'ai pas le droit de me plaindre en considérant la vie de mes aînées, celle d'autres épouses de militaires moins chanceuses que moi et toutes les femmes devant se battre au quotidien pour vivre correctement.

Il y a des jours où l'on pourrait se lasser. Mais finalement, cette situation fait partie de nous. La fierté, sans orgueil, de « se sentir à part », prend le pas sur la mélancolie. C'est, à chaque fois, un nouveau défi qu'on se lance. Bien qu'avec l'âge l'on devienne moins brave ! »

***

Françoise 2

L'été 1962, aux Baléares où je passais des vacances avec mes parents et mes frères, je rencontrai un très beau jeune homme. J'en tombais amoureuse. Il me dit : « Je suis officier ». J'ouvrais de grands yeux, face à l'inconnu. Rapidement il me dit : « *Voulez-vous m'épouser, je vous emmène à Tahiti !* ». Prête à le suivre au bout du monde, je dis oui…

Mariage, puis Saint-Maixent où mon beau lieutenant finissait son École d'Application. Je me retrouvai dans un grenier pas chauffé, sans salle de bain, les toilettes au fond du jardin. Les canalisations étaient gelées. Il fallait aller chercher l'eau à la pompe en haut de la rue. Mais le soir, les célibataires débarquaient avec quelques victuailles et l'ambiance réchauffait l'atmosphère… mais je n'oubliais pas Tahiti…

… Ce fut Bourg-en-Bresse ! Les Tirailleurs marocains. Cette fois nous avions un véritable appartement et l'arrivée de notre première fille fut une joie immense. L'ambiance de garnison était gaie malgré l'absence régulière de nos maris. La dissolution du Régiment se fit dans une grande fête et un magistral « son et lumière ».

L'été 1965, il partit au Sahara. J'étais en vacances chez mes grands-parents. Notre seconde fille naissait quinze jours après son départ. Je m'installais à Lyon dans un petit appartement. Pas de téléphone mais nous avions convenu de nous écrire chaque soir. Les lettres du désert arrivaient par paquets. (Une fois j'en ai reçu 20 mais j'avais passé vingt jours sans nouvelles). J'ai pu rejoindre mon mari à Noël et à Pâques la première année et six mois avec les deux filles la seconde année (In Salah, In Amguel, Reggan) ; j'attendais le troisième qui fut un garçon.

Ensuite Clermont-Ferrand où le régiment était sur le terrain du lundi au vendredi, et parfois un mois d'affilée.

Et puis Paris. Mon mari, ayant opté pour des études d'arabe, devait partir pour une année au Caire. Qu'à cela ne tienne, j'en étais avec lui et les enfants ! Ce fut une année formidable pleine de leçons et d'enrichissement, malgré le pillage de notre déménagement arrivé fin novembre avec les livres de classe des enfants. Quels souvenirs !

Et puis Valence, d'où il est parti au Liban (FINUL) pendant sept mois. À cette époque, deux autres enfants étaient nés ; nous en avions donc cinq. Il fallait garder le moral car j'avais en charge les femmes de ceux qui étaient partis avec mon mari. Nous nous écrivions chaque soir et j'attendais les lettres. Mais il fallait gérer le quotidien, l'éducation et les études des enfants (l'un avait été mis à la porte de son école par les religieuses, qui ont fini par le reprendre !). Lorsque nos « soldats de l'ONU » revinrent, je demandai la permission de laisser les enfants accueillir leur père. Ce fut un moment de grande émotion.

À nouveau Paris où il travaillait pratiquement sept jours sur sept. Il partait en mission en me disant : « *Je reviens demain* » et je n'avais plus de nouvelles pendant quinze jours ! Ou : « *Je pars pour quinze jours* » et revenait trois mois plus tard. Mes amies me disaient : « *Tu savais ce qui t'attendait !* » Mais non ! Je ne savais rien mais, finalement, j'aimais cette vie chaotique.

Ensuite deux années intenses : temps de commandement à S. où il fallait être là sans être envahissante, recevoir et être reçus, être réveillés en pleine nuit par les chants des officiers qui apportaient le champagne, écouter (un jeune engagé m'a téléphoné pour me demander un rendez-vous avec mon mari), aider les jeunes femmes dont les maris étaient souvent à l'extérieur (j'ai même fait du baby sitting…). Il fallait accepter d'être critiquée mais aussi aimée. Il fallait recevoir et soutenir la famille d'un jeune capitaine mort dans un accident de voiture. Deux années de grandes émotions, gaies ou tristes. Le réveil par des chants tahitiens de la compagnie qui revenait de Nouvelle-Calédonie et qui m'apportait des cadeaux. Le café fumait. les croissants étaient encore chauds.

Puis à nouveau Paris et la guerre du Golfe. Nous étions en vacances et mon mari, avec son brevet d'arabe, disait en riant : « *Qu'est-ce-qu'ils attendent pour m'appeler* ? » Le dimanche suivant, coup de téléphone lui demandant s'il était prêt à partir le mardi. Le week-end suivant, il était toujours à Saint-Germain et vint nous voir. Re-adieu. Puis ce fut le départ. Le soir de son anniversaire, un de mes fils et moi assistions en direct à *Sa guerre*. C'était irréel. Et la télévision nous expliqua, dans un sadisme pervers, comment allaient mourir nos maris, avec simulation pour que nous comprenions bien.

J'appris qu'on pouvait téléphoner à Riyad, ce que nous fîmes, les enfants et moi, chaque dimanche soir... L'un des premiers partis, il fut presque le dernier revenu. Son retour fut beaucoup moins solennel que celui du Liban; nous vîmes arriver un taxi et, sortant de là, un soldat en tenue camouflée, le béret encore plein de sable. Mais cela ressemblait tout à fait à l'homme, toujours discret, ne se mettant jamais en avant. Nous étions fiers ! Mais pendant cette guerre, j'ai entendu des paroles extrêmement méchantes. Un dimanche, je suis même sortie de l'église en plein sermon, alors que le prêtre tirait à boulets rouges sur les soldats français et américains. J'en avais les jambes coupées.

La grande récompense fut leur défilé sur les Champs-Élysées. Les enfants étaient fiers de leur père.

Puis à nouveau Paris, Creil et encore Paris et le départ dans une nouvelle vie, beaucoup moins trépidante mais, du coup, nous ne savons pas très bien où nous fixer.

Ce ne fut pas facile tous les jours. Il m'est arrivé de craquer, jamais devant les enfants.

Si c'était à refaire, je le referais, les yeux fermés ! »

***

Isabelle 3

« J'avoue être un peu déroutée par votre question. Petite-fille, fille, belle-fille, sœur, belle-sœur d'officier, je ne me suis jamais posée ce problème : toute ma vie a baigné dans cette ambiance. Etre épouse (d'officier ou non) et mère de famille signifient faire tourner la maison, gérer la *crise* des enfants plus ou moins grands, prévoir les ravitaillements, les repas, l'organisation quotidienne de la maison, bref être « *ingénieur en génie domestique* » !

C'est ne pas se poser trop de questions et agir afin que pas trop de soucis ne retombent sur l'époux souvent absent ou préoccupé par son travail.

C'est pour cela qu'il est difficile à une épouse de se confier car c'est sa vie quotidienne, plus ou moins facile à accepter, qu'elle doit exposer. Mon côté pudique et réservé va être mis à rude épreuve...Mais tant pis je me lance !...

Je me suis mariée, il y a 15 ans, avec un jeune officier-élève et j'ai donc eu la chance de passer un an à Coëtquidan, cet endroit mythique pour beaucoup ! Quel plaisir de se retrouver dans cette ambiance d'école quand on est jeune mariée et femme de « *Père Système* » et que l'on côtoie des jeunes ménages. Je suis heureuse de « *faire partie* » de cette promotion et de partager avec d'autres épouses les bons moments et les souvenirs.

Cette même ambiance s'est retrouvée en École d'Application où notre premier bébé est né. En même temps, il a fallu que mon mari gère de « petits incidents » survenus au sein de la Promo à la fin du premier Bataillon et que je le soutienne, tout en ne paraissant pas angoissée par l'avenir. Heureusement, avec les années, les mauvais souvenirs s'estompent…

Puis, durant les sept années passées à Calvi, j'ai été fière de le voir à la tête d'une section de légionnaires, puis d'une compagnie. Ces longues années n'ont pas toujours été faciles à cause des nombreuses absences. Avec l'arrivée de nos deuxième, troisième, quatrième et cinquième enfants, il a fallu apprendre à gérer seule leurs pleurs, leurs angoisses, leurs maladies, leurs questions :

« *Pourquoi Papa est-il* ***encore parti*** *?* » Comment ne pas avoir la gorge nouée en voyant mon fils de trois ans, son sac sur le dos plein de ses petits jouets, me déclarer qu'il part à Sarajevo retrouver son papa parti pour six mois ?

Ces absences prolongées, surtout quand on est sur une île (au bout de plusieurs années, l'insularité commence à peser !) ont été plus ou moins difficiles à accepter mais heureusement il y avait les « autres », toutes ces épouses seules aussi avec qui je pouvais partager ces moments. Quelle joie de se retrouver ensemble pour un goûter, un anniversaire ou même un Noël. Des images sont gravées et, même si nous nous sommes perdues de vue, il y aura toujours quelque chose inscrit en nous que nous aurons du mal à faire partager. Même les aînés de nos enfants ont été marqués par ce séjour en Corse.

Dans ces moments d'absence, l'excellente ambiance du régiment ne nous empêche pas de verser beaucoup de larmes en attendant leur retour...

Sur nos huit enfants, mon mari n'a été absent qu'à deux naissances. Par rapport à d'autres épouses, je n'ai pas eu à me plaindre ! Mais à l'époque des aînés, les communications vers l'étranger n'étaient pas toujours faciles. Le courrier a vraiment été un temps fort entre mon mari et moi. À chaque « *tournante* », nous nous sommes énormément écrit. Quelle joie de partager sa vie quotidienne, de recevoir des nouvelles, de se sentir aimée.

Le courrier me paraît extrêmement important car je peux lire, relire et relire ces lettres. Je pouvais y exprimer mes joies, mes lassitudes, mes peines... Souvent les nouvelles n'étaient plus d'actualité quand il les recevait mais qu'importe ! En les écrivant, j'avais l'impression de lui faire partager notre vie de « *base arrière* » afin qu'il ne se sente pas coupé de la famille. À l'heure actuelle où le portable permet d'être en contact quasi permanent, il est essentiel, à mes yeux, de garder ce lien par le courrier. Dans une lettre, je pense que l'on partage davantage ses sentiments et l'amour que l'on ressent, alors qu'en raccrochant son téléphone, on reste souvent frustré. Mais j'avoue que, de temps en temps, un coup de fil me remonte le moral !

Après cette vie quand même *idyllique*, il a fallu rentrer dans ce fameux cycle de la préparation de l'École de Guerre. Pendant ces deux ans, j'ai admiré la régularité de son travail alors que plusieurs de nos enfants nous faisaient passer des nuits difficiles. Le manque de sommeil n'a pas ralenti son rythme. Sa détermination a été récompensée et, à nouveau, j'ai été fière de lui ! 18 mois de scolarité calme nous attendaient ! Quelle joie de retrouver un père et un époux disponible et détendu. Ce break dans une famille de militaire est important car nous sommes si souvent séparés qu'il faut profiter à fond de ces moments.

Mais, bientôt, il a fallu repartir sous d'autres cieux, le calme était fini ! La Division d'Application attendait mon mari à Montpellier et, pendant deux ans, il a vécu au rythme des lieutenants : le terrain, les entraînements et les activités en pays étrangers. Cette fois-ci, les absences étaient programmées : il a profité de toutes les vacances scolaires ! Je n'ai donc pas eu à me plaindre, même si les enfants plus grands réclament plus d'attention.

À présent, nous voici à Toulouse où le rythme ne change pas beaucoup de Montpellier.

Ce qui me paraît important pour l'équilibre de la famille, c'est de voir mon mari heureux dans son travail même si les horaires ne correspondent pas aux 35 heures !

Lors des quelques déménagements que nous avons faits, j'ai éprouvé de la joie à arriver dans une nouvelle garnison. Il y a bien sûr des moments d'angoisse quand il faut chercher un logement (pas toujours facile avec huit enfants... les logements militaires n'étant pas adaptés à des familles très nombreuses !). Il y a l'adaptation et la découverte de la ville à refaire, ce qui n'est pas toujours facile pour des enfants grandissant. On est à nouveau à la recherche de bonnes adresses de médecins, de dentistes, de clubs, etc...

Mais je reconnais que les civils ont une certaine admiration de notre intégration rapide, sachant très bien que notre passage sera de courte durée en général.

En conclusion, je dirais que je suis heureuse d'être l'épouse d'un officier parachutiste. Ces 15 années à ses côtés (même si parfois des milliers de kilomètres nous séparent) m'ont apporté beaucoup de joie et de satisfaction. Je peux être fière des décorations de mon mari qu'intérieurement je partage (faute de les avoir moi-même !).

Cette satisfaction est légitime quand on voit avec quelle ardeur nos maris s'investissent pour la plupart dans leur profession. Il nous faut quand même une certaine abnégation pour accepter cette vie sans cesse bouleversée par des OPEX, des manœuvres, des déménagements, des week-ends « gâchés » par des gardes...

Mais, en même temps, nous ne vivons pas dans l'angoisse du chômage, des licenciements ou autres. Même si les soldes ne sont pas énormes (mais on s'y fait !) nous sommes assurés de toucher un salaire chaque mois. N'est-ce pas important en ces temps si difficiles pour l'emploi. Je remercie chaque jour le Ciel de cette vie.

Avoir un mari heureux de ne pas s'être trompé de vocation, il y a 18 ans, est déjà énorme pour une épouse. »

***

Marie-Agnès

« Mon analyse s'est concentrée principalement sur trois OPEX vécues à des âges et surtout avec une maturité différents.

Les deux années où C. était instructeur à Montpellier m'ont semblées encore plus difficiles car il s'agissait d'absence répétitives de deux à quatre jours dans un cycle de deux à quatre mois pendant deux ans. J'étais isolée dès le début et cela ne suscitait pas de pitié de la part d'autrui parce que mon mari était présent le week-end ; je n'avais pas le droit de me plaindre.

J'étais enceinte de six mois de mon troisième ; ma fille alors âgée de trois ans était malade et j'avais dû aller aux urgences. Vers 21 h, s'apercevant que j'avais trois enfants rapprochés, le pédiatre m'a demandé : « *Personne ne vient vous récupérer ! Votre mari, où est-il ?* » Lui ayant répondu qu'il était militaire sur le terrain, il m'a rétorqué : *« Ah, ces militaires, jamais présents ; vous ne viendrez pas vous plaindre si vous faites une fausse couche ! »*

Cependant, aucune personne du service ne m'a aidé à porter ma fille à la voiture....

1° OPEX : 1994, C. était chef de section. Casque bleu dans les KRAJINA. Séjour initialement prévu pour 6 mois. Réduit à quatre mois ; son bataillon a été dissous.

Cette première OPEX m'a paru facile, probablement parce que je n'avais aucune expérience, j'étais jeune (23 ans); ma fille aînée n'avait que 5 mois et j'ai pu me rendre dans ma famille à deux reprises. Cependant, j'ai été jalouse de mon mari à qui je disais : *« Toi au moins, tu vas t'éclater* ! » Ce qui a été mal perçu ! Pour moi, il n'allait pas se battre. J'appréhendais cependant de devoir accoucher de mon deuxième au mois de septembre sans lui. Mais il est rentré en juin.

2° OPEX : 1998 : BOSNIE (SARAJEVO)

J'ai pris ce second départ comme une libération. Il venait de prendre sa compagnie trois semaines plus tôt ; je sentais que les mois à venir seraient difficiles à partager car il avait décidé de s'y consacrer entièrement. Ayant confié mes enfants à mes parents, je pus me rendre à Paris une semaine, histoire de revoir à quoi ressemblait une grande ville ; moment de plaisir mais aussi de déception ; femme mariée, je ne pouvais plus aspirer à partir à l'étranger avec mes anciennes amies célibataires. Mon mari était absent, mes anciennes amies s'étaient organisées sans moi, bref tous les inconvénients sans les avantages. J'avais perdu le moral. Dieu merci, un séjour à Lourdes avec ma sœur, me le redonna. Le régiment étant parti dans sa presque totalité, l'épouse du colonel contribua fortement à maintenir la cohésion entre épouses par le biais d'activités très agréables. Et surtout, cerise sur le gâteau : un voyage dans les Iles était prévu à son retour.

(...) A son retour, il annula notre voyage, donnant priorité à une activité régimentaire. J'en conçus de l'amertume. Bien sûr, les enfants étaient euphoriques ; au bout de 24 heures, j'avais perdu de l'importance à leurs yeux ! Cependant, nous étions heureux d'être à nouveau réunis.

Après deux jours de retenue, il me fit quand même des reproches sur l'état de l'appartement et le rangement de la maison. Quel mufle ! Avait-il oublié que je n'avais que deux mains et que je m'étais organisée à ma façon ?

3° OPEX : départ seulement huit mois après son retour de BOSNIE. S'agissant de deux OPEX successives, je croyais y être préparée. Je savais qu'il y aurait de longs mois d'attente. Sont venus s'y ajouter les problèmes scolaires de mon aînée. Cela m'a minée pendant des mois et continue de le faire.

La dernière pleurant toutes les nuits, je commençais à manquer cruellement de sommeil. Ambiance régimentaire inexistante puisque seules deux compagnies étaient parties. L'épouse du nouveau chef de corps n'avait pas la chaleur humaine de la précédente et « les matinées » instaurées par l'ancienne cessèrent.

Je n'ai pas eu de contact avec les civils ; bref, tout s'annonçait pénible. J'avais une vie très réglée, partagée entre les chapelets du lundi matin et quelques amies ayant des enfants de l'âge des miens. Concernant les femmes de cadres de la compagnie, j'ai organisé un petit-déjeuner à la maison ; certaines ont répondu favorablement, d'autres non, mais c'était sympathique d'évoquer les incidents vécus par nos maris au KOSOVO (en effet, la compagnie de C. avait été violemment prise à parti par des manifestants albanais sur un des ponts de Mitrovica au mois de septembre). Je m'entendais particulièrement bien avec une épouse de sous-officier avec laquelle je passais d'agréables soirées.

Le côté drôle de cette OPEX fut, sans conteste, le retour de C. ; prévu initialement pour Noël, il fut systématiquement décalé d'une semaine (4 fois au total).

Le mois de janvier fut sympa et, un beau jour, le *prince charmant* fit son apparition début février, fatigué et sans cadeau pour ses enfants et sa femme, ce qu'il n'avait pas fait pour la Bosnie. Au total, il m'avait quittée cinq mois et demi.

En conclusion, un père est irremplaçable (autorité, affection, réconfort)... mais nous avons constaté qu'il fallait une certaine période de réadaptation de vie à deux, le temps que chacun retrouve sa place. Une OPEX reste un moment difficile mais, quand on est entourée d'amis et de famille, tout à fait supportable dans le cas d'un départ groupé et non isolé.

Je suis a posteriori fière d'avoir pu supporter cela mais n'ai pas envie que cela se reproduise. »

***

Isabelle 4

« Il y a 20 ans, rien ne me prédestinait à devenir femme d'officier. Fille d'industriel, le monde dans lequel je vivais était très éloigné d'un milieu militaire qui m'apparaissait principalement comme un univers coupé des réalités de notre époque. À quoi, en effet pouvaient bien servir ces gens qui ne produisaient rien (quelle horreur !) et passaient leur temps à préparer une guerre dont toute ma famille me disait qu'elle devait désormais être considérée comme une compétition économique et non comme un affrontement militaire.

Je passe ma première année de jeune mariée à Coëtquidan. Épouse d'élève, me voici immergée dans ce qui est souvent considéré comme le lieu de tous les conservatismes, l'endroit où sont cultivées les références les plus obsolètes, où se développent en vase clos les comportements les plus caricaturaux.

Etonnement, curiosité et souvent incompréhension devant un esprit et des traditions qui me semblent alterner de façon souvent incohérente les farces de potaches et la référence constante à une mystique du service de la France par les armes, qui me paraît généralement un peu confuse et presque morbide.

De toute évidence, beaucoup de choses m'échappent. Mais je ne suis pas certaine que les officiers-élèves qui m'entourent comprennent bien eux-mêmes tout ce qu'ils font et disent.

Malgré tout, je suis séduite par ce que je pressens chez eux de générosité et d'humanisme profond. Ils sont avant tout impatients de s'engager avec ceux qu'ils espèrent être dignes de commander.

Après cette première année, commence la vie banale de toute épouse de soldat. Pour lui, les départs pendant quatre mois au bout du monde, pour moi, les absences et l'émerveillement de la maternité... Et un abondant courrier pour mettre tout cela en commun !

La première guerre du Golfe est l'occasion d'une prise de conscience brutale : je vis dans un pays en paix pour lequel mon mari doit faire la guerre. Je découvre l'inquiétude et la peur. Je sens que la solidarité entre épouses naît d'abord de ce besoin irrépressible de partager une angoisse qui ne peut être comprise que par celles qui la vivent. Je mesure aussi qu'au-delà du risque qu'il court, il doit faire son métier de soldat... jusqu'à tuer s'il le faut. Interrogations. Questionnements. Et puis, au retour, après l'indicible bonheur des retrouvailles, complexité d'un dialogue à renouer, plus profondément car il faut désormais y intégrer cette expérience douloureuse.

Nous partons alors à Djibouti pour deux ans de vie *en compagnie isolée* dans un pays en guerre. F. est souvent absent, parti en zone rebelle et puis, bientôt, en Somalie pour l'opération « *Restore Hope* ». J'apprends à vivre au sein d'une communauté réduite et coupée du monde, au milieu des Djiboutiens : efforts de connaissance de l'autre et de soi-même, apprentissage de la tolérance et, au-delà, découverte de l'infinie richesse de tout être humain quelles que soient ses origines, sa culture, son apparence.

Retour en France où il prend le commandement de *la plus belle compagnie du plus beau régiment,* comme chaque capitaine prenant un commandement ! Le voici parti au Gabon, puis au Rwanda dont il revient profondément marqué par l'horreur de ce qu'il a vu, fragilisé par le sentiment de l'impuissance relative de l'action militaire lorsqu'il s'agit d'interdire que se déchaîne une barbarie qui vient du plus profond de l'être humain. À nouveau, nous essayons de partager. Je tente de l'aider, de le débarrasser d'une partie de cette douleur.

J'essaie aussi d'aider celles qui restent en *base arrière*. Exercice délicat où l'on apprend à être là sans s'imposer. Exercice salutaire aussi, qui nous sort de nos solitudes et nous renforce.

Et voilà la compagnie repartie, à Sarajevo cette fois-ci, au moment où la crise atteint son paroxysme. Tout de suite, nous apprenons les premiers blessés, les otages... F. et ses hommes montent à l'assaut du pont de Vrbanja… des morts, des blessés, la guerre...

En France, nous continuons à apprendre comment on doit dompter son angoisse pour continuer à vivre. Je suis surtout surprise par l'incroyable sentiment de jalousie et de révolte qui monte en moi. Mon mari, délibérément, est allé au devant de la mort, prêt à nous laisser seules, nos quatre filles et moi ! Il y a donc quelque chose qui compte pour lui plus que cet amour autour duquel et pour lequel j'organise et je consacre toute ma vie !

Je vois ensuite ces images de Sarajevo. La levée des corps de ses soldats. F. se cache pour pleurer. Je pense à sa souffrance.

Au retour, à nouveau, cet échange qu'il faut recréer avec un homme différent, changé d'avoir conduit ses soldats à la mort, changé d'avoir tué d'aussi près.

Mon travail d'épouse d'officier en somme. Comprendre, rassurer, aider à surmonter des doutes pour que nous puissions vivre tous les six heureux, pour qu'il puisse continuer à vivre cette vocation dont je sais désormais que je suis terriblement jalouse et dont je suis pourtant fière. »

***

Nicole D.

« Etre femme d'officier ne constitue ni une vocation initiale, ni sûrement un métier, mais le lent apprentissage d'une vie un peu particulière, avec de formidables moments, parfois le doute et les pesanteurs, avec ses passages dans des halos toujours éphémères et de longues progressions dans la pénombre.

Après un peu plus de vingt ans de mariage, nous venons d'opter, mon mari et moi, pour le *célibat géographique*, lui à Paris et moi à Bordeaux. C'est une séparation supplémentaire que nous venons de nous infliger; ni pour le plaisir, ni pour ma satisfaction personnelle. L'accumulation des mouvements et des remises en question, la perspective d'une vie banlieusarde sans réel intérêt et l'entrée en scolarité supérieure des enfants ont été les arguments déterminants de notre choix. Notre cas préfigure sans doute ce que la rapidité des transports, l'allongement des congés et week-ends et le souhait grandissant des femmes de réaliser leur propre vie professionnelle engendrera à grande échelle.

Installée aujourd'hui dans un environnement d'où l'armée est absente, j'apprends à vivre différemment : non pas en termes d'autonomie, car les absences répétées dès les débuts de notre vie commune ont un peu forgé mon caractère et m'ont appris, comme à beaucoup d'autres, à me débrouiller seule et assumer mes décisions ; non plus en termes d'occupations, car de mon statut d'épouse et de mère, je m'oriente désormais vers celui de f*emme active* (!) à la fois pour combler des journées de solitude mais aussi pour atténuer les surcoûts engendrés par cette vie sur deux emprises, peut-être aussi pour gagner, à titre personnel, une reconnaissance difficile jusqu'à présent à dissocier de celle de mon mari. À la lumière des huit dernières années passées près des régiments, puis de l'École du Génie, la différence tient davantage dans une vie sociale moins riche et dans la perte des repères qu'offrait ce cocon à la fois pesant et rassurant.

Que de fois j'ai pesté contre cette armée qui contrarie les vacances et refroidit les plats mitonnés avec tendresse, qui fait se lever en pleine nuit, qui fait s'emballer les machines à laver le week-end pour que le zombie récupéré le vendredi soir, généralement tard, puisse repartir frais et dispos à l'aube du lundi !

Que de fois j'ai douté quand sonnait l'heure de la future affectation ! Faire les cartons, une vingtaine au début de mon mariage, pas loin de cent aujourd'hui, et chaque fois s'inquiéter des capacités du camion et de celles de l'équipe de déménageurs. Recommencer ailleurs, chercher un logement convenable, puis lui donner les couleurs de notre intimité, courir de la Préfecture au garage pour s'affubler d'un numéro de plaque qui nous fait passer pour des estivants dans notre propre fief, naviguer d'EDF aux PTT, de la Lyonnaise au Trésor, et puis, surtout, dénicher l'établissement scolaire qui sera le premier critère de la sérénité.

Réapprendre à vivre dans ce nouveau contexte, découvrir la ville, retrouver ses marques et rassurer les enfants qui, selon l'âge et l'environnement, mettront au mieux un trimestre, au pire deux ans pour s'habituer… le temps de repartir.

Que de fois ai-je maugréé lors des prises d'armes, des bals, des cocktails et autres rassemblements, lorsque mon mari, emporté de groupe d'hommes en groupe d'hommes dans des conversations souvent professionnelles, me plantait là, sans un regard, sans une attention, sans la moindre inquiétude sur mon devenir ! Et là, sourire, encore sourire et faire croire que tout cela n'a pas d'importance… Et puis, toujours faire partie du dernier carré, parce que s'éclipser à une heure décente n'est pas compatible avec les tempéraments du sud-ouest. Les jambes qui rentrent dans le corps, et pas une chaise…

Mais, parce que je connaissais le milieu militaire et que j'ai d'emblée accepté de me concentrer sur mon rôle d'épouse et de mère, sans doute aussi parce que la forte mobilité est difficilement compatible avec d'autres perspectives, j'ai patiemment construit, avec les années, au rythme des promotions de mon mari, mon rôle de femme d'officier.

« La raison peut nous avertir de ce qu'il faut éviter, le cœur seul nous dit ce qu'il faut faire » (Joseph Joubert – Pensées, maximes et essais).

J'ai d'abord cherché à mettre ma famille au dessus de mes propres préoccupations pour essayer de lui assurer la stabilité et le confort que trop de déménagements viennent sans cesse contrarier. J'ai appris à aller vers les autres, d'abord timidement puis avec un peu plus d'assurance, à m'impliquer chaque fois davantage dans le fonctionnement de la vie *« péri militaire »*, à donner un peu plus de mon temps. Après avoir, dans les débuts, soutenu quelques amies proches, après avoir moi-même trouvé le réconfort auprès d'aînées aguerries qui portaient à mes inquiétudes et mes angoisses un éclairage relatif, **aider les autres apparaît comme une responsabilité naturelle** que l'on porte à l'ensemble des familles de la compagnie, puis à celles du régiment. Et on en conserve, par delà les grades et la hiérarchie, des liens durables que les années ne distendent pas.

Et puis, resteront pour toujours mes souvenirs de femme de chef de corps, tenue malgré elle de s'exposer à la lumière aveuglante, par manque d'habitude et de préparation. Et le premier discours en public, celui d'ouverture où il faut se montrer digne de son rang : écrire avec application les phrases bien tournées à prononcer, mettre un soin particulier à sa toilette avant cette première entrée en scène, rejoindre l'arène, pousser la porte. L'estomac se noue, l'esprit se vide. Le discours est illisible à cause des mains qui tremblent et de la vue qui se brouille. On cherche dans l'assistance le soutien d'un ou deux visages connus. Alors, du fond du cœur, viennent des mots simples, parfois un peu maladroits, dénués de grandes tournures et d'emphase.

Et après deux années inoubliables, souvent teintées de doutes, arrive le dernier repas, celui d'adieu à toutes celles qu'on a appris à connaître, à aimer et qu'on va quitter demain parce que les chemins sont ainsi faits. Entendre des mots doux qu'on pense ne pas mériter mais les accepter quand même, tant ils font plaisir. Pleurer et refermer la porte. »

***

Odile

« Je me suis mariée en 1965 : la guerre d'Algérie à laquelle H. avait participé était terminée, et ce n'est que près de vingt ans après, que les évènements du Liban ont provoqué de nouvelles absences longues. Fille, petite-fille, sœur, mère de militaires, la vie de femme d'officier avec ses grandes joies et ses difficultés m'était connue. En amont, les exemples de vrai courage ne manquaient pas... et je vois, en aval, une nouvelle génération de femmes bien souvent (trop souvent) seulettes. J'ai été dans l'entre deux, je n'ai pas eu à m'en plaindre !

Des difficultés matérielles ou d'existence, bien sûr il y en a eu. On sait bien que les soldes n'ont été réévaluées que dans les années 70 (mais quand est apparu le chômage, on nous a envié nos soldes qui tombaient tous les mois, et la sécurité de l'emploi...). Il y avait les nombreuses manœuvres, les nombreux stages, mais dont on savait ce que, dans l'ensemble, ils apportaient à nos maris en épanouissement, en intérêt, en qualification. Ça aidait quand même à supporter ! (Un grand départ seulement, de six mois au Liban, me laissant seule avec mes six affreux ados, mais le résultat fut positif, pour nous tous !)

Nous avions six enfants à loger, à déménager, à changer d'école, à changer de cadre tous les trois ans, mais nous vivions dans un milieu où chacun était logé à la même enseigne, où la solidarité, l'accueil, l'amitié n'étaient pas des vains mots. Peu de femmes travaillaient : la question du célibat géographique se posait moins que maintenant.

J'ajouterai que, par un effet d'émulation, nous étions stimulées pour, malgré les difficultés, paraître pimpantes au dîner du colonel, mettre les petits plats dans les grands pour recevoir la section, rester d'attaque pour telle ou telle activité programmée, et souriantes, même à l'annonce d'une nouvelle absence.

Les difficultés existaient comme dans toute vie (même choisie)... Elles n'étaient pas brechtiennes, c'est pourquoi je refuse catégoriquement le nom de *mère Courage* qui s'appliquerait sûrement mieux à ma mère qui a connu la guerre, ou à ma sœur aînée qui a vécu les années d'Indochine et d'Algérie – et sans doute à mes fille et belle-fille qui voient partir leurs maris si souvent, dans un contexte certainement moins porteur ni solidaire. J'ai interviewé récemment pour le journal paroissial local des épouses de militaires : j'ai trouvé chez elles crânerie, optimisme, courage... et ras le bol aussi d'être si souvent seules !

Si certaines de mes contemporaines ont vécu les choses plus durement, est-ce dû au fait qu'elles étaient femmes de militaires ? Maladie, veuvage, deuils, éducation des enfants, situations conjugales douloureuses sont autant de choses lourdes à porter, quel que soit le milieu où l'on vit.

J'ai été une femme de militaire heureuse, et le milieu dans lequel j'ai vécu pendant trente ans m'a sûrement beaucoup apporté pour vivre ma vie de femme, de mère et d'épouse.

C'est vrai qu'il était d'usage, lors d'un départ, de donner des fleurs à l'épouse qui « *avait aidé son mari à être ce qu'il était...* »

Moi, j'ai aussi envie de dire **merci** pour tout ce que m'ont apporté l'exigence d'un idéal et d'un sens du service, le « devoir » d'amitié, le désintéressement, un sain environnement pour l'éducation de mes enfants, la capacité de s'adapter, un horizon élargi : j'aurais bien envie, moi aussi, d'offrir des fleurs à l'armée française ! »

***

Patricia

« Il y a maintenant un peu plus de trente ans, (…) je ne soupçonnais pas que j'aurais à faire ménage à trois avec une maîtresse exigeante mais envoûtante : l'Armée !

J'appartiens à la génération de la guerre froide et des opérations extérieures de courte durée, pour lesquelles les choses ont été moins dures que la génération précédente. Pour nous, il était encore habituel de ne pas avoir d'activité professionnelle afin de pouvoir se consacrer à son rôle de mère et d'épouse, tout autant qu'à son rôle social.

Ma « carrière » est davantage derrière que devant moi ; je peux dire que j'ai retiré de tout cela beaucoup de joies et de satisfactions, même si, en regardant aujourd'hui les épouses des jeunes officiers, plus ouvertes sur le monde civil que nous avons pu l'être, je pense avec un peu de nostalgie que j'aurais pu, moi aussi, m'épanouir dans un métier plus en rapport avec mon inclination personnelle pour la musique.

J'ai ainsi vécu pour le meilleur et pour le pire au fil d'une quinzaine de déménagements, avec leur cortège de tracasseries administratives et de crises de réadaptation pour les logements, les écoles, les clubs sportifs, les copains des enfants... tout cela bien sûr en l'absence du *fautif,* parti guerroyer au loin ou s'entraîner dans un camp (sans doute le temps de laisser passer l'orage !). Mais c'est dans ces périodes-là que j'ai à chaque fois pu éprouver la solidarité, toute simple et vraie, et profondément ancrée dans le milieu militaire, qui, non seulement soutient le moral, mais transforme ce genre d'épreuves en expériences d'une richesse humaine hors du commun.

Et puis il y a la *spécificité militaire*, proclamée avec tant de fierté par nos maris, mais que nous sommes en droit de revendiquer tout autant qu'eux, bien que de manière différente. Deux évènements me reviennent en mémoire :

…J'étais une jeune mère comblée par la naissance de notre deuxième enfant. Juste avant la naissance, mon lieutenant de mari était (comme il se doit !) en exercice pour la semaine dans la zone où nous résidions. Mais il s'était fait un devoir de ne pas profiter de la situation pour venir me rendre visite en *abandonnant* (je l'entends encore !) sa section sur le terrain. Nous avions convenu que si je devais partir pour la maternité, je nouerais un tissu rouge à notre balcon. Mon mari s'arrangeait donc pour passer de temps à autre en véhicule devant chez nous… et c'est ainsi que, prenant ses désirs pour des réalités, il a cru voir ce qui n'était pas – du moins pas encore ! – et qu'il a débarqué un beau jour en tenue de combat, hirsute et hagard, à la maternité où je n'étais pas, puisque j'étais en visite chez une amie !

Je vous ai décrit l'événement du côté pile. Du côté face, ça a été moins amusant car, après la naissance, le bébé, très fragile, nous a créé beaucoup de soucis. Et c'est juste à ce moment que mon mari (qui était volontaire pour cela !) est parti sous préavis de vingt-quatre heures pour une destination et une durée inconnues. Je n'ai eu de ses nouvelles qu'un mois et demi plus tard, du fond d'un pays africain. J'ai alors pu lui apprendre que notre enfant était tiré d'affaire. Deux mois après, il a fini par rentrer… comme il était parti, sans préavis, et je l'ai découvert, à nouveau hirsute et hagard, à la porte de la maison !

…Pour le deuxième événement, la situation était apparemment plus *carrée* : il était officier supérieur et j'avais davantage de *métier* ! Toujours à l'affût d'une occasion, il est alors parti pour six mois sur un territoire où la situation était apparemment maîtrisée. La séparation restait finalement la seule difficulté pour la famille, et nous avions résolu de faire front (les cinq de la base arrière) en accélérant la fréquence des sorties *pizza ciné*. Tout allait donc bien lorsque notre petite dernière revint un jour de l'école avec la photocopie d'un journal que lui avait remis sa maîtresse. Nous y avons découvert que mon mari avait été directement mêlé à une mauvaise affaire qui avait fait plusieurs victimes. France-Presse avait fait plus vite que tout le monde pour diffuser la nouvelle, et cela m'a rapidement ramenée à une plus juste appréciation de la situation.

Au fur et à mesure du déroulement de sa carrière, j'ai toujours essayé d'agir pour préserver son équilibre et l'aider dans son action auprès de ses hommes et de leurs familles (*pour le bien du service*, pourrais-je dire !). Ma plus grande récompense, un dimanche après-midi, à l'époque où il commandait son régiment. L'épouse d'un sous-officier a demandé à me voir parce que son mari revenait le lendemain d'un séjour outre-mer et qu'elle savait qu'il ne rentrerait pas à la maison. J'ai été très touchée par cette marque de confiance et j'ai réussi à mobiliser des bonnes volontés afin d'entourer cette jeune femme et contribuer, avec mon mari et le président des sous-officiers, à ramener son époux à la raison !

Ces tranches de vie sont peu de choses, mais ce sont des expériences qui ont contribué à me rapprocher encore davantage de mon mari et de cette armée, si belle, mais si exigeante, et à laquelle, finalement, j'ai moi aussi le sentiment d'appartenir ! »

***

Muriel

Rétrospective « douce-amère »

« Lorsque je me suis mariée en 1973, notre statut ne paraissait pas marginal, en ce sens que le principe de suivre son mari en faisant abstraction de toute carrière professionnelle était encore en vigueur dans les esprits de cette époque-là.

C'était plutôt notre appartenance, en ménage, à un *clan*, celui des militaires, qui suscitait les questions de nos amis civils. *« Vous vivez à part, vous vous suffisez à vous–mêmes ! »* étaient des réflexions courantes mais elles ne portaient pas particulièrement sur nous, les épouses, mais sur l'armée en général.

Et puis, les choses ont rapidement changé. Notre génération de femmes, en tous cas la partie non issue du milieu militaire, a suivi le fameux courant de *libération de la femme*, plus que nous, pour qui la question ne se posait pas. Et alors, les différences se sont accrues. Et il s'est avéré, dans mon cas, que les différentes interventions militaires, à l'étranger notamment (Tchad, Mauritanie, Tchad, Liban...) sont apparues à ce moment là. Difficile et frustrant d'être la seule, dans un groupe d'amies, *célibataire géographique* depuis plusieurs mois, branchée 24 h sur 24 sur France-Info (merci à ce compagnon de route rassurant pour moi et détesté des enfants), à gérer au mieux la maison et les enfants, leurs surprises et leurs contraintes en tout genre. Nous étions la curiosité tout en s'entendant banaliser notre capacité à déménager à tout va, alors que pour les « pauvres » civils cela tenait de l'exploit par leur manque d'habitude de bouger.

Donc, de déménagement en déménagement, d'intervention en intervention, notre vie tournait autour de deux verbes, **attendre et assumer.** Attendre jusqu'au dernier moment la fameuse mutation, attendre sans savoir combien de temps notre mari sera absent, attendre le courrier bimensuel dont les nouvelles ne sont déjà plus valables à l'arrivée, attendre ensuite le retour des manœuvres pour échafauder un projet, attendre, le matin de Noël, le retour de la permanence pour le fêter en famille, après les soldats, et sûrement en compagnie du standard du régiment, assumer les réticences des enfants à déménager, assumer les angoisses des interventions à risques, assumer les changements de mutation de dernier moment, assumer les mois de solitude…

Les enfants grandissent, les villes défilent, Paris, outre-mer, les interventions continuent. Et puis, au retour de l'une d'elles, vous invitez des amis à dîner et vous vous apercevez que votre mari ne les connaît qu'à peine, alors que, pour vous, ils sont devenus presque votre famille pendant ses absences répétées. Le décalage se fait alors sentir et l'on mène sa vie parallèlement et si différemment à la fois, en donnant aux retrouvailles la valeur d'un trésor.

Les enfants vous quittent et vous prenez conscience que c'étaient eux les plus présents depuis des années et que, votre but, c'était de les amener là où ils sont, que vous n'aurez plus de compagnons d'attente alors que votre mari continue à être appelé à droite et à gauche. Vous rêvez à cet instant précis, d'avoir *fait carrière*, d'avoir vos repères bien établis là où vous êtes en ce moment, d'y avoir vécu depuis toujours, d'avoir des souvenirs avec les gens qui y habitent, d'avoir en fait suivi le trajet classique et l'évolution du monde dans lequel vous êtes et des gens que vous côtoyez.

Au lieu de cela, tous les deux ans, il faut continuer à se refaire une place, des amis, retrouver des occupations, *se vendre* à nouveau pour un petit boulot, douter de soi et de ses capacités, aux côtés d'un mari qui évolue dans un milieu de plus en plus intellectuel et sophistiqué dans les hautes sphères de la République…

Vous, vous n'en faites partie que pour organiser (comme pas deux) des cocktails et des dîners, où il vous prend la fierté de raconter comme votre vie vous a offert tant d'endroits exceptionnels et laissé tant d'amis aux quatre coins du monde.

On troque, le temps d'un dîner, toutes les contraintes passées et présentes, contre le privilège d'avoir vu tellement de choses et tellement de gens exceptionnels, d'avoir acquis, vous et vos enfants, une telle ouverture d'esprit, d'avoir habitué vos enfants à bouger, (c'est si important maintenant d'accepter la mobilité dans le monde du travail), d'avoir un grand sens de l'organisation, de savoir si bien *se débrouiller avec trois fois rien.*

Un sentiment de satisfaction s'empare de vous, l'impression d'avoir eu, nous aussi, un tout petit peu, un destin hors du commun.

Ne rien vouloir changer.

Tant pis pour votre fabuleuse carrière jamais entamée. »

***

Marie-Noëlle

« 1977. Une semaine que nous sommes mariés... Certains m'avaient dit, avec un brin de compassion, qu'épouser un militaire, c'était accepter certains aléas. Il est rentré, ce soir, en me disant qu'il partait dans huit jours à la tête de son peloton pour trois semaines de manœuvres. En voilà une nouvelle ! Je trouve que cela m'arrive un peu vite, moi qui viens de quitter mon travail et de le suivre dans cette garnison inconnue du Nord de la France...

Mais enfin, j'ai accepté le grand saut et il est content de ce premier contact avec son premier régiment ! J'en suis heureuse pour lui mais, de toute façon, ce sera l'occasion de retrouver maman et de lui raconter notre petit appartement, au-dessus d'un garage, pas loin de la gare...

... Aujourd'hui, j'ai donné ma démission du travail que j'ai trouvé en ville. D'ailleurs, notre bébé devrait arriver prochainement. Avec ce que m'a rapporté mon travail, nous allons pouvoir acheter la machine à laver qui m'évitera d'aller au Lavomatic.

... On a vraiment de la chance car il y a beaucoup de lieutenants au régiment, plus de la moitié sont mariés. On se retrouve de temps en temps entre épouses : on est toutes dans la même situation (jeunes, mamans au foyer, maris en pointillés et perdues dans une préfecture). Finalement, *la vie de garnison*, c'est beaucoup entre nous que cela se passe !

...Tout juste revenus des plages de Bretagne où ils ramassaient du pétrole, voilà nos maris embarqués jusqu'à la fin du mois sur leurs engins pour un séjour dans le centre de la France... Nous reprenons nos visites entre épouses en nous rendant service, voir si l'une ou l'autre a le moral. J'ai été invitée hier par une amie à qui le mari a offert un magnétoscope...

... L'épouse du capitaine, qui est muté cet été, savait que nous étions petitement logés. Elle est venue nous proposer de reprendre leur maison. Nous avons accepté avec gratitude. La complication d'un déménagement dans la même garnison deux ans après notre arrivée n'est rien en comparaison de ce luxe ! D'ailleurs, deux célibataires invités à dîner l'autre jour reprennent notre appartement (ils vont cependant faire un peu de bruit pour les voisins...).

C'est peut-être tout ça l'entraide dont on m'avait parlé...

1984. Et de trois ! Ce troisième déménagement est moins stressant qu'un autre. Mon mari est muté en Allemagne où l'armée fait bien les choses. Cependant, avant de nous affecter ce bel appartement avec nos 3 petits de 6, 4 et 2 ans, on nous fait patienter 6 mois dans un logement d'attente et signer des tas de papiers... Enfin, il faut faire confiance.

Je découvre cette vie de la communauté française en *circuit fermé* : on croise les mêmes personnes aux points de passages obligés : mess, économats (on est observé !), médecin (recevant les confidences !), paierie, poste et petite école où nous nous rencontrons en déposant nos enfants. Là, les nouvelles vont très vite et lorsque nos maris sont absents, on sait par les unes et les autres le temps qu'il fait en manœuvres.

Aujourd'hui, en récupérant les enfants, j'ai croisé Sabine, l'épouse du président des sous-officiers de l'escadron de mon mari. Nos enfants ont le même âge, ça rapproche et puis elle est vraiment gentille et attentive à toutes. Nous nous sommes promis d'organiser ensemble un goûter cette semaine.

Cette femme est un exemple d'attention et de délicatesse. L'autre jour, elle m'a fait passer un petit message : la nouvelle qui est arrivée le mois dernier a le vague à l'âme. On ira ensemble lui dire un petit bonjour et on l'invitera à la vente de vêtements d'enfants organisée chez Sabine.

1988. Ici, à Paris, il faut se battre pour tout : le logement, l'inscription de nos trois enfants en extrême limite dans une école, la recherche d'un parking ! Et mon mari n'est pas disponible. En plus de son travail, il revient le soir pour préparer son concours ! Je prends la charge du courrier administratif dont la déclaration d'impôts !

... Lorsqu'il était en régiment, il y avait des liens entre épouses. Ici, il est présent mais bien accaparé, et on ne connaît pas grand monde.... Aujourd'hui, j'ai amené les enfants jouer au square. Il faut payer pour la balançoire...Tout est cher. Comme on était gâté au régiment ! Mais nos enfants semblent bien s'adapter, ils sont gais, c'est le principal.

... Les conduites à l'école sont de petites occasions de rencontre... Peut-être, avec le temps, aurons-nous du mal à quitter cette garnison, comme les précédentes !

1995. Le temps passe vite ! Je revois, il y a 10 ans, l'arrivée du nouveau colonel. Cette fois-ci, c'est mon mari. Il est un peu tendu mais passionné et, moi, je m'interroge sur la manière de vivre ma vie d'épouse de chef de corps. Ne pas en faire trop, ne pas rester dans son coin. Etre là, simplement, sans exclusive. S'adapter (comme d'habitude). À l'exemple de certaines : « *être présente sans être pesante* ».

... Aujourd'hui, nous avons la joie de nous nous retrouver tous les sept à la maison : nos deux pensionnaires ont pu revenir pour la première fois et les trois derniers leur ont préparé une fête. Nous apprécions par dessus tout ces retrouvailles après une absence, des soucis surmontés, des petites choses à raconter à ceux qu'on aime...

... Je fais presque du *temps plein* : nous venons de réaliser notre journal pour les familles du régiment avec quelques épouses disponibles et dévouées. Je crois que cela peut contribuer à l'équilibre des uns et des autres, à faire circuler la bonne information dans les cités, à toucher certaines qui sont repliées sur elles-mêmes et d'autres qui ont de gros soucis personnels. Nous avons 450 adhérents au club sportif et artistique et mon mari est heureux que je m'y investisse. Je suis aussi en contact avec la responsable des dossiers sociaux de la commune : elle veut œuvrer pour les épouses de militaires. Quelle expérience !

2001. Nous revoilà en ville, inscriptions à l'école, recherche du logement de nos aînés étudiants, incertitudes sur leur cursus, nostalgie des plus jeunes (finis les après-midis chez les sapeurs pompiers de la commune...). C'est notre huitième mutation.

... Notre second garçon vient d'avoir 20 ans. Les allocations familiales fondent alors que les besoins enflent. Notre petite dernière arrive sur ses 10 ans et semble se prendre en main.

... Je viens d'avoir un entretien d'embauche. On a été intéressé par mon expérience de mère de famille et d'épouse de militaire (pour l'adaptabilité...). Il n'y a donc pas que des gens hostiles ou indifférents ! Je suis prise à l'essai et j'ai hâte de lui téléphoner la nouvelle...

... Ce soir, il est rentré en me disant qu'il était désigné avec un détachement pour une « OPEX », dans un délai de deux jours, sur une intervention lancée par la France. Il m'y préparait depuis quelques temps. Je viens tout juste de trouver une activité professionnelle !

Il part demain, avec son barda et un dictionnaire. J'essaye de faire bonne figure...

... Mon patron a accepté que je dispose d'une journée par semaine pour faire face à l'absence prolongée de mon mari... Ce temps m'est indispensable pour mener tout de front. Pendant cette absence, la famille se manifeste par des appels et des propositions, les amis du quartier aussi. Tout cela me réconforte, ainsi que les petits messages sur internet que mon mari nous adresse assez régulièrement, à moi et aux enfants, individuellement.

... Quand on pense que nos *anciennes* ont attendu leur mari souvent plus de deux ans ! J'admire leur courage. Aujourd'hui, les séjours plus courts, la communication plus aisée rendent cette attente moins lourde. C'est leur répétition qui devient pénible et demande beaucoup d'équilibre. C'est une grâce et une alchimie indispensables, mais rien n'est jamais définitivement acquis... »

***

Sylvie

« Notre mariage eut lieu en septembre et il restait à P. encore une année de formation à Coëtquidan. Nous savourâmes cette année de quiétude.

À Montpellier, la vie fut calme et agréable mais il partit les deux derniers mois au C.N.E.C et à Pau ; je dus préparer et assumer seule notre deuxième déménagement.

À Castres, je découvrais la vie en régiment et la dure réalité de la vie des femmes de militaires. Nous étions souvent seules, loin de nos familles, et n'ayant d'autres choix que de faire connaissance. C'était comme une survie pour supporter les longs mois d'absence de nos maris. Le mien était souvent dehors, mais c'est chez nous que je me sentais le plus proche de lui. Les clubs d'activités, pour peu que nous acceptions de s'y investir, étaient un excellent moyen de s'intégrer rapidement à notre nouveau milieu de vie. Devant la solitude et les problèmes du quotidien, quels que soient les grades de nos maris et avec ou sans enfants, nous étions toutes des femmes, et nous devions faire face. Ainsi se développait une réelle entraide entre nous. J'étais souvent invitée chez l'une ou l'autre, et j'appréciais même parfois d'aller à des anniversaires d'enfants, moi qui tardais à en avoir. Nous savions trouver aussi une aide précieuse à la base arrière du régiment. Pour une prise de décision compliquée ou rapide, nous savions vers qui nous tourner pour recevoir un avis, un conseil, pour une décision à prendre parfois dans l'urgence. Je m'investissais aussi à des activités extérieures au régiment ; c'était pour moi une ouverture enrichissante et une façon de s'intégrer plus étroitement à la ville où je vivais ainsi qu'à ses habitants.

Durant ces trois années à Castres, je ne passais pas un seul Noël avec mon mari !

Puis nous partîmes pour Tahiti. Nous résidions à une heure de route de Papeete. Alors qu'il nouait des relations amicales fortes avec des Tahitiens, j'eus plus de mal à construire des liens durables avec leurs femmes. Je réalisais aussi là-bas les limites de la vie en expatriation, en petite unité, et loin de la ville. Le désœuvrement et parfois l'ennui nuisaient à une ambiance saine et détendue. Nos différences étaient plus difficiles à surmonter. P. s'investissait beaucoup dans sa mission ; là encore, je ne le voyais pas souvent. Cependant, une grande joie nous arriva là-bas, puisque nous adoptions notre premier enfant. Dès lors, je savourais davantage ce séjour et m'imprégnais d'affection pour ce peuple ; les Tahitiens devenaient en quelque sorte une partie de moi-même.

Nous quittâmes le fenua avec la ferme intention d'y revenir. À Carcassonne, P. devait commander sa compagnie. Je découvrais qu'il me fallait assumer un rôle nouveau auprès des épouses. Nos maris étant souvent absents, il me fallait leur apporter un peu de soutien ou du réconfort dans les moments les plus difficiles, comme une naissance. Mais ma démarche ne fut pas toujours bien acceptée ou comprise ; je me heurtais à certaines difficultés de communication. Malgré cela, je garde un excellent souvenir de cette période. Nous étions très nombreuses à être seules mais nous nous retrouvions fréquemment pour partager notre quotidien. Les enfants jouaient ensemble et oubliaient un peu la peine due à l'absence de leurs pères.

À Compiègne où j'ai pu suivre mon mari, nous avons commencé à profiter un peu plus d'une réelle vie de famille. Le rythme de travail en école lui laissait plus de temps pour profiter de nous. Puis à Pau, son rythme de travail le rendait plus présent dans les activités familiales. Et nous y sommes encore, profitant de ce temps pour solidifier les bases de notre foyer et donner un épanouissement familial à nos enfants. »

***

Véronique

« Les départs en opérations extérieures de nos maris ne sont certes pas des parties de plaisir pour nous, leurs épouses, mais pour ma part, j'essaie de voir le côté positif.

Pourtant, la veille et le jour du départ, j'ai l'impression que ces quatre mois représentent une éternité.

Mon mari n'a pas choisi d'être militaire pour la vie de garnison mais surtout pour les missions qu'il est amené à faire. C'est une des raisons qui fait que j'accepte plus facilement son absence. Le savoir heureux et épanoui dans son travail me rend heureuse.

Et puis nous avons des filles devant lesquelles je ne veux pas paraître triste et malheureuse. Il s'agit donc d'avoir bon moral, si je veux qu'elles vivent au mieux l'absence de leur père. Pour notre part, nos enfants ont, pour l'instant, toujours bien vécu ces absences, ce qui me facilite pas mal les choses par rapport à certaines de mes amies.

Je trouve même à ces missions un côté formateur : celui de gérer toute seule la vie quotidienne durant ces quelques mois et les soucis que nous sommes amenés à rencontrer.

J'apprends également à gérer les difficultés moins courantes. Durant un séjour au Kosovo, un de mes enfants a été hospitalisé. Mon mari n'a jamais été là pour les naissances.

Et enfin, lorsque il part pour quatre mois, nous nous rapprochons les unes des autres, et le temps semble passer plus vite. En ce qui me concerne, je me réjouis toujours des soirées que nous organisons entre épouses. Mais je dois reconnaître qu'il y a toujours un mois sur quatre où je trouve que le temps n'avance plus, mais heureusement, ça ne dure pas.

Le plus merveilleux, c'est le retour. Tout paraît alors plus facile et plus beau. Je suis alors heureuse de l'avoir retrouvé à mes côtés, et fière d'avoir su gérer ces quatre mois de séparation. »

***

Marie-Line

« Quand mon premier bébé est né en 1976, mon mari, sergent-chef, était en manœuvres dans les Pyrénées et c'est son radio qui lui a appris la nouvelle : « *C'est une petite fille, mère et enfant vont bien* ». Pour la deuxième naissance, il était là mais ça n'a pas duré longtemps : d'abord le Sud Liban, puis deux « *séjours touristiques* », comme il disait, en République Centre-Africaine, puis le Tchad, puis, de nouveau, Beyrouth.

… Une compagnie entière de parachutistes a été anéantie lors de l'explosion de l'immeuble Drakkar. Il était de permanence ce jour là, donc aux premières loges. Nous avons perdu là des amis mariés avec des enfants. Cela a été une dure épreuve pour nous, les femmes. Nous nous sommes rapprochées. Heureusement les enfants étaient jeunes.

… En 1986, il était au chaud en RCA. Moi, je gelais à – 15° sur ma colline ensevelie sous la neige, plus d'électricité ni de chauffage, pas moyen de circuler sur les routes, bloqués pendant 10 jours…

Puis deux ans à Saumur, de vraies vacances en famille pour moi. Mais lui bouillonnait : les hommes d'action de se satisfont pas de la routine dans le service. Ils portent en eux ce besoin viscéral d'aventure qui est si pénible à vivre pour ceux qui les attendent. Il se projetait vers d'autres horizons : réussite au concours des Majors, nomination officier, et la famille s'est installée à Orange en 1988.

De là, il est parti pour Mayotte, puis pour la guerre du Golfe, puis deux fois à Sarajevo, encore un séjour en Centre-Afrique, puis Djibouti. Au cours de ces années, j'ai compté que nous avions passé en tout 9 semaines ensemble.

Pendant la guerre du Golfe, nous étions choqués par la violence des images TV. Les enfants avaient besoin de beaucoup parler. Leurs camarades leurs disaient : « *S'il meurt, c'est qu'il l'a bien voulu ; il n'avait pas besoin d'être militaire !* » Nous avons été très soutenus par le régiment et par un comité de soutien de la ville. Leur retour a été très touchant : la foule brandissait des drapeaux tricolores.

... A Djibouti, je vivais dans un poste isolé au milieu de 140 légionnaires. Il y avait des heurts entre Afars et Issas ; il a fallu mettre en place un système de protection des enfants scolarisés et de couvre-feu pour nos déplacements.

Quelles riches découvertes pour nos enfants : le climat très dur, les mœurs des habitants, l'initiation à la vie au désert et à la plongée sous marine. Ils ont gardé la nostalgie de ces années bien que l'un ait attrapé la typhoïde et l'autre une hépatite A.

Retour à Orange et départ du mari pour Sarajevo à la tête d'un escadron. Pas facile pour moi. Nous avons été très proches de lui, qui était plongé dans la guerre civile. Il avait recueilli une petite fille, Ena, blessée par un obus près de son poste. Il l'a fait opérer par l'antenne chirurgicale militaire. Pour Noël, à sa demande, nous avons envoyé des cadeaux à toute sa famille qui a été si contente qu'elle nous a adressé des médailles en retour. Un autre jour, il a trouvé dans la neige un petit garçon abandonné qui dormait dans une vieille capote yougoslave. L'escadron l'a adopté avant de le confier à un couple Bosno-Croate à qui il assurait un repas chaud par jour...

Le voici maintenant à la retraite. Notre vie a été pleine d'attentes, de sacrifices, de découragements parfois, mais aussi d'espérance, d'amour, d'amitiés, de fierté vis-à-vis de mon mari et de nos enfants qui ont été courageux face à la vie que nous leur avons imposée. Nous en gardons une grande complicité avec eux. Cette vie m'a permis de voyager en France et à l'étranger, de faire indirectement d'autres expériences à travers ses diverses missions et enfin de rencontrer des personnes passionnées, profondément humaines avec lesquelles nous avons beaucoup partagé. »

***

Marie-Françoise

« J'ai conscience que ce témoignage détonnera au milieu des autres. Le but n'est d'ailleurs pas qu'il serve à alimenter le livre en gestation, qui est probablement d'une autre nature que mon propos aujourd'hui. Mais quand on prend la peine de m'interroger, par principe (et malgré le manque de temps), je réponds. C'est une occasion de faire entendre une autre voix et l'institution militaire s'est trop peu occupée, pendant longtemps, de ce que pensaient les femmes, tablant sur une naturelle complicité : tout témoignage ne peut qu'éclairer un pan collectif resté caché.

J'ai connu la vie de toutes mes semblables : un déménagement tous les deux ou trois ans, et une vie de couple rythmée par les mutations et les changements de grade. On dit trop facilement : les femmes savent bien ce qui les attend en épousant un militaire. Comment le sauraient-elles ? A moins de vivre en concubinage une dizaine d'années avant de se marier, elles ne peuvent avoir qu'une appréhension intuitive de ce qui les attend, édulcorée par l'amour de leur proche, qui fait croire, à un jeune âge, qu'on aura la force à deux de maîtriser l'univers.

Et puis qu'en eussent-elles fait, quand bien même elles l'eussent su ?

Je crois que l'institution militaire a fait peser sur les femmes – pendant les décennies qui nous intéressent, c'est-à-dire hors de conflits sur notre territoire – une pression dont le but fort légitime était de préserver le bon allant des choses. On mettait en condition les jeunes femmes d'officier, en leur expliquant qu'il y avait deux moments essentiels où leur mari aurait besoin d'elles : le temps de commandement d'abord d'un escadron ou d'une compagnie, puis d'un régiment. L'œil fixé sur ces deux échéances où l'ensemble de la communauté les attendait, elles avançaient, craintives de ne pas être à la hauteur et tarabustées quand même par l'esprit de gageure (et parfois de surenchère : la femme du colonel précédent allait à tous les thés, rendait visite à tous les nouveau-nés : comment s'aligner ?). J'en ai rencontré plus d'une, malade à l'idée d'une telle responsabilité.

Je m'y suis donc moi-même coltinée, cochant sur le calendrier tous les jours qui succédèrent à la prise de commandement, me demandant comment je parviendrais au terme de ces deux années qui me semblaient interminables... Elles passèrent très vite, très denses, encore qu'étant parvenue moi-même sur le plan professionnel à un niveau reconnu, après ma thèse, les contrats de publication, les responsabilités éditoriales arrivaient, les ouvertures de poste aussi. Il fallut tout gérer. Les nuits s'amenuisèrent, le sommeil déserta.

Mon époux commandait un régiment de professionnels qui, à peine revenu du Golfe, repartit pour la Guyane, le Centrafrique... Autant dire que les femmes se retrouvaient seules à élever les enfants et à gérer les problèmes. Je décidai de me consacrer à celles qui étaient le plus démunies : c'est-à-dire que je fréquentais moins, faute de temps, les femmes de capitaines que je savais solides, instruites et confortées de toute une structure familiale.

Et je m'occupais plus des femmes de brigadiers et de brigadiers-chefs : très jeunes (jusqu'à 16 ans !), sans formation, sans permis de conduire, sans connaissance de la gestion d'un budget, le plus souvent sans famille proche...

Enfant handicapé, tentatives de suicide, alcoolisme : parfois j'avais l'impression d'être à la Cour des Miracles... C'était un vrai travail d'assistante sociale et cela a été l'aspect le plus passionnant. Pour faciliter la mobilité, on a créé au régiment une cellule emploi pour les femmes : c'est-à-dire qu'on allait voir les entreprises locales et on essayait de décrocher au moins des CDD pour les femmes qui venaient d'arriver. La prise en compte du travail est de nos jours incontournable.

Mais on a quand même eu le temps de monter des équipes pour aller rendre visite aux personnes âgées. On a aussi créé une garderie dans le régiment : il a fallu l'aménager dans un local peu utilisé, et, quand l'ordre a été donné de la transformation du local, il s'en est trouvé pour trouver cette mesure déplacée. Et pourtant, quand les femmes déposaient leur enfant à la garderie, elles se rencontraient ; c'était cela le but : les mettre en contact. Le meilleur souvenir que j'en ai gardé est, la veille de l'ouverture, le lessivage effréné du sol avec une femme de brigadier (qui avait son franc parler et ne correspondait en rien aux critères du chic social) afin que tout soit prêt ; et toutes avaient contribué d'une façon ou d'une autre.

C'est pour cela aussi que j'ai préféré monter de toutes pièces les spectacles de Noël avec les enfants du régiment, d'abord parce qu'il est toujours plus exaltant de créer que de consommer un spectacle tout prêt ; mais aussi parce que, pendant les répétitions, les femmes pouvaient se voir, et celles dont le mari partait n'étaient pas isolées. Certaines ont peint des décors fabuleux, d'autres ont cousu des costumes de rêve. Elles étaient toutes futées et inventives. Mais combien de nuits passées ?

Quand le secrétaire d'État à la Défense est venu rendre visite au régiment, une des tables à laquelle il partagea son repas fut celle des femmes, parce que les femmes sont un facteur essentiel d'équilibre pour un régiment de professionnels : il importait que le Gouvernement même en prît conscience. Mais, là encore, il y en eut, parmi les hommes, à trouver qu'on faisait la part trop belle aux femmes.

Je dois dire que cette période de deux ans fut un vrai travail d'équipe conjugale, et je découvris, non sans émotion, que mon époux faisait la même analyse que la mienne, et savait ce qui permettrait à ses hommes d'être plus efficaces sur le terrain et de partir moins inquiets en manœuvres difficiles. Nier les problèmes en ne leur donnant pas de solution adéquate ni institutionnelle est, je crois, la carence qui a marqué l'armée française dans ces dernières années. Elle a pris, par rapport aux femmes, au moins vingt ans de retard sur le reste de la société.

Mais il y a une chose que j'ai toujours respectée chez les femmes dégourdies et indépendantes : leur liberté. Je n'ai jamais fait aucune pression pour qu'elles prennent part aux activités. On ne fait bien que ce qu'on aime, et il n'y a rien de pire que de sentir obligée.

Je l'ai été trop souvent et c'est cette pression incessante sur les esprits, pour venir aux soirées, aller aux dîners, se tenir aux cocktails, qui m'a été insupportable. L'idée que, si on ne participe pas, c'est qu'on est individualiste et égocentrique était fort répandue, et d'abord dans la tête des maris, dont la carrière pouvait en outre s'en ressentir... Que faire quand on est piégée de l'intérieur du système, par celui même qui vous veut du bien et que vous desservez ?

Vivre sans marge de manœuvre... Je me souviens, comme femme de commandant, une de mes amies que je n'avais pas vue depuis dix ans m'avait fait la surprise et la joie de venir me rendre visite deux jours dans notre garnison fort éloignée des grands axes. Ce soir-là, la femme du colonel organisait une soirée. Je déclinai l'invitation, pour rester avec mon amie. L'épouse du colonel, que j'aimais beaucoup, me proposa d'amener mon amie ; c'était très gentil, mais ce que je voulais, c'était passer une soirée seule avec mon amie de passage. Mon mari, fort contrit, y alla donc seul, mais je gardais longtemps le goût amer d'avoir, aux yeux de tous, et de celui en premier que je mettais dans une situation inconfortable (*Si sa femme ne vient pas, c'est sûrement qu'il y a de l'eau dans le gaz...*), fait preuve de légèreté « individualiste » et manqué à un devoir...

Il me fut plus dur, une fois toutes ces échéances remportées, de découvrir qu'on me donnait une ou deux années pour souffler, après le temps de commandement, mais qu'il fallait reprendre du collier : quelle ne fût pas ma stupeur de découvrir que la tâche n'était pas terminée et que l'institution militaire avait encore pour moi de grands et fidèles projets.

J'avais, à ce stade de ma carrière, obtenu un poste dans un service difficile qui demandait toute mon énergie.

Je déclinai en toute discrétion, deux mois sans plus, et sans absentéisme, avant d'élaborer le dernier compromis dont je me sentis apte.

Là-dessus, mon époux prit sa retraite : comme, entre temps, il avait été nommé à l'autre bout de la France, et que je ne pouvais plus « suivre », je formulais simplement *le vœu* que l'on choisît, pour son adieu aux armes (de général), une date me permettant d'être présente. Je n'eus même pas de réponse.

Ainsi prit fin, à mon soulagement, l'histoire d'un long malentendu (mais je continue à trouver la solution finale un peu short et un peu « cavalière » vis-à-vis de mon mari). Tant que l'armée continuera à penser que les femmes qui n'ont pas le culte du devoir virent au « matérialisme », à « l'individualisme », à « l'hédonisme ambiants », qu'il faut au plus les calmer par une « occupation professionnelle » et non une vraie carrière, on passera à côté d'une richesse. Seules celles qui ont exercé une part de responsabilité connaissent les exaltations et les risques du pouvoir, font la différence quand, sur un terrain professionnel, elles s'affrontent pour leurs vraies compétences, plutôt que de passer une vie à être la femme de leur mari.

Qui peut se satisfaire d'une si maigre pitance ? Quand on découvre la richesse du monde extérieur, on mesure plus, *a posteriori*, l'embrigadement qu'on a subi. Bien sûr, on se fait des copines. Je considère que j'ai eu, il y a quelques années de cela, mon vrai cadeau de départ : un attaché-case que m'ont offert les femmes du régiment à l'issue du temps de commandement. Je l'ai fait rafistoler maintes fois et continue, dix ans après, à aller tous les jours au bureau avec lui.

J'ajouterai que j'assure depuis deux ans la direction de mon service : service en perdition qui a fait une remontée spectaculaire au sein de l'Université. Nul doute que mes années passées à patiemment observer les rouages complexes des intérêts concurrents ne m'y aient instruite...

Mais rien ne remplacera cette belle et généreuse énergie de jeunesse un peu gaspillée, on s'en rend compte plus tard, quand les années commencent à compter.

Combien de dîners eussé-je préféré éluder au profit de livres intéressants ou d'un sommeil à reconquérir patiemment ?

Pour avoir parlé récemment à de jeunes (!) femmes de colonels commandant, je me rends compte qu'elles ont bien changé depuis mon temps, et qu'elles se sentent moins impliquées. C'est tout juste si je n'ai pas envie de les ramener à plus de solidarité. Le problème est que l'institution est passée à côté non seulement des vrais besoins des femmes dans les dernières décennies, mais à côté aussi de cette dernière mutation, qui doit la frustrer car elle détruit un mythe. Mais à force de mettre la barre trop haut, on décourage les gens. Et surtout, on entretient un décalage avec le reste de la société. Sauf conflit qui mobilise toutes les énergies nationales, on ne peut maintenir ce type de pression, dans une société ouverte, multiculturelle et de plus en plus instruite...

Je trouve parfaitement justifiée la décoration de Madame X. qui, je crois, la porte et la mérite au nom de toutes les femmes d'officiers. Elle devrait être généralisée. En comparaison de mes aînées qui ont payé de leur personne et à qui je rends hommage, je ne suis veuve que d'une énergie dont eût pu faire meilleur usage l'institution, s'il lui était pris le désir de déceler et d'encourager, parmi les femmes, les destinées vouées à d'autres horizons... »

***

Claire

« Mon mari est adjudant, sous-officier servant dans un régiment très mobile, actuellement à Djibouti pour un séjour de 5 mois (sixième départ en 9 ans). C'est une grande joie d'avoir un mari heureux de son travail, même si cela présente pour moi de nombreuses exigences dans notre vie quotidienne.

Je dois en effet savoir m'effacer devant les exigences de son état, passer au second plan, après les nécessités du service. Et toujours avec le sourire pour ne pas trop le culpabiliser même lorsque j'ai le sentiment de n'être, pour l'Armée, que quantité négligeable. J'apprécierais en effet, pour les enfants et moi-même, de savoir avec précision une date de départ ou de retour et la durée d'une absence ou d'un long séjour. Qu'une mission Opex de 4 mois se transforme en 5 mois une fois sur le territoire... que la concordance entre les permissions et les vacances scolaires soit le plus souvent inexistante... tous ces détails qui compliquent sérieusement notre vie quotidienne.

Je dois aussi être capable de :

- porter seule ma famille (4 enfants et bientôt 5) dans ses bons et moins bons moments, mariage ou anniversaire dans la famille sans papa, maladie d'un enfant....
- gérer seule ma maison (comptes, problèmes de voiture, organisation des vacances...),
- appréhender seule la naissance d'un enfant,
- organiser seule une mutation, déménagement, recherche d'un toit, d'écoles pour les enfants.....

Tout ceci est plus ou moins facile en fonction des absences et des types de missions Opex.. Si ce sont des missions séjours en temps de paix (missions type Liban, Guyane, Tchad...), les moyens de communications civils et militaires sont bons, le moral a des chances d'être au beau fixe.

Si ce sont des OPEX missions en temps de crise (missions type Bosnie, Kosovo...), les communications quasi inexistantes avec les maris créent des inquiétudes et alourdissent le moral de la famille, et ce, sans parler de l'effet dévastateur des informations relatées par les médias et de la quasi absence des informations données par l'unité.

Mais quelle joie, lors de certaines missions, de pouvoir participer, à une toute petite échelle, à des missions humanitaires par le biais de nos maris : en envoyant des fournitures scolaires à des élèves tchadiens ou des vêtements à des petits bosniaques.

Je dois savoir être à l'écoute quand mon mari rentre pour atténuer le fossé entre sa vie entre hommes dans des territoires étrangers, voire hostiles, et la vie de notre famille en France, savoir lui redonner sa place au quotidien après avoir été le père et la mère, l'autorité et l'affectif pendant plusieurs mois.

Ces exigences m'ont amenée à choisir de m'arrêter de travailler après la naissance de notre deuxième enfant, pour adapter notre vie de famille au rythme de travail de mon mari. Beaucoup de femmes de sous-officiers ne le veulent ou ne le peuvent pas et elles ont alors souvent du mal à trouver des périodes où toute la famille est en vacances ensemble.

Ce mode de fonctionnement de notre famille n'est pour moi possible que grâce à une très forte implantation et implication dans la société civile de notre garnison. Il m'est indispensable de participer activement à la vie de la commune dans laquelle je vis (j'y suis conseillère municipale), d'être actrice de la vie associative et scolaire dans laquelle évoluent mes enfants. J'ai besoin d'avoir des points d'ancrages forts dans la vie locale, des amitiés fortes pour donner ainsi une certaine stabilité et régularité à notre vie « civile » en écho à la vie agitée et en dent de scie de notre vie de famille de militaire… peut être aussi pour ne pas être *que l'épouse de* …

Et je n'oublie pas l'entraide extraordinaire qui existe entre les femmes de militaires (pour celles qui le souhaitent), le soutien incontestable pour toute la famille, enfants et maman, de ne pas se savoir seule dans son cas. Je ne dirai jamais assez combien il est bon de se savoir entourée dans tous les moments de solitude pour raison de service… ne serait-ce que pour parler de nos maris et papas absents ! Des activités peuvent être organisées par le régiment pour toutes les épouses (sans distinction de grade) dont les maris sont absents. Certaines femmes ne tiennent pas à y participer. Cette entraide et cette écoute sont pourtant indispensables pour beaucoup d'entre nous. Rares sont celles qui ont leur famille proche de leur lieu de garnison. Plusieurs femmes de mon entourage supportent très mal les longues et répétitives absences de leur mari ; ces absences et leurs conséquences ont des répercussions quelquefois très tristes (séparation, divorce ou même suicide).

J'ai pour ma part la chance d'avoir un mari « reconnaissant » et une famille connaissant la vie militaire et donc moralement présente dans les moments nécessaires. Je ne peux que les en remercier. »

***

Odile C.

« Je viens de lire le témoignage de Marie-Françoise que j'approuve complètement et que je trouve courageux. Il ne peut malheureusement s'exprimer lorsque nos maris sont en activité car nous savons bien quelles conséquences aurait ce genre de témoignage sur leur carrière et, par contre coup, sur l'avenir du couple. Il est vrai que l'institution militaire pèse d'un certain poids sur les femmes d'officiers. On le découvre tout doucement dans la vie de garnison sous diverses pressions qui deviennent de plus en plus exigeantes au fur et à mesure que les années passent, les « anciennes » mettant la pression volontairement ou involontairement : le moule est là et nous nous y coulons avec plus ou moins de bonne volonté. J'ai dû donner ma démission de présidente ès qualité d'une ANFOC de province, tant je trouvais l'ambiance exécrable et abusive ; mon côté indépendant et rebelle a fini par prendre le pas sur le « devoir ».

À un moment de notre vie militaire, j'ai voulu reprendre le métier que j'avais abandonné en me mariant. L'entreprise m'a répondu, alors que l'accord allait se conclure : « *sachant que votre mari est officier, nous ne pouvons investir pour un temps si court car vous allez repartir.* » C'est assez frustrant.

La vie est faite de choix que l'on aime ou que l'on regrette. En ce qui me concerne, je pense que le choix était le bon mais il faudrait 10 vies pour pouvoir comparer. Le jour de son départ, je n'ai pas voulu que mon mari fasse le couplet tradi, « *des sanglots dans la voix* », pour remercier la femme admirable etc. Heureusement qu'il m'a entendu car, pour moi, cette vie a été surtout faite d'une bonne complicité dans cette belle aventure.

Actuellement, les femmes travaillent. Leur vie est sans doute plus dure, mais elles gagnent une certaine liberté et davantage de considération.

Sont-elles plus heureuses ? Je le souhaite vivement. »

***

Florence 4

Témoigner ! Redoutable défi, tant les écueils que comporte l'exercice sont nombreux. Faut-il jouer les Pénélope, tomber dans le *mélo* qui accompagne trop souvent l'évocation ?

Faut-il au contraire balayer d'un revers de main les inévitables – et bien réelles – épreuves, nier la réalité et passer ainsi pour « *celle qui va toujours bien et que rien n'abat* » ? Poser ces questions revient en fait d'une certaine manière à y répondre en choisissant, comme le dit souvent mon facétieux mari, « *la solution de l'École de guerre* ».

Oui, la vie d'une épouse d'officier est jalonnée de temps forts. Ce faisant, ne soulignent-ils pas en creux les difficultés, les hésitations, les périodes de découragement, les doutes que nous avons toutes, à des degrés divers, connus tout au long de la carrière de notre héros ? D'ailleurs, le héros n'a-t-il pas, finalement, épousé une héroïne ?

Après 30 ans de vie commune, 4 enfants, 2 gendres arrivés par surprise et un mari à quelques années de la retraite, que retenir des bons et des moins bons moments ? Drame perpétuel ou épanouissement sans cesse renouvelé ?

Pour ma part, tout a commencé, je dirais presque « trop jeune ». Du haut de mes 19 ans et forte de l'expérience (?...) de fille d'officier, l'avenir paraissait radieux en ce beau jour où j'épousais mon parachutiste.

J'aurai donc, comme tant d'autres, quasiment tout fait, de déménageur à agent de voyages, de conseillère matrimoniale à organisatrice de sorties culturelles, de mère célibataire à maîtresse d'école (à moins que ce soit professeur des collèges), de comptable du trésor à pilote automobile – en passant par les commandes d'un « Noratlas » – d'infirmière à propriétaire foncier, de technicienne de surface à cuisinière, de présidente d'association à celle d'animatrice de soirée régimentaire (seule), de traductrice-interprète aux USA à *pot de fleur* où il n'y en avait que pour lui, de couturière à reine d'un soir où il n'y en avait que pour moi (dixit le héros).

Il m'aura laissée seule neuf fois, pour des absences de quatre à sept mois, parfois sans que je sache la date de son retour, et les enfants auront connu treize « Noëls » sans leur père.

Tout au long d'un périple à multiples casquettes, les anecdotes ne manquent pas, marquant alternativement des tranches de vie que je n'échangerais pour rien au monde et des morceaux de solitude ou de détresse qu'aujourd'hui… je n'échangerais pour rien au monde.

Notre premier enfant est né « sans lui ». Alors qu'il était parti bronzer dans le Canal du Mozambique – maintenir la souveraineté de la France sur des Iles Eparses, d'après lui – je m'étonnai qu'il ne réponde pas au télégramme annonçant l'heureux évènement. Je saurai plus tard qu'il n'avait appris cette naissance que deux semaines après. Revenu de ses îles où il veillait *au salut de l'Empire* (il n'était pour moi que gardien de phare et de quelques arpents de corail…), il prit connaissance de ses responsabilités paternelles en lisant notre propre faire-part affiché sur le tableau d'annonces à la popote ! La liaison radio quotidienne qui le reliait au monde extérieur avait simplement omis de l'avertir.

Quant à notre deuxième fille, blonde aux yeux bleus, elle aura été mise au monde par un chirurgien camerounais, issu d'une famille princière de Douala, officiant torse nu, en bottes et tablier blancs, à grands coups de rires homériques et d'encouragements tonitruants.

Que dire de l'arrivée à trois heures du matin, parquée dans une salle de pansement glauque en attendant ma chambre ! Aujourd'hui, fière comme il se doit d'être camerounaise et d'avoir partagé un lait maternel trop abondant avec les nouveaux-nés africains, notre fille, mère à son tour d'une petite blonde, fait invariablement les beaux jours des réunions familiales en racontant son histoire.

Faut-il plutôt s'étendre sur treize déménagements, principalement effectués de mes blanches mains, parce qu'il était déjà parti ou pas encore rentré ; sur ces changements de nid où il faut refaire du neuf avec du vieux (moindre mal), mais aussi parfois avec du neuf (bonjour les comptes bancaires) !

Faut-il parler des OPEX – ah les OPEX ! – durant lesquelles s'accumulent soudainement et comme à plaisir, toutes les catastrophes domestiques, fiscales, scolaires et officielles ?

Faut-il se remémorer les départs outre-mer seule avec valises et trois enfants... malades des oreillons ?

À moins qu'il faille évoquer comment, entre nouvelle affectation, collège, lycée, re-nouvelle affectation et études supérieures, notre fille aînée aura, en sept ans, changé sept fois d'établissement scolaire. Ou encore, s'apercevoir qu'à l'ère des congés de paternité, il aura fallu attendre l'entrée en première de notre quatrième rejeton pour que le héros assiste avec moi à sa première réunion de parents d'élèves, un soir d'automne 2003.

Mais bon! Combien d'autres de mes consœurs n'auront-elles pas connu les mêmes épreuves, ressenti des joies identiques ou même affronté des drames infiniment plus douloureux ? Que dire de celles qui auront perdu en quelques secondes – parfois à des milliers de kilomètres de la métropole – leur mari et, avec lui, une part essentielle du sens de leur vie ? Que dire de celles qui n'auront pas supporté le rythme et jeté l'éponge un beau matin ; que dire de celles qui auront été abandonnées en cours de route, parce que, pour lui, c'était mieux là-bas, ailleurs, avec quelqu'un d'autre ? Si personne bien sûr n'est épargné, cette aventure perpétuelle dont nous faisons notre fierté et qui contribue tant à l'ouverture sur le monde, ne nous prédispose-t-elle pas plus que d'autres à des lendemains recomposés ?

Aujourd'hui plus qu'hier peut être, les épouses cherchent à valoriser leurs acquis scolaires, universitaires ou professionnels, veulent travailler, conserver un emploi et participer au mieux-être familial. La tentation me taraude d'ailleurs toujours.

Pourtant, aujourd'hui comme hier, l'enthousiasme l'emporte sur le découragement. Les jeunes femmes du XXIe siècle ont épousé leur temps mais elles continuent aussi d'épouser des soldats si j'en juge par le nombre cumulé de mariages avec voûte d'acier auxquels assistent nos quatre enfants dans leur entourage. Bon signe, non ?

Oui, disais-je, j'ai vécu des moments d'une rare intensité que je n'échangerais pour rien au monde, et d'autres plus éprouvants qu'à la réflexion, je n'échangerais pas davantage.

Oui, c'est vrai, le « héros » a très certainement épousé une « héroïne ».

Mais oui, plus que jamais, hier tout comme aujourd'hui, « l'héroïne » semble aimer cela… et c'est bien. »

***

FEMMES DE SOLDATS ENGAGÉES DANS L'ACTION HUMANITAIRE OUTRE-MER

De tous temps, et dès le début de la colonisation, des femmes de soldats séjournant outre-mer ont cherché à rendre service aux populations ; on ne compte pas les actes de dévouement en ce sens. Ils sont restés le plus souvent ignorés mais ont contribué efficacement à mettre en lumière le vrai visage de la colonisation à la française.

Les temps ont changé mais le même état d'esprit continue à prévaloir.

Les deux témoignages qui suivent en font foi.

Bénédicte

« Deux séjours africains auront marqué ma vie de manière toute personnelle par un engagement humanitaire modeste mais qui demeure inscrit dans mon cœur.

Premier séjour : Djibouti, la Corne de l'Afrique... Née en Afrique, je l'avais quittée à deux ans et je partais donc heureuse de découvrir ce continent mais n'imaginais pas le choc émotionnel que j'allais ressentir.

J'ai tout de suite été saisie par la chaleur étouffante et un premier vrai contact avec la pauvreté telle que je pouvais en avoir l'idée par les journaux ou la télévision

Les premiers jours, mon regard tentait d'éviter le spectacle douloureux de tous ces gens misérables, d'une maigreur extrême, sales, qui traînaient et mendiaient dans les rues, de ces orphelins livrés à eux-mêmes à la recherche d'une petite pièce qui leur permettrait de soulager une faim permanente. Tout cela dans une indifférence générale, comme si tous ces hommes, femmes et enfants faisaient partie d'un décor immuable.

On m'avait dit « *tu verras, au début, on est très mal à l'aise mais finalement on finit* ***par s'habituer*** ».

Mais comment s'habituer à ce spectacle ? Comment profiter de ma maison confortable ? Comment regarder mes enfants superbes qui ne manquaient de rien sans avoir sans cesse à l'esprit le visage de ces mères luttant pour nourrir leurs enfants, de ces vieillards épuisés et de ces orphelins se battant pour survivre.

J'ai tout de suite compris que je ne pourrais pas passer un séjour en paix si je ne donnais pas quelque chose de moi-même pour leur venir en aide.

Heureusement, je n'étais pas la seule à ressentir ce malaise intérieur et c'est ainsi, qu'avec deux femmes d'officier, nous avons mis en place, avec une amie médecin, des « *soins dans la rue* » afin d'apporter à tous ceux qui étaient blessés ou malades, sans aucune structure d'accueil, des soins et un peu d'humanité.

Deux fois par semaine, nous nous installions dans les rues de Djibouti, sur le trottoir, et des files entières d'indigents venaient nous voir pour soigner leurs plaies multiples et recevoir un peu de réconfort et d'amour.

Je pense pouvoir dire que beaucoup d'enfants ont pu, grâce à nos soins, éviter des infections très graves et c'était un vrai bonheur pour nous de voir leurs plaies cicatriser et leurs sourires revenir.

Ce que nous leur apportions, c'était peu de chose par rapport à leur grande pauvreté. Bien sûr, nos faibles moyens étaient juste une petite goutte d'eau dans l'océan mais, alors que mon mari, de son côté, apportait, par sa mission, sa contribution à la sécurité du pays, j'étais heureuse de pouvoir, moi aussi, participer de manière bien modeste à cette aide humanitaire

J'ai également eu la joie d'aller régulièrement dans une mission religieuse aider les sœurs dans une pouponnière qu'elles avaient ouverte pour accueillir tous les bébés abandonnés régulièrement dans les rues de Djibouti. Des grands moments de tendresse avec tous ces petits pour lesquels la vie s'annonçait bien difficile quand ils n'avaient pas la chance d'être adoptés par des familles européennes. Mon plus grand bonheur dans cette expérience : avoir pu ramener en France un bébé pour le donner à sa nouvelle famille alors que, moi-même, je rentrais pour mettre au monde notre huitième enfant. Difficile de vous dire mon émotion quand j'ai remis ce bébé à cette famille d'agriculteurs bretons débordants de joie, moi qui avais la chance de pouvoir porter et mettre au monde tous les enfants que nous désirions,

Les mots ne sont pas à la hauteur de ce que j'ai ressenti et que je ressens encore en écrivant ces lignes.

Deuxième séjour. Afrique de l'Ouest. Cotonou au Bénin, un contexte complètement différent, une population grouillante, plus active et plus ouverte. Là aussi, il n'était pas question de faire un séjour *en touriste* à profiter des plaisirs de la vie au soleil. Après plusieurs recherches, j'ai trouvé un bénévolat dans une ONG accueillant des enfants dont les parents sont des réfugiés en situation irrégulière. La plupart des familles ont fui les pays en guerre, le père ou la mère ont été tués et les enfants accueillis dans ce centre ont, pour la plupart, vécu des situations extrêmement douloureuses. L'objectif de ce centre est de prendre en charge les enfants pendant la journée afin de permettre à leurs parents de faire les démarches nécessaires pour régulariser leur situation et trouver du travail. Le soir, ils retournent avec leurs parents qui le plus souvent vivent dans la rue. Ayant été contactée lors de la création de cette ONG, j'ai pensé qu'il serait bien de trouver des équipes de bénévoles qui se relaieraient tous les matins.

C'est ainsi que, chaque jour, nous nous relayons par équipe de deux auprès des enfants et leur apportons du soutien scolaire, jeu, apprentissage du français, éducation sanitaire et, bien sûr, notre affection et notre soutien pour les aider à vivre au mieux leurs situations difficiles.

Ces moments sont d'une grande richesse pour nous : ce que nous leur donnons n'est rien par rapport à ce que nous recevons. Ils sont d'une dignité étonnante, d'un respect remarquable pour nous et d'une volonté d'apprendre qui nous touchent profondément.

Jamais ils ne se plaignent ; ils ont toujours le sourire, même quand on sent qu'ils sont tristes et malheureux. Quel exemple pour nous, occidentaux, qui sommes tellement gâtés par la vie !

Récemment, le centre a accueilli une quinzaine d'enfants entre huit et douze ans qui avaient été envoyés par leurs parents au Nigeria pour travailler dans les carrières. Ils venaient de familles très pauvres, n'ayant pas les moyens de les élever et auxquelles on avait promis de prendre soin d'eux et de les payer. En fait, ces enfants s'étaient retrouvés esclaves, travaillant comme des animaux dans des conditions de vie inimaginable. Le gouvernement béninois et l'UNICEF ont fait une action pour ramener ces enfants au Bénin, ils ont été répartis dans différentes ONG s'occupant d'enfants et c'est ainsi que nous avons eu contact avec eux.

Jamais je n'oublierai les récits dramatiques qu'ils nous ont fait sur leurs conditions de vie et la manière dont ils étaient traités, mais jamais je n'oublierai non plus leur gratitude pour les soins et l'attention que nous leur portions, leurs regards qui nous fixaient intensément et ce désir d'oublier ces mois de cauchemar.

Maintenant ces enfants-esclaves ont été ramenés dans leurs villages. Le matin de leur départ, ils étaient tous joyeux et tellement émus de retrouver leurs familles pour lesquelles ils ne gardaient visiblement aucune rancune. Ce sont des rencontres que je n'oublierai jamais.

Pour conclure, ce dont je peux témoigner, en toute humilité, c'est qu'il y a deux manières pour nous, femmes de soldats, de vivre nos séjours à l'étranger et, en particulier, dans les pays sous-développés.

La première, c'est de faire le choix de *profiter* pleinement de tous les agréments que cette vie outre-mer nous apporte : confort matériel, personnel de maison, facilité de la vie confortable au sein de la communauté française, sans problème de vacances !

La deuxième, c'est d'aller au devant des différentes communautés que nous n'avons pas toujours l'occasion de rencontrer en France. Nous rencontrons alors des gens bien différents mais dont les parcours professionnels et humains sont source d'enrichissement.

Et surtout, c'est de chercher à comprendre la population et d'apporter notre contribution humanitaire, si petite soit-elle, au développement du pays. C'est notre manière de nous sentir solidaires et de participer à l'action de nos maris et c'est surtout, au-delà des difficultés et parfois même déceptions que nous rencontrons, une source de joie intérieure et d'épanouissement qui donnent à ces séjours une dimension humaine qui fait leur vraie richesse. »

***

Véronique

« J'arrive avec mon mari affecté comme médecin-militaire à l'hôpital de Yamoussoukro alors que débute la construction de l'imposante Basilique qui doit marquer la présence de la chrétienté dans un pays où progresse l'Islam.

Nouvelle capitale de la Côte d'Ivoire, la ville s'étale sur des kilomètres et la population profite des retombées des chantiers en cours mais n'en recèle pas moins, comme dans toute l'Afrique, son lot de misère à laquelle on ne peut demeurer insensible. Que faire ?

Après m'être renseignée, je décide de m'engager au service des lépreux en apportant mon aide à un centre où ils sont regroupés pour faciliter la résolution des problèmes quotidiens qui se posent à des hommes ou des femmes qui n'ont plus l'usage de leurs mains ni de leurs pieds.

Mon mari m'informe des problèmes qu'il rencontre dans son service à l'hôpital. Il me parle de Fatimata, une petite Burkinabé qu'il vient de mettre au monde. Sa mère étant décédée lors de l'accouchement et le père étant absent, elle n'a personne pour prendre soin d'elle. Nous mobilisons les coopérants en poste à Yamoussoukro qui répondent à notre appel avec une grande générosité et se relaient pour la prendre en charge en la nourrissant et en l'habillant ; lorsque, quelque temps après, le père revient, nous avons eu la joie de lui remettre un beau bébé avec de quoi la vêtir et la nourrir pendant plusieurs mois.

Enfin, rencontrant chaque jour dans les rues ou au marché de nombreux handicapés qui se traînent dans la poussière car leurs jambes ne peuvent les porter, je m'efforce, avec l'appui de mon mari, de les appareiller en leur fournissant béquilles ou autres moyens qui leur permettent de retrouver un peu de leur dignité d'homme ou de femme. Nous en serons merveilleusement récompensés au moment de notre départ, lorsque, quittant notre maison, nous aurons l'inoubliable émotion d'être encadrés d'une haie d'honneur spontanément mise en place par ceux et celles que nous aurons pu aider. »

***

LES DYNASTIES

Le fait qu'il y ait de nombreuses dynasties militaires est, en soi, une conclusion positive. J'ai souligné plus haut, en m'en réjouissant, qu'un certain lieutenant Yvan Morel ait repris, au 27e BCA, après son oncle Robert tué en Algérie, la place de son illustre grand père « Tom » tué en 1944 au Maquis des Glières...

Mais, au fait, pourquoi des dynasties ?

Yvette

Elle répond à la question, elle qui a épousé un militaire et qui a quatre enfants militaires.

« Épouse d'officier depuis 1965, je ne connaissais pas le milieu militaire. J'ai été conquise par cette grande famille chaleureuse.

J'ai eu une vie heureuse et, sans doute grâce à mon mari, enrichissante à travers de nombreuses garnisons et les rencontres variées qu'on peut y faire.

Peut-être est-ce cela qui a plu à mes enfants puisque nos deux fils sont également militaires et que deux de nos filles sur trois ont épousé des militaires.

Nous avons été peu séparés et je n'ai pas connu ce que vivent mes filles et belles-filles, des maris continuellement en opérations au loin. Je les admire beaucoup car elles ne se plaignent jamais, acceptant leur situation et faisant face à toutes leurs tâches.

Je pense qu'elles acceptent ces séparations dans un état d'esprit que n'auraient peut-être pas des épouses complètement étrangères à ce milieu, ô combien riche en rencontres, en soutien mutuel, en amitié : une **famille** unique en son genre... »

***

Les dames Boone : 5 générations de femmes de soldats :

Parmi toutes les familles que je connais où l'on est militaire de père en fils depuis des décennies, j'ai dû faire un choix difficile.

J'ai choisi la famille Boone car peu de femmes de soldats ont connu un destin aussi sévère que Renée, Madame Robert Boone, dont voici l'histoire.

Renée (Madame Robert Boone)

petite-fille, fille, épouse, mère et grand-mère de soldats (témoignage de son fils, feu Bernard Boone).

« Maman est née en 1903 à Dijon. Son père, Wilfrid Faivre, était capitaine et avait 5 enfants. À 10 ans, elle avait déjà vécu plusieurs déménagements : Paris, Versailles, Langres et Tunis. Le 11 septembre 1914, son père, colonel, est tué à la tête de son régiment. En 1918, son frère aîné, Henry, est tué. Il avait juré de venger son père.

En 1921, elle se fiance à Robert Boone, Saint-Cyrien et camarade de son frère. Il part en Rhénanie, puis en Syrie. Elle l'attend pendant 14 mois et ils se marient le 6 juin 1922. Vie de garnison à Mayence et Coblence, puis l'École de guerre à Paris et encore douze années à Metz.

Les enfants arrivent nombreux : Wilfrid, Henry, Germaine, Françoise, Bernard, pour commencer, puis Nicole, Michel, Jacques, Patrice et Marie-Odile, née en février 1939...

Malgré le poids de la maison et la modestie des ressources, Maman arrive à consacrer du temps chaque jour à son piano. L'été, elle nous emmène en vacances chez les grand-mères à la campagne, à Saint-Amour dans le Jura ou à Chauvigny. La famille n'a pas d'auto.

La guerre de 1939 nous surprend précisément à Saint-Amour. Nous émigrons bientôt pour Poitiers pour être hébergés par notre grand-mère Boone. Début mai, Papa vient en permission. Il est bientôt rappelé : les Allemands attaquent.

La famille se replie sur la campagne où elle apprend la déroute et l'exode. Pas de nouvelles de Papa. On saura en août qu'il est prisonnier. Maman fait face ; elle accueille des officiers évadés et leur prête les costumes civils de son mari. Elle explique à ses amies qui est ce général de Gaulle qui parle à la radio et qu'elle a connu à Metz. Elle décide de rejoindre sa maison de famille à elle, à Saint-Amour. L'hiver y est très dur. Les aînés sont mis en pension, Wil au Prytanée, mon second frère et moi à Bourg.

Un jour, elle fait des prodiges pour venir nous voir en car. Manque de chance, nous sommes collés et n'arrachons qu'une heure de visite au supérieur. Elle reprend son car...

Les nouvelles de Papa sont rares et limitées à des cartes prérenseignées (*Je vais bien, assez bien, mal... Il fait beau... Rayer les mentions inutiles*...). Ils ont mis au point un code complémentaire qu'elle a parfois du mal à déchiffrer. Elle envoie des colis à son prisonnier avec des denrées soustraites à notre ordinaire déjà bien restreint.

Heureux coup de théâtre, il est libéré en mars 1942 pour raisons de santé et comme père de famille nombreuse... La famille déménage pour Bourg où Papa ne tarde pas à mettre sur pied un réseau de Résistance. Maman vit avec les plus jeunes dans une inconfortable villa dans les affres d'une perquisition ou d'une arrestation, avec des « hôtes » inconnus à héberger et à nourrir, tout en attendant un nouveau bébé. Elle a 38 ans et lui 42.

1944. Les conditions de vie empirent. Papa écoute chaque jour Radio Londres, l'espoir renaît. Le 6 juin, ils vont à la messe pour leur vingt-deuxième anniversaire de mariage. Au retour, j'accours vers eux en criant : « *Ils ont débarqué* ! »

La police allemande et la Milice multiplient leurs contrôles. Les hommes et les jeunes gens sont ramassés systématiquement. Mon frère Henry est arrêté le soir de son bac et n'est relâché qu'en pleine nuit. Papa et ses deux fils aînés se cachent au grenier. Un jour, on m'envoie chercher du pain avec le vélo de maman ; je me fais arrêter à un barrage allemand. Je reviens sans pain et sans vélo...

La veille de la Libération de Bourg, la ville est secouée par l'explosion des dépôts de munitions que les Allemands font sauter. Le lendemain, les premières troupes françaises arrivent. Des officiers de l'état-major de la première Armée en jeep viennent voir Papa. Ils nous font faire en jeep un tour de la ville en liesse.

Bientôt cependant, Wil s'engage dans un régiment de la première Armée et Henry part pour le Front des Alpes pendant que Papa, lieutenant-colonel, rejoint l'état-major du 1er CA.

Maman revit le drame de sa propre mère en août 1914 : elle a un mari et deux fils à la guerre...

L'hiver 1944-1945 est dramatique. Le 3 décembre 1944, Wil est porté disparu au cours d'une patrouille dans la forêt de La Hardt.

Le 13 février, Papa revient sur les lieux du combat pour essayer de retrouver des traces ou des souvenirs de son fils.

Une mine camouflée dans la neige lui arrache un pied. Il meurt au bout de quelques heures dans la clinique de Mulhouse où il avait été transporté. Il avait réussi à griffonner la lettre d'adieu suivante.

Ma Rénette chérie,

Je suis blessé par une mine (pied droit coupé).

Je ne sais pas si je survivrai. J'ai la certitude que Wil est vivant, c'est le principal.

Que les enfants se souviennent de moi. Je vous aimais bien tous. Adieu peut-être.

Je t'embrasse encore une fois de tout cœur.

Robert

NB (En avril, lui parviendra une lettre de Wil annonçant qu'il est blessé et prisonnier...)

À 42 ans, Maman se retrouve seule à la tête de sa famille avec 11 enfants à élever dont plusieurs très jeunes. Les 2 aînés commencent une carrière militaire et ne peuvent guère l'aider. Tout son mobilier et ses souvenirs ont disparu à Metz, pillés par l'ennemi.

Elle ne touche qu'une dérisoire pension de réversion et, malgré l'aide pécuniaire de la promotion de Papa, sa vie matérielle s'apparente à la misère.

J'ai des souvenirs très vivaces de cette dure période de 1945 à 1951. Mes deux frères étant au loin, c'est moi qui préside la table familiale. Maman s'appuie sur moi. Elle se dévoue toute entière à ses « petits » et prend même en charge sa propre mère pendant les trois dernières années de la vie de celle-ci.

En 1948, le mariage de Wil avec une belle-fille très aimée lui apporte un rayon de soleil.

Mais commence en même temps pour elle une nouvelle période d'angoisse. Sur ses six garçons, quatre sont officiers d'active et les autres officiers de réserve.

De 1949 à 1955, elle a en permanence 1, puis 2 fils en Indochine.

De 1956 à 1963, mes 5 frères et moi nous avons tous été en Algérie, parfois 3 ou 4 à la fois et à un moment tous les 6... Ce n'est qu'en 1962 qu'elle sera rassurée sur notre sort...

Dans le même temps, elle achève l'éducation de mes jeunes frères et sœurs. En 1960, elle quitte Bourg où elle avait vécu avec son mari et vient s'installer à Dijon, la ville de sa jeunesse, avec sa petite dernière, Christine, que Papa a si peu connue.

Ses enfants se marient alors les uns après les autres, la dernière en 1970.

Elle a un faible pour l'uniforme ! Petite-fille, fille, sœur, cousine, épouse, mère et grand-mère d'officiers, comment aurait-il pu en être autrement ?

En 1980, elle accepte de venir habiter chez son fils aîné Wil, général d'armée et gouverneur de Lyon. En 1983, la démission fracassante de celui-ci la perturbe d'autant plus. Elle célèbre pourtant dans la joie son quatre-vingtième anniversaire à Chauvigny.

En 1984, elle est accueillie chez ses enfants, à tour de rôle, et assiste à plusieurs mariages mais elle est bien fatiguée. Elle meurt brusquement à Nice le 27 janvier 1984 chez une de ses filles.

Je lui avais dit au revoir un jour, quelque temps avant : « *Embrasse-moi encore* ! », me dit-elle. » Je ne devais plus la revoir.

Le jour de ses obsèques, nous sommes huit de ses fils et gendres à porter son cercueil et huit petits-fils prennent notre relève à la sortie, (8 parmi ses 45 petits-enfants, le 46e est né peu après... Ils lui ont donné 91 arrière-petits-enfants).

Après son décès, je me suis reproché de ne pas avoir demandé pour elle la Légion d'honneur. Elle a été tellement héroïque toute sa vie, elle a tellement aimé son pays qu'elle aurait bien mérité la Croix. Sa modestie en aurait d'ailleurs sans doute souffert...

À défaut, je garde précieusement l'humble médaille de la Famille Française qui lui fût décernée en 1945. »

***

Monique (Madame Wilfrid Boone)

« Fille du capitaine Jacques Lanquetot, elle naît à Colmar en 1921. Ses deux grands-pères Lanquetot et de Lattre ont été tués l'un en 1914, à l'autre à Verdun en 1916.

De 1944 à 1947, elle est assistante sociale des armées à Auxerre.

En 1948, séjournant au Maroc, elle rencontre Wilfrid Boone, alors lieutenant dans la compagnie de son frère. Elle l'épouse le 10 septembre.

1948-1951. Séparation : premier séjour de Wil en Indochine.

1951-1952. Vie commune : Wil est affecté à Bregentz (Autriche), puis à Coëtquidan.

1953-1955. Séparation : deuxième séjour de Wil en Indochine.

1955. Affectation en Allemagne et début de vie commune mais le régiment de Wil est bientôt envoyé en Algérie.

1956-1958. Séparation : campagne d'Algérie.

1958-1960. Vie commune à Coëtquidan.

1960-1962. Wil suit les cours de l'ESG à Paris. Le ménage a maintenant six enfants.

1962-1964. Vie commune à Compiègne.

1969-1971. Wil est chef de corps à Mutzig en Alsace. Il est tout le temps absent.

Monique joue à plein son rôle. Celui-ci est résumé dans le texte écrit par son mari qui figure ci-dessous.

1971-1972. Paris.

1972-1975. Saint-Maixent, Wil commande l'ENSOA. Monique joue à plein son rôle.

1976-1978. Trèves : Wil commande la 1re DB. Fréquentes absences du mari.

1979. Paris : Wil est inspecteur des Réserves. Fréquentes absences du mari.

1975-1976. Rennes : adjoint cdt 3e RM. Fréquentes absences du mari.

1980-1983. Wil est gouverneur de Lyon. Fréquentes absences du mari.

En 1983, il démissionne pour protester contre la politique militaire du gouvernement.

1984. Le ménage prend sa retraite en Saône-et-Loire.

Cinq enfants mariés, une religieuse, vingt petits-enfants.

***

Catherine (Madame Philippe Boone)

« Je suis d'une génération charnière (Philippe est sorti de Coët en 76), qui n'a connu que des manœuvres de trois semaines (avec juste le départ le vendredi et le retour le lundi, histoire de bloquer quatre week-ends consécutifs...), deux week-ends de service par mois et, de toutes façon, le travail tous les samedis matin. Après les passages en Etat-Major et à l'École de Guerre, est arrivé le temps de commandement où, femme de chef de corps, j'ai vu partir mon mari quatre mois avec tout son régiment en Bosnie. Et là, surprise, j'étais la seule dont le mari n'était jamais parti ; les jeunes femmes avaient déjà vécu cette expérience, l'une d'entre elles attaquait même sa quatrième rentrée des classes sans son mari... et ce régiment n'était ni para, ni colo, ni légion... Nous entrions dans cette phase où tous les régiments seraient « *projetés* ».

Vous connaissez les problèmes que cela pose aux familles, le décalage avec les autres, l'incidence sur les enfants, la tentation du célibat géographique ou du retour chez les parents pendant l'OPEX. C'est la vie de toutes les jeunes femmes dans les régiments actuellement.

Pendant son absence, j'ai essayé de maintenir une ambiance et une vie dans la garnison et il m'est venu un jour l'idée de cette « Lettre aux maris » qui est parue dans la *feuille de chou* que le Régiment éditait à Sarajevo pour l'ensemble des compagnies éparpillées sur le terrain, histoire de montrer à ces Messieurs qu'on s'en sortait, et omettant volontairement de détailler tous les petits tracas quotidiens auxquels chacune était confrontée et que nous gérions sur place.

Ci-joint (*en annexe)* une lettre du général Forray qui m'a marquée. C'est dans son genre un hommage personnalisé, une reconnaissance qui n'a pas de prix. C'est pourquoi votre projet me paraît une riche idée, un hommage aux anciennes, certes, mais ce serait bien si la nouvelle génération pouvait y trouver sa place, vous l'avez constaté, les jeunes femmes ne sont plus tellement préparées à faire des sacrifices : il faut les guider et les encourager. »

***

Les épouses du 35 pendant le séjour de leurs maris en Bosnie

(Extrait d'un article paru dans le journal du Régiment en Bosnie)

Vendredi matin : vite, vite, courons au quartier retrouver les autres pour « la matinée 35 ». Cette fois-ci, la grande pro du bricolage n'étant pas là, on fait de la cuisine. Ça tombe bien car, pour changer, il pleut et les bâtiments sans chauffage sont un peu... frais. La chaleur du four sera appréciée.

Le week-end approche. L'une d'entre nous organise pour le soir un dîner-crêpes, ambiance garantie.

Le samedi après-midi, promenade dans la forêt. Le temps est clément… enfin, jusqu'à l'heure du départ, mais, bravant le crachin type *brestois*, nous voilà parties... On s'enfonce dans le bois, à l'abri, confiantes ; l'une d'entre nous connaît le chemin. On a des points de repère précis. Les enfants, émerveillés, remplissent leurs poches de glands, de feuilles d'automne aux couleurs variées, les garçons s'arment d'un grand bâton. Ne touchez pas aux champignons, tout y est... jusqu'au crépitement des coups de fusil… Les chasseurs sont tout proches et nous n'y avons pas pensé. Ça calme ! comme dit l'autre (…)

Mais n'ayez crainte, Messieurs, nous n'avons pas sali vos voitures, tout était prévu pour décrotter chaussures, poussettes, enfants et mamans.

Vive la balade! La vie est belle et le climat de Belfort bon pour le teint... Mais on tient ! »

***

Sans le savoir, peut-être, la belle-fille mettait en pratique les recommandations de son beau père, dix-huit ans avant !

Le général Boone, alors commandant de la Ve Région Militaire, écrivait tous les mois aux chefs de *corps placés sous ses ordres une Lettre sur un sujet ou un autre. Sans rentrer dans les détails, il leur donnait des conseils de comportement d'une grande hauteur de vue, pleins de bon sens et de cœur, fondés sur sa grande expérience de la troupe et des écoles.*

En particulier, le texte qui suit reste d'actualité et a donc tout a fait sa place ici.

***

La femme du chef de corps

« Dans votre régiment, il y a un personnage sans existence officielle mais dont l'action peut multiplier votre efficacité : votre femme…

Entendez-moi bien : votre épouse n'a pas « d'existence officielle ». Je ne vais donc pas codifier son action, la réglementer. Je me permets simplement de vous ouvrir quelques voies éprouvées et de vous proposer de vous y engager hardiment.

Elle ne participe pas au rapport du corps, ni aux exercices, encore moins aux manœuvres, aux camps (et aux opérations extérieures). Ce n'est pourtant pas au moment où le régiment est dehors qu'elle doit « retourner chez sa mère » ! Sa « mission », celle qu'**elle** se donne, c'est de veiller sur les femmes du régiment. Elle assume une veille, une permanence.

Elle participe aux réjouissances comme aux deuils. Son intuition lui permet de trouver, mieux que vous, les mots qu'il faut pour consoler ou fêter. Elle reste « civile » mais elle montre que la femme d'un soldat partage les soucis et la vie de son mari.

Elle prouve la solidarité en « solidarisant ». Elle est là quand il faut. Elle sait écouter. Elle sait dire les trois mots qui mettent dans le coup, qui réconfortent ou qui rassurent. Elle sait évidemment trouver le petit cadeau qui restera le témoin d'une amitié.

Cependant, elle est l'image même de la discrétion. Son mari commande le régiment. Pas elle. Elle aide sans intervenir. Sa déontologie, c'est de tout entendre et de ne transmettre que ce qui est sûrement, évidemment, nécessaire de transmettre. C'est d'écouter les autres et de deviner ce qu'elle doit garder en mémoire et ce qu'il importe qu'elle oublie. C'est d'écouter ce qu'on lui dit mais de ne pas entendre ce qui se raconte.

C'est difficile d'être l'exacte épouse du chef de corps ! Cela exige abnégation et dévouement, le souci des autres et cette admirable intuition féminine qui facilite tant les rapports humains, qui permet de comprendre sans parole, de juger d'un coup d'œil, de résoudre d'instinct.

Cela exige beaucoup de temps, la volonté de visiter et de recevoir simplement, la patience d'écouter, la capacité d'aider.

Il faut aussi pratiquer cette vertu d'exemple, pour apprendre aux femmes du régiment, leur rôle d'épouse d'officier ou de sous-officier, sans pour autant jouer à l'instructeur. Cette vertu d'incitation qui lance les autres sur les bonnes pistes et les y encourage « sans avoir l'air d'y toucher ». Cette vertu de prudence pour glisser ici ou là (et faire accepter) tel conseil utile, sans pour autant jouer au mentor.

Cette vertu d'apaisement pour ramener à leur juste proportion les occasions de conflit, sans pour autant tolérer l'injustice. Il faut savoir créer ce climat de confiance qui permet tant à celle qui en bénéficie.

Non, ce n'est pas facile d'être la femme du chef de corps… et cela exige aussi du mari qu'il vive en vérité cette connivence, j'allais dire cette complicité, qui fait les ménages solides.

Une seule tête, la vôtre, doit suffire à commander votre régiment. Deux cœurs n'y sont pas de trop pour qu'y règne l'ambiance nécessaire et que tous s'y sentent chez eux, heureux… »

***

CONCLUSIONS

PROFESSION : FEMME DE MARIN

Je remercie Madame Saint Cast de m'autoriser à faire figurer son témoignage qui ne détonne pas ici. Il me donne l'occasion d'évoquer cette fraternité interarmées née pour moi en Indochine et jamais démentie depuis. Beaucoup d'épouses d'un mari en kaki s'y retrouveront à condition de transposer enseigne en lieutenant, et DPM en DPMAT...

Cet article est paru dans la revue des Anciens de l'École Navale à qui j'exprime aussi ma gratitude.

« Profession : femme de marin... L'idée était dans l'air depuis un certain temps : il faudrait un jour parler de ce job pas comme les autres, avec humour et légèreté si possible, rien n'étant plus horrible que de se prendre au sérieux.

Plusieurs fois sollicitée, je suis aujourd'hui au pied du mur, et si l'exécution me prend un peu de court, la réflexion est ancienne : 36 ans de marine... par mariage...

Il n'existe pas, je crois, de réelle vocation ni de véritable formation pour ce métier. Les choses viennent comme ça, la formation est continue et s'acquiert sur le tas, si j'ose dire.

Car dans le regard clair, fixé sur l'horizon de l'avenir, de l'être galonné qui vous accueille à l'autel, laquelle d'entre nous a vraiment compris qu'elle s'embarquait pour une aventure dont on dit que ce siècle est dépourvu ?

Sait-elle aussi, cette innocente, qu'elle fait, déjà, ménage à trois ? L'autre, c'est la Marine évidemment, et celle-là, il faut le savoir, passera toujours avant vous. Quand on s'en aperçoit, il est trop tard, le navire a déjà appareillé pour une longue croisière. Il faut se faire une raison. Le combat est inégal, certes, mais comme il ne s'agit pas d'une créature de chair, alors, la Marine, on s'efforcera de faire avec.

La carrière du marin est commencée, celle de son épouse aussi. Nous devenons illico Premier ministre d'un foyer souvent privé du chef de famille mais nos pouvoirs sont redoutables car nous sommes, en réalité, tout un gouvernement. Pour commencer, dans notre génération où les affectations étaient décidées rapidement, courtes et souvent lointaines, il nous fallait d'emblée renoncer à toute activité professionnelle mais le bénévolat n'eut pas de secret ni de limite pour nous. Peu de regrets d'ailleurs, les enfants arrivaient dans notre vie souvent plus vite que nous ne l'eussions souhaité, jamais programmés, toujours bienvenus.

Le premier s'annonçait généralement en même temps qu'un déménagement ou qu'une absence prolongée de l'heureux père. Les suivants aussi d'ailleurs.

Avec la première absence du mari commence vraiment notre gouvernement. Les tâches sont d'abord modestes mais essentielles : secrétaire, comptable, gestionnaire – non pas qu'il y ait grand chose à gérer d'ailleurs dans ces années cinquante, ce n'était pas vraiment les plaies d'Egypte mais les vaches étaient maigres et nos exploits relevaient davantage de l'art de jongler que de la formation HEC. Les fins de mois commençaient aux environs du 16, 17, souvent plus tôt. Voilà pour le ministère des Finances.

Très vite, nous devenions, pour celui de la Culture et du Cadre de vie, cuisinière, couturière, décoratrice, menuisier, électricien… avec, il faut bien le dire, plus de goût que de réelles compétences mais nécessité oblige.

Dans les affectations lointaines, seules quelques cantines bondées constituaient notre apport initial et il fallait des prodiges d'imagination pour donner vie et attrait au style « *Louis-Caisse* » que l'on nous attribuait. D'un divan, nous faisions un canapé, d'un marché exotique aux saveurs étranges, une réception presque somptueuse et, d'un métrage pittoresque trouvé au fond d'une arrière-boutique, d'originaux doubles rideaux. Qui dira le rôle des doubles rideaux dans la vie d'une femme de marin ? Les malles de nos greniers en sont pleines. Avec les bouquets, ils furent l'essentiel de nos réalisations décoratives outre-mer.

Un ministère très important reste celui de l'Intérieur, qui comme son nom ne l'indique pas, concerne l'ordre, l'autorité, la bonne marche de la famille, boiteuse quand le marin-père-mari est absent. Nous nous retrouvons très souvent seules dans les réunions de parents d'élèves et dans bien des circonstances délicates Je ne connais pas une bonne rougeole avec complications, une appendicite ni une chute d'un premier étage qui surviennent à ces chers petits lorsque leur père est là, pour apporter au moins son soutien moral. À toute vitesse, on confie les indemnes aux petites amies et l'on file à l'hôpital le plus proche, maritime de préférence. Il y a toujours un ou plusieurs bons copains aux galons bordés d'amarante pour vous tirer d'affaire. Grâces leur soient rendues !

Sommes-nous donc des infirmières, des nurses, des gouvernantes ? Non ! Seulement des mères de famille comme toutes les autres avec, de temps en temps, un *petit côté mère célibataire*.Que la famille soit plus ou moins nombreuse, notre responsabilité est un état permanent, pas une simple fonction. Fantaisistes s'abstenir.

Sans vanité, je puis affirmer que nous sommes imbattables dans le domaine des Relations extérieures, voire des Affaires étrangères. Ce ministère-là est important, mais c'est la récréation de la femme du marin. Il faut aimer un peu les mondanités ; ceci n'est pas péjoratif. Pour ma part, j'ai peut-être eu de la chance, j'ai toujours rencontré des gens intéressants.

On nous reproche souvent de vivre entre nous, en circuit fermé. C'est surtout vrai en début de carrière et c'est inévitable. Les femmes de marin sont compagnes de fortune et d'infortune. D'ailleurs qui penserait à vous prêter trois assiettes et deux casseroles en attendant le déménagement, ou à baigner vos enfants le soir de celui-ci ? Car il faut bien dire qu'une grande partie de notre vie se passe à « *attendre le déménagement* ». Ce n'est pas Godot, il finit toujours par arriver.

Je parlais de nos récréations, les cocktails à bord des bateaux français ou étrangers. C'est souvent pittoresque et cela nous oblige à faire quelques efforts de langage. Il y a les dîners chez soi, « en ville » ou « chez le Commandant ». Pour une jeune femme d'enseigne, ce sont de grands moments dont il faudra se souvenir quand les manches du mari-marin se chargeront de galons. Et l'habitude nous donnera beaucoup d'assurance dans ce domaine.

Nous avons souvent à accueillir des célibataires géographiques et des réservistes qui effectuent des périodes. Pour n'être pas marins de métier, ces derniers n'en ont pas moins des usages, souvent des moyens. Hôtes délicieux et attentionnés, ils se font précéder de gerbes de roses comme on n'ose pas en rêver.

Une autre institution très « Marine », le déjeuner de dames. Nous nous retrouvons par équipage, par escadrille, par promotion, toujours par affinité, jamais par obligation. L'emploi du prénom est rapide, de l'épouse de l'enseigne à celle de l'amiral, cela crée un climat confiant et intime, mais le vouvoiement s'impose car notre conception de l'élégance implique de la réserve. Je parle toujours de notre génération de sexa (génaires).

Nous sommes très directement concernées par les évènements politiques et internationaux. Et beaucoup de ceux-ci retombent en pluie fine sur les bateaux ou les ailes des avions et, pour n'être pas militaires nous-mêmes, il nous faut adhérer complètement à cette notion de « service » que les maris-marins ont choisie. Ils doivent compter sur nous de bien des manières, la discrétion n'étant pas la moindre. Je pense aux nouvelles générations de sous-mariniers.

D'ailleurs, c'est réglé, « ils » ne nous disent jamais rien. J'ai ainsi commis des gaffes mémorables parce que je ne n'étais pas au courant et que, pour d'autres, il était impensable que j'ignorasse… ce que tout le monde savait !

Les évènements sont souvent rudes et la Marine toujours opérationnelle. C'est pourquoi je voudrais glisser ici un court moment de gravité pour rendre hommage à celles qui n'ont pas poursuivi longtemps leur carrière de femmes de marin parce qu'elles ont eu le redoutable honneur d'être tôt, parfois très tôt, des veuves de marins. Nous en connaissons toutes et nous avons à gérer en commun ce « *ministère de la fidélité* » qui est exemplaire dans la Marine. Dans leur dignité, elles sont souvent devenues des mères de marins, perpétuant ainsi une tradition qui leur est douloureuse. Je ne voulais pas les oublier.

Je finis sur une note plus légère et je voudrais parler de l'essentiel de notre vie professionnelle, l'art dans lequel nous sommes passées expertes hors catégories. Nous sommes des virtuoses du déménagement. Je sais de quoi je parle : j'ai déménagé vingt-neuf fois. Le trentième sera donc celui pour lequel on emporte aucun bagage. Encore que… !

Mais que sont les déménagements d'aujourd'hui ? De vraies parties de plaisir quand je pense à mes jeunes années. Souvenez-vous, la frisette pour emballer la vaisselle, les couvercles de caisses à clouer, les cantines de bouquins ou de linge (dans lesquelles on cachait, comme tout le monde, l'argenterie) insoulevables une fois pleines. Maintenant, le zèle des déménageurs n'a plus de limites, ils emballent, démontent les meubles... Bref, ils font presque aussi bien que nous.

Si cette vie errante a bien des plaisirs et bien des inconvénients, il faut, comme en toute choses, un responsable. Qui est ce responsable ? C'est la DPM, bien sûr.

Il y aurait beaucoup à dire sur la DPM (Direction du Personnel de la Marine), cette traîtresse. Elle sort les affectations au dernier moment. Elle bouche les trous. Elle raconte des histoires pour faire passer la pilule. Elle fait tout et n'importe quoi. Elle traite les marins comme des pions.

On devrait bien nous confier aussi ce ministère-là.

Je suis sûre d'avoir oublié beaucoup de choses, car tout ceci n'est qu'un aperçu, nous avons encore bien des cordes à notre arc.

Ai-je voulu dire que nous étions exceptionnelles ? Que non point ! Mais ne le dites pas à ceux qui le croient. On nous reproche un certain style, n'en soyons pas complexées. Un de mes fils prétend même – c'est un compliment – qu'il peut reconnaître une femme de marin entre mille et de très loin : peut-être à son foulard de la « *Jeanne* », le seul Hermès qu'elle portera jamais ?

Ce qui était vrai pour notre génération me semble encore plus vrai, à bien des égards, pour nos jeunes amies qui arrivent dans la carrière. Elles ont, à mon avis, d'autant plus de mérite que l'environnement est bien différent, si peu porteur pour les valeurs que nous essayons de maintenir.

Je leur souhaite la bienvenue et beaucoup de courage.

Convenez, Messieurs les maris-marins, qu'il nous a fallu un certain humour pour vous suivre et qu'en dépit de nos humeurs, vous n'avez pas dû vous ennuyer un seul instant en notre compagnie.

Quant à moi, je le confesse, j'y ai trouvé beaucoup de plaisir. »

***

ÉPOUSER UN SOLDAT ?

Catherine 2

« Je l'ai épousé non pour le prestige de l'uniforme mais pour les valeurs que représente le soldat : courage, honneur, ponctualité, désintéressement… et parce qu'il était beau.

Notre vie a été une aventure aux multiples déménagements : Saumur et l'attente d'un premier bébé dans un mauvais logement… l'Algérie et une longue attente durant laquelle je suis revenue chez mes parents au Maroc… Sissonne et un logement bricolé dans un ancien réfectoire de troupe… Djibouti et un grave accident d'auto pour lui (18 fractures à la face)… l'Allemagne et la naissance de notre troisième garçon… Montlhéry… Le Congo et pour moi la découverte de la rééducation de petits polio soignés par d'admirables religieuses… Puis, de nouveau, Montlhéry avec, pour lui, la préparation d'une licence d'anglais à la Sorbonne… Départ pour Toronto où il suivait l'École de Guerre Canadienne par – 40° l'hiver… Retour à Vannes dans un régiment prestigieux toujours prêt à envoyer ses soldats partout – notamment au Tchad… Fréquentes périodes de solitude… Puis la Tchécoslovaquie (du temps du communisme pur et dur avec la misère matérielle correspondante), l'obligation de laisser nos deux aînés en France et l'apprentissage de la guerre des nerfs avec l'impression d'être toujours traquée de jour et de nuit… Retour imprévu pour la France et départ, 9 mois après, pour le Zimbabwe et le Mozambique, à 10 000 km de nos enfants : pays enchanteurs par les paysages mais redécouverte de la misère et de l'insécurité… Retour en France, mais il était à Strasbourg et moi à Paris : je le récupérais à la gare de l'Est le vendredi soir avec son linge sale et le remettais au train le dimanche soir avec son linge propre… Cela a duré deux ans, puis il est parti en Israël…

Il me semble que j'ai passé ma vie à attendre… La coupure d'avec les enfants m'est encore insupportable. J'ai manqué toute une part de leur vie qui ne se retrouve pas. J'ai déménagé 20 fois, parfois seule. J'ai la chance d'avoir une formidable faculté d'adaptation, un bon équilibre, une certaine capacité d'accueil, de détachement aussi, puisqu'il faut partir, encore et toujours partir. J'ai choisi de le suivre partout pour l'épauler, au détriment des enfants, je le redis.

Être femme de soldat, c'est s'oublier, accepter de ne pas travailler, de laisser derrière soi des choses que l'on a construites. C'est essayer d'être discrète et efficace en toutes circonstances, de ne pas attendre de reconnaissance, à l'étranger, de donner une bonne image de son pays. J'oubliais l'altruisme et la fidélité.

Oui, j'ai adoré mon « *métier* » de femme de soldat ! »

***

Roselyne

« Un jour, comme j'avais égaré les clés de la maison, je rejoignis mes parents à une réunion pour les récupérer et ce fut le début d'une aventure avec un certain sous-lieutenant…

Bientôt 35 ans dans les cantines, les caisses, les logements qu'on retape, ajoutant, au dé et à l'aiguille, le marteau et la truelle.

J'ai enrichi mon vocabulaire en vivant à côté d'un homme qui ne disait pas non mais « négatif », qui me proposait un « kawa » et me demandait de « chouffer » pour requérir mon attention *(chouf, en arabe, poste d'observation ou le guetteur qui l'occupe).*

J'ai appris à être prête et à l'heure en toutes circonstances (ou presque), à orienter une carte pour suivre un itinéraire. J'ai appris à vivre n'importe où, sans faire n'importe quoi, à accueillir tout le monde sans me perdre avec n'importe qui, à écouter les gens, à me faire une opinion et à la garder pour moi.

J'ai surtout appris à attendre et à faire avec. » (…)

***

Anne B.

Son mari a été tué accidentellement alors qu'il était au sommet de sa carrière. Elle est restée longtemps dans sa garnison, responsable de la bibliothèque de l'École Militaire et jouant à ce titre un rôle important vis-à-vis des jeunes. Elle leur a dit un jour ce qui suit :

« Épouser un soldat, c'est magnifique et c'est difficile… C'est pour cela qu'il est difficile d'en parler, sauf si on est d'une famille militaire, et encore, car les conditions de vie ont tellement changé qu'il n'est pas certain que l'expérience familiale soit communicable…

On peut quand même dire à la « candidate »

– qu'elle aura un mari corvéable à merci, 24 h sur 24, jours fériés et dimanches compris…

- que les bienheureux 45 jours de permission annuelle ont souvent tendance à raccourcir…
- qu'elle devra supporter, le sourire aux lèvres, les semaines de solitude et entendre les anciennes vous expliquer que ce n'est rien par rapport à l'Indo ou l'Algérie – ce qui n'est pas vraiment une consolation…
- qu'elle aura souvent à faire des caisses et les défaire, à passer de la miraculeuse maison avec jardin en province au minuscule F3 dans une grande ville – la réciproque étant plus facile à accepter.

De toute façon, la demeure où elle débarquera sera toujours sale et elle deviendra championne du rouleau à peinture et de la perceuse pour accrocher les cadres.

- qu'elle ira seule voir les professeurs (il doit cependant arriver que certaines aient des enfants exceptionnellement doués et que ce soit une visite agréable …)
- qu'elle sera seule aussi devant la crise d'appendicite, devant la déclaration d'impôts, devant la grande fille qui veut trop tôt sortir ou devant le grand garçon qui rêve d'une moto…

On pourrait écrire des pages sur ce thème mais on doit ajouter que

- c'est merveilleux de se retrouver quand on s'est quitté pour quelques semaines ou quelques mois…
- merveilleux de recevoir les copains assis sur le tapis autour d'une salade de riz…
- merveilleux d'être accueillis dans la nouvelle garnison ou d'accueillir les nouveaux arrivants…
- merveilleux de découvrir périodiquement une région nouvelle, une ville nouvelle, des gens et des modes de vie différents…

Quand on compare notre vie à la sclérose et l'ennui qui se dégagent de bien des ménages « *plan plan* » qui n'ont jamais bougé de leur coin et pour qui toute taupinière est montagne, on se dit qu'on a beaucoup de chance.

Quant aux enfants, il faut sans doute renoncer à les voir bacheliers à 16 ans (les changements d'école ne sont pas favorables aux brillantes études…) mais notre vie peut au moins les préparer à l'adaptation rapide, les rendre curieux devant les changements, leur donner l'exemple de l'équilibre familial à préserver à tout prix, ce qui nécessite maîtrise de soi et amour de l'autre inébranlables... Cela peut leur donner des atouts sérieux pour leur vie d'adulte à travers une irremplaçable solidité morale...

Tout cela suppose que, quand le mari est à la maison – ce qui arrive quand même quelquefois – il soit **présent** : présent à sa femme et à ses enfants.

Réciproquement, que la femme ne râle ni ne récrimine sans arrêt ni ne reste muette (muette d'une visible réprobation). Il vaut mieux qu'elle dise carrément et calmement ce qu'elle a sur le cœur que de ruminer ses vieux griefs. Mais, au fait, ce n'est pas spécial aux ménages de militaires ! Dans tous les milieux, on voit des maris qui ne sont, à la maison, que PPT (pipe, pantoufles et télévision) alors que les femmes sont BRR (bigoudis, récriminations et ragots...)

Un dernier point, il faut que **la femme s'intéresse au métier de son mari** et, dans une certaine mesure, le partage car il est fait de **relations humaines** mais ce, **sans tapage et en toute discrétion**.

Je suis sûre par exemple que, si les femmes des officiers et des sous-officiers d'un escadron, d'une batterie ou d'une compagnie se connaissent, l'ambiance qui règne dans l'unité n'en sera que meilleure.

Ce genre de relation peut paraître secondaire à la femme du jeune lieutenant mais il est important au niveau de l'épouse du chef de corps.

Et comme à ce stade-là, la disponibilité et l'ouverture aux autres ne s'improvisent pas, il vaut mieux en prendre très tôt l'habitude. »

***

Sophie

« Femme de soldat ». De prime abord cette expression peut sembler caricaturale car une femme épouse avant tout un <u>homme</u>, sans treillis ni galons.

En effet, à l'origine de la constitution de tout ménage, il y a d'abord une histoire d'amour qui amène une jeune fille à s'éprendre d'un garçon sans toujours bien évaluer combien le métier de ce dernier va peser sur leur histoire commune.

Pour ma part, et avec la jeune expérience de dix années de mariage, je mesure combien cet état a pu marquer mon existence quotidienne. O certes, il faut rester modeste, nous ne vivons pas une existence héroïque. D'autres catégories professionnelles ont sûrement des contraintes encore plus pesantes mais une existence aux côtés d'un homme qui vit au quotidien son idéal d'officier, réserve bien des surprises...

Quand je cherche à faire un bilan, j'arrive clairement à évaluer les contraintes majeures mais aussi les incontestables sources d'enrichissement que me procure cette existence.

Le facteur qui m'apparaît le plus contraignant dans notre époque moderne est la **mobilité.** Cela peut sembler paradoxal pour une fille de marin de s'étonner de cet état de fait. Mais une chose est de déménager quand on est jeune fille, et une autre quand on embarque une tribu au régulier taux d'accroissement.

Une simple équation pourrait incliner à sourire.

Dix ans de mariage = cinq déménagements + cinq enfants.

Les esprits perspicaces ou organisés auront vite découvert la clé de la réussite : faire alterner accouchements et déménagements. Cependant ni la DPMAT ([1]), ni la loi naturelle ne s'accordent en la matière...

Il faut reconnaître avec modestie que cette contrainte de mobilité est essentiellement assumée par la femme qui se voit fort logiquement chargée de « redessiner » périodiquement l'environnement familial en prospectant les écoles, les médecins et autres spécialistes, les activités péri-scolaires, les garderies... L'homme, lui, retrouve partout un milieu connu ou de vieilles connaissances, et les galons confèrent vite des repères. La femme s'escrime, quant à elle, à faire une place pour sa famille dans un contexte local plus ou moins accueillant où le caractère de nomade perpétuel n'est pas la meilleure des cartes de visite. *« Non Madame, il n'y a plus de place pour cette activité, les inscriptions sont closes depuis février. Mais je vous inscris sur la liste de l'an prochain. »*

Qui n'a jamais entendu cette phrase laconique qui condamne ses enfants à pratiquer des activités sur un rythme épisodique !

([1]) Direction du Personnel Militaire de l'Armée de Terre : organisme qui décide, en particulier des mutations et affectations.

Que dire, en outre, des femmes qui essaient encore de poursuivre une activité professionnelle avec un tel rythme effréné ?

Enfin, me risquerais-je à évoquer combien cet apprentissage confine à la « croisade » en région parisienne où, notamment les écoles affichent des listes d'attente plus longues que la facture d'une famille nombreuse dans un supermarché !

La deuxième contrainte très exigeante est **l'absence répétée de ce mari** du logis familial. Stages, manœuvres, opérations extérieures, que de motifs de départs et de longues attentes sans toujours bénéficier de ces nouvelles qui semblent devenues une norme dans notre société moderne.

Attendre, toujours attendre son mari, organiser la vie de notre famille, les activités des enfants avec le souci de réserver sa place au père de famille qui reviendra un jour et qui devra ré-occuper un espace laissé libre quelques mois. Cette absence est d'autant plus durement ressentie que notre société actuelle a détruit nombre de repères pour les jeunes enfants. Ces derniers ont sûrement plus besoin que leurs aînés de la présence au foyer des deux parents et de leur commune affection. Cela est encore plus vrai lors de l'entrée dans les turbulences de l'adolescence.

La troisième contrainte s'avère être le **partage des soucis d'une profession** très exigeante et qui n'autorise pas une complète césure vie professionnelle-vie familiale.

Combien de week-ends passés seule à voir son mari s'entraîner en montagne pour accéder aux difficiles cursus de l'École Militaire de haute Montagne ? Combien de longues soirées passées à ses côtés quand il reprend avec persévérance ses études pour accéder à l'enseignement militaire supérieur ? L'honnêteté incline à reconnaître que ces efforts se teintent parfois d'humour lorsqu'on voit son mari rechercher en bibliothèque universitaire des annales pour travailler tel le jeune étudiant… Combien même de soucis en entendant évoquer aux informations les accès de folie meurtrière de certains pays et d'y savoir plongé son mari.

Mais serait-il juste de n'établir qu'un tel tableau pour une femme d'officier. Au risque de voir toutes les Bretonnes déserter les environs de Coëtquidan, je dois reconnaître que ces contraintes, pour réelles qu'elles soient, sont contrebalancées par bien d'autres richesses.

En premier lieu, ces contraintes sont vécues ou plutôt partagées au sein d'une famille : la **communauté militaire**. Cela n'est pas un vain mot. Il n'est que de constater le regard des civils sur les militaires pour réaliser que nombre d'entre eux envient ce monde solidaire et particulier. La confrontation à de communes contraintes soude nos familles et, à plus forte raison, nous, les épouses, pourtant d'origines diverses.

Le deuxième enrichissement indiscutable n'est-il pas cette **capacité d'adaptation** que l'on acquiert bien vite pour gérer seule tous ces tracas de la vie quotidienne sans attendre une présence masculine.

Enfin ne faut-il pas oublier que cette incessante découverte de nouveaux lieux, de nouvelles personnes, de nouvelles structures d'accueil sont source d'enrichissement personnel et incitent à **ouvrir son esprit et son cœur aux autres**. Pour avoir parfois constaté la souffrance de n'être pas accueillie dans un nouvel univers, on est poussé à cultiver cette attention à l'autre, cet accueil de celle qui voit son mari partir pour de longs mois.

« Femme de soldat ». La formule reste lapidaire mais elle correspond de fait à une vie toute particulière faite de renoncements multiples, de déracinements successifs mais aussi de découvertes et d'affirmation de sa personnalité. On la vit pour son mari, pour l'équilibre que l'on doit à son foyer et pour la stabilité de ses enfants. Elle est exigeante mais l'amour ne fructifie-t-il pas au contact des épreuves ? La démographie de nos familles et la stabilité de nos foyers sont la plus belle preuve que le bonheur est bien présent chez nous : c'est notre contribution de femme à l'amour de la Patrie. »

***

Dominique

« Après 38 ans de mariage, 38 ans aussi de ce que l'on peut appeler un mariage avec l'armée, que retenir de tous ces grands et petits évènements entremêlés ? Ma conclusion est que notre vie ne s'écoule pas comme un fleuve tranquille mais qu'à l'arrivée le bilan reste plus que positif. C'est d'abord l'angoisse de n'être jamais vraiment posée quelque part (20 déménagements...), d'avoir toujours à rassurer les enfants dans leurs inquiétudes amicales ou scolaires, et faire face à cela souvent seule. Inquiétude d'affronter une vie matérielle pas toujours confortable...

Ce tableau grisâtre fut bien heureusement éclairé par toutes ces amitiés rencontrées et nécessairement nouées de façon rapide, mais hélas difficiles à entretenir avec notre vie de nomades, cela étant aussi valable pour les parents que pour les enfants.

Les temps forts de la vie d'un officier sont ses « temps de commandement ». Pour notre famille, ils le furent aussi. Ainsi supporte-t-on mieux l'absence physique fréquente et, en permanence mentale, du père de famille, ses départs en mission, les angoisses qui vont avec, ses permissions toujours entamées par le métier, les obligations sociales et protocolaires incontournables. Ces étapes intenses où le mari se réalise pleinement n'ont été assumées par moi-même et nos enfants que grâce à l'amour fort qui règne chez nous. Nous partagions ! Ayant fait le choix de ne pas travailler, d'élever nos enfants et de suivre mon mari, je me retrouve depuis deux ans dans la « vie civile », et je dois reconnaître que je me sens souvent décalée dans beaucoup de domaines.

Au final, je ne regrette rien de rien, si c'était à refaire « je rempilerais », mais je pense que les générations suivantes ne vivront plus cette vie de la même manière. »

***

La réponse est contenue dans les lignes qui suivent où deux toutes jeunes épouses de Saint-Cyriens encore à l'École tentent de répondre à la question :

« Pour vous, qu'est-ce qu'être femme d'officier ? Comment l'envisagez vous ? »

Stéphanie

« Être femme de soldat, ce n'est pas toujours évident, même lorsqu'on connaît relativement bien le milieu. En effet, je suis issue d'une famille militaire et, depuis peu, me voilà devenue femme d'officier. On me répète souvent que c'est une vie difficile parce que les maris partent loin et pour longtemps ; d'autant plus que ces absences sont assez répétitives.

Ce que je vois aujourd'hui, c'est la chance que j'ai d'avoir un mari épanoui dans son travail. Certes l'éloignement sera une épreuve, mais les liens qui se créent entre épouses permettent plus facilement de passer ce cap.

Qu'il parte loin ou longtemps, qu'il soit disponible ou non, je suis convaincue que mon mari est pleinement heureux d'exercer son métier et qu'il s'y donne totalement.

Mon statut d'épouse me permet de lui faciliter le quotidien et d'être présente à ses côtés.

Je trouve un réel équilibre dans notre petite famille parce que, même si les journées peuvent être parfois très longues, j'apprends grâce à cela à profiter de chaque instant avec lui. »

***

Héloïse

« …Pour définir leur état, un mot est tout de suite apparu : La « vocation ». Pour moi, répondre à ma vocation de femme de militaire, c'est répondre à celle d'épouse, tout simplement. (…)

Je suis obligée d'y penser lorsque je médite sur mon expérience présente parce que cette idée guidera, je l'espère, chacun de mes gestes, chacune de mes pensées. Etre femme donc, avant tout.

La précision « de militaire » est un indicatif sur la manière de vivre cette vocation, une information sur les moyens de parvenir à tout mener à bien. Cette spécificité est une partie **acceptée** de la vocation et non **pas choisie**. **J'aime un homme qui se trouve être militaire**, officier qui plus est ; il est vrai que cela implique une attitude.

Les jeunes filles déjà imprégnées de ce milieu spécial sont sans doute sensibilisées plus vite au mode d'emploi. Mais je crois que la *non initiée*, qui aura appris ce qu'implique le « oui » qu'elle a prononcé le jour de son mariage, a sans doute l'intuition des chemins à parcourir.

(…)

Avant d'aborder la pratique, je voudrais donc regarder du côté du quotidien des hommes car c'est lui qui va orienter les actions des femmes. Ce quotidien est chargé d'idéaux. Une femme doit être attentive à ce qui fait l'environnement de son mari, principalement consacré au travail. Or, si nos maris sont plongés dans un univers d'idéaux, ils sont aussi entourés de grands dangers insidieux. Je crois que nous devons porter sur nos épaules la pression qui pèse sur eux. La barre est placée haut ; le combat sera donc livré à deux, chacun à sa place.

Ce qu'enferme l'uniforme par exemple explique très bien les enjeux qui entourent l'officier et sa femme. Comme le métier, il représente le don de soi pour son pays, une cause qui se réfère à de nombreuses vies déjà sacrifiées. Il faut donc s'en montrer digne.

Il faut être honorée d'être mêlée à la beauté de ce métier mais ne pas se voiler la face car on se sentira responsable du moindre échec dans l'attitude de son mari. Ce travail ne souffre pas la médiocrité. L'aspiration ne suffit pas, il faut être vigilante pour éviter les simples velléités…

(La femme) doit donc incarner la noblesse, la pureté, le courage, l'humilité, le dévouement et doit donc aider son mari à les revêtir. C'est grâce à la beauté de ce métier que nous avons nous-mêmes la motivation pour ne pas tomber dans nos propres bassesses. On attend en effet beaucoup de ceux qui clament leurs belles idées à tout vent ; on est plus exigeant envers eux et on ne pardonne pas la chute. Les épouses sont finalement inclues dans cet enjeu.

Il s'agit d'être distantes vis-à-vis de ce qui ne nous concerne pas, enthousiastes lorsqu'il s'agit d'encourager, de conseiller. À la femme d'exécrer les discussions stériles qui peuvent miner toute microsociété. Nous devons savoir écouter lorsqu'il y a un besoin de confidence, conseiller quand il y a un désarroi pour une noble cause, veiller et combler de mille attentions pour combattre la fatigue et le découragement, nous montrer dignes même lors des séparations qui ne sont pas faciles… même pour les hommes.

L'attendre mais de manière active, positive. Certes, il faut donner toute sa place à notre mari dans la famille, lui montrer que sa présence compte énormément, qu'il nous manque, mais sans lancinance, déprime ni aigreur.

Notre vie de nomades ne nous permet pas de faire carrière dans un travail durable. À nous de rebondir chaque fois avec joie, de trouver de quoi s'épanouir et de prendre tous les avantages du changement, de nous sentir bien à chaque nouveau port, d'user sans radinerie d'énergie et de charité, de s'investir à chaque nouveau baluchon déposé.

Voilà ce qui rend sans doute leur métier si exigeant et le nôtre si passionnant ! »

***

J'attendais un témoignage d'une femme de soldat que je connais bien... C'est le mari qui répond... Je lui donne quand même la parole...

Déclaration d'amour

« Si j'ai aimé, à l'occasion, écrire mes petits credo à mes hommes, je n'ai jamais pensé à écrire à la grande famille de « nos » épouses. J'aurais dû en avoir l'idée tant ma vie de soldat a aimé vos regards complices. Tous ces témoignages de femmes tissent les images en noir et blanc de la simple humanité de la vie militaire. J'ai aimé le pour et le contre, les soumissions comme les rébellions, de ces vies non choisies mais vécues, pour la plupart, intensément au pas de l'amour.

J'ai dû, hélas, écrire quelques lignes tristes à celles qui avaient perdu leur soldat le plus cher, morts de maladie ou d'accident. J'ai écrit à ma mère, à ma femme, sans doute à ma sœur – elle aussi dans la corporation – pour, de loin, provoquer un sourire, calmer leurs craintes et habiter leurs rêves. Bref vivifier ma place dans leur souvenir en pensant, à travers elles, à ces régiments de veuves, à ces brigades d'orphelins que l'Histoire a fait basculer dans une vie amputée.

Vous appartenez aux rangs cachés de la *grande muette,* si présentes au quotidien et si absentes de nos petits bulletins de victoire. Vos soleils vivent à l'ombre de nos vies qui, sans vous, n'auraient ni goût ni chaleur. Qui que vous soyez, vous épousez tout ce que nous sommes ; mieux : ce que nous voudrions être. Sans le prestige de l'uniforme, sans l'aventure du départ, sans la passion d'un métier fait de la plupart des autres, vous incarnez finalement mieux que nous les vertus qui nous guident. Vous assumez davantage la condition de *soldat de l'idéal*, vous faites le don de vos humbles angoisses à une Patrie peu reconnaissante.

L'histoire sait combien l'amour partagé a, seul, sauvé des générations de soldats dans les tranchées, dans les stalags, dans les prisons et les camps de la mort, sous la torture. Combien il a délivré à l'heure de la mort. Un souvenir de vous et l'ardeur reprend, la vie survit jusqu'à la victoire. Vos sourires sont nos plus belles décorations, votre éclat donne de la couleur à nos uniformes. Fées de nos vies, vous comblez les heures vides et incarnez les heures pleines. Vous faites de chaque petit instant un grand moment. Vous faites que le simple soit exceptionnel et que l'exceptionnel soit simple. Votre seul dividende : savoir que, si vous devez souvent vivre sans nous, nous ne le pouvons pas sans vous. Votre amour est notre honneur et votre patrie.

Épousant les époques et les lieux, de toutes races et de toutes conditions, votre esprit de corps, c'est l'esprit de cœur. Vous n'avez qu'une arme : votre famille, qu'un grade, celui de sœur.

Pardon pour ces départs, merci pour ces retours. Pardon pour ces peines, merci pour ces joies. Merci de donner votre tendresse à nos passions et de ranimer chaque jour la flamme de notre vie. Merci pour ce *rôle social* gratuit, pour ces devoirs pleins de grâce, pour ces regards qui touchent ce que nous ne savons pas voir, pour ces mots qui apaisent, pour ces caresses qui soignent, pour cette présence qui rend fort.

À l'aplomb des voûtes d'acier, que la lune continue à vous bercer, les étoiles à vous guider et l'espérance à vous illuminer. Comme le soldat tenant dans ses mains, un jour d'adieu, les plis soyeux de son cher drapeau, je vous embrasse. »

M. D.

***

ARRIVER ... ETRE "NOUVEAUX"
N'EST PAS TOUJOURS AISÉ
J DEFLINE

POSTFACE

C'était il y a 21 ans. En voyage officiel aux Etats-Unis, nous traversions, ma femme et moi, le continent à bord d'un avion spécial de l'US Air Force. Le pilote venait de me dire, qu'en notre honneur, il avait l'autorisation exceptionnelle de survoler le cañon du Colorado à basse altitude. Ma femme découvrait par le hublot ce spectacle unique au monde et je me réjouissais de pouvoir lui procurer ce plaisir.

Je pensais que c'était là une faible compensation de tant de fatigues endurées depuis 30 ans pour le « bien du service », de tant de murs repeints sous diverses latitudes, de tant de dîners mitonnés avec amour et offerts à tant de camarades ou de passagers, et surtout de tant de rencontres chaleureuses ou éprouvantes, de services rendus ou reçus.

Je me rappelais notamment l'avoir laissée souvent seule en Algérie, avec un Colt 45 dans son tiroir, dans une maison délabrée. On y entendait, venant de l'écurie voisine, le choc des sabots d'un vieux mulet qui tapait pour chasser les mouches... et le robinet de l'évier débitait dans notre verre des têtards en même temps que l'eau ...

Je me souvenais aussi de mon retour du quartier, le soir de mon départ du régiment. Les déménageurs avaient emballé nos affaires et la maison alsacienne où nous venions de passer trois merveilleuses années, à geler l'hiver et à cuire l'été, était pleine de cartons. Assis sur deux caisses de vaisselle, ma femme et un sous-officier conversaient gravement. Je me suis retiré discrètement en comprenant qu'il il était venu chercher ses derniers conseils face à sa situation conjugale difficile...

Des souvenirs comme ceux là, j'en ai plein la tête, et ils m'aident à prendre conscience de ***ma (de notre) chance exceptionnelle****, sur le plan professionnel et familial.*

***

À des degrés divers, les femmes qui ont bien voulu m'adresser les témoignages qui précèdent relatent de même, pour la plupart, une ***expérience positive*** *de leur vie d'épouses de soldats, en dépit des rudes épreuves endurées.*

Avant de clore ces pages, je veux adresser un hommage particulier aux autres, ***à celles qui,*** *à l'inverse,* ***n'ont pas gardé de souvenirs heureux*** *de leur vie péri militaire.*

Bien entendu, je pense d'abord aux veuves et notamment aux veuves de guerre. Je leur renouvelle l'expression de mon admirative et amicale compassion.

Mais je salue aussi toutes celles qui, d'une autre façon, gardent une impression d'échec.

Celles qui ont été abandonnées dans des conditions douloureuses au milieu ou à la fin de leur vie, alors qu'elles avaient fidèlement attendu le retour du mari et courageusement assumé, des années durant, leurs responsabilités familiales. J'en connais plusieurs dont je partage la peine.

J'exprime notamment mon affectueuse admiration à celle que j'avais vu vivre tout près de chez nous, élégante et raffinée, et qui, du jour au lendemain, pour nourrir ses trois enfants, a accepté de faire du porte à porte pour vendre des encyclopédies dans des HLM, puis de faire visiter des appartements le dimanche.

De même, à celle qui a couru le monde pendant 25 ans avec un homme en kaki et qui assume aujourd'hui, avec noblesse, sa gêne et sa solitude imméritées, tout en se dévouant « tous azimuts ».

Le courage et la dignité dans la durée de ces femmes-là mériteraient une citation à l'ordre de l'Armée.

***

Mais, dans un milieu où la vie professionnelle réagit beaucoup sur la vie familiale, il en est aussi qui ont souffert avec leur mari et par leur mari dont la carrière a été compromise ou interrompue.

L'échec aux concours, si importants de nos jours, relève plutôt du manque de chance et le ménage concerné « digère » plus ou moins vite sa déception et finit par s'en remettre.

Il en va autrement des militaires dont la carrière a été compromise de leur faute par des comportements réprouvés par la morale publique et indignes de leur état. Certaines femmes ne supportent pas la honte liée à cette situation.

Je pense aussi à tous mes camarades qui ont été victimes des divers « dégagements de cadres ». J'en connais qui avaient une vocation marquée, dont la « manière de servir » était excellente, et qui ont néanmoins été « mis à la porte » pour des motifs d'ordre administratif ou financier en 1947 ou politique en 1962. Ils en restent marqués dans leur cœur et dans leur esprit et je sais des épouses qui remâchent douloureusement, depuis des années, l'injustice subie par leur mari qui n'avait pas démérité.

À celles-là ou à leurs descendants, dont certains me touchent de près, je dis mon affectueuse compassion.

***

Ces choses ayant été dites, du fond du cœur, et au moment d'adresser ces pages à l'éditeur, je veux récapituler les sentiments que j'éprouve après avoir lu et médité ces témoignages succincts ou détaillés d'épouses de soldats.

J'ai été frappé par leur ***diversité****. Certains émanent de veuves, d'autres de femmes dont les maris vivent toujours, adjudants ou généraux. (A cet égard, je regrette d'avoir reçu plus de témoignages de ces dernières que des premières).*

Certaines sont arrière-grand-mères et d'autres attendent leur premier bébé.

Certaines ont ou ont eu un métier, de couturière à universitaire, d'autres non, notamment parmi les plus anciennes.

Certaines appartiennent à une « dynastie » militaire, d'autres ont découvert le milieu en se mariant.

Certaines ont connu des épreuves très lourdes, des séparations très longues, des drames comme la déportation, la captivité du mari chez les Viets ou sa détention politique en France ; d'autres, comme la mienne, ont eu un parcours plus clément.

J'ai en même temps été saisi par leur relative ***unité.***

Unité dans la conception de vie d'abord.

- *La majorité des femmes qui m'ont écrit sont mères de familles nombreuses (souvent mères de quatre, cinq, six et même huit enfants, y compris chez les jeunes).*
- *La plupart ont fait tous leurs efforts pour suivre le mari. Elles considèrent le célibat géographique (qui progresse) comme un pis-aller.*

Unité dans les qualités de base.

Ce qui ressort de leurs écrits, au delà des générations, c'est ***l'amour*** *de leur mari et de leurs enfants, c'est le sens du devoir, c'est la* ***volonté d'assumer*** *à plein leurs responsabilités, c'est* ***l'adaptation*** *aux circonstances, le* ***dévouement****, la débrouillardise, le sens des contacts humains, c'est aussi le patriotisme et l'acceptation de subordonner, dans une certaine mesure, leur existence au service de « La Grande Dame », comme dit l'une d'entre elles. Chez beaucoup, la Foi religieuse apparaît en filigrane derrière cette haute conception de la vie.*

L'immense majorité d'entre elles déclare : « ***Non, je ne regrette rien ! Si c'était à refaire, je le referais*** *! »*

Il y a quand même des nuances selon les expériences et les caractères mais, apparemment, indépendantes de leur âge et des galons du mari.

Un petit nombre témoigne d'une relative résignation à leur sort ; d'autres, les plus nombreuses, ***disent avoir aimé leur genre de vie et même l'avoir trouvé passionnant.***

Cela dit, la mutation profonde subie par notre société depuis un siècle a réagi sur le milieu militaire. À travers leur fréquent travail professionnel, les femmes de soldats (qui n'avaient jamais manqué de considération) ont gagné de ***l'autonomie.*** *Même en dehors de l'aspect financier du problème, certaines d'entre elles ne se contentent plus d'être épouses et mères. Elles ont besoin d'être reconnues par et pour elles-mêmes.*

Je ne l'ai pas voulu ainsi mais tous les témoignages qui précèdent émanent d'épouses de ***cadres****. Or, se pose dorénavant le problème des épouses d'hommes de troupe. Il est d'autant plus crucial que le pas-*

sage à l'armée de métier amène le commandement à devoir recruter aujourd'hui la majorité de nos soldats là où il y a des volontaires, c'est-à-dire dans des couches sociales moins favorisées.

Les couples que nos engagés sont amenés à constituer sont en général très jeunes, très démunis à tous égards et donc très fragiles. Ils ont grand besoin de soutien extérieur, notamment les jeunes femmes quand les hommes sont au loin.

Il y a là une nouvelle et difficile dimension du problème militaire.

Il interfère avec ceux que provoque déjà et provoquera de plus en plus la féminisation croissante des armées. Les responsables y pensent depuis longtemps et ont mis en place les structures appropriées. Il restera cependant aux femmes d'officiers et notamment de chefs de corps une large part d'initiative pour humaniser ces structures et leur donner de l'âme dans la grande tradition des anciennes.

***

En ce qui me concerne, je viens de passer trois mois passionnants sur ces précieux documents. Ils vérifient 40 ans d'observation directe du milieu militaire. Je les ai lus et médités avec le recul de 20 ans de réflexion critique en tant père et beau-père de soldats, de président de France-Valeurs et de visiteur de prison qui connaît un peu la vie.

*Les mots qui viennent aujourd'hui sous ma plume sont **admiration** et **reconnaissance**.*

Admiration…

*Achevant mon existence à une époque où beaucoup de gens considèrent que tout va mal, je m'émerveille, moi, d'avoir pu rassembler tant de **beaux témoignages de vie.** Ils sont crédibles car spontanés et directs et ils portent sur les parcours, souvent difficiles mais d'autant plus riches, **de femmes solides et aimantes, responsables et généreuses.***

*À l'heure où les féministes en appellent à la libération de la femme par divers moyens plus ou moins artificiels, j'ai l'impression que ces femmes-là se sont pleinement **accomplies**, elles qui ont choisi librement de s'engager avec un homme sur un chemin inconnu mais dont elles savaient qu'il serait toujours accidenté et parfois bordé de précipices…*

Qu'elles le disent expressément ou qu'elles le laissent entendre, il me semble aussi que beaucoup d'entre elles ont été heureuses à travers un **bel amour**.

Je crois enfin que **la maternité** *multiple, avec les joies et les peines qu'elle procure, a largement contribué à les épanouir, d'autant plus que beaucoup ont choisi de sacrifier une carrière à l'éducation de leurs enfants.*

En résumé, vue à travers celles-ci, la femme de soldat me semble souvent et pleinement incarner (même celle qui se dit pas explicitement chrétienne) ***la femme forte de la Bible.***

C'est un honneur pour moi d'avoir rencontré beaucoup d'entre elles et d'avoir, parmi elles, beaucoup de vraies amies. Les plus anciennes m'avaient connu « ours, voire un peu macho » au début de ma carrière. Sans le savoir, elles ont contribué indirectement au fil des ans, après ma femme, à l'affinement de ma formation d'homme. Je leur dois beaucoup.

Reconnaissance…

Les mots qui précèdent étaient exprimés à titre personnel.

Bien que je ne sois aucunement mandaté pour cela, je voudrais, pour terminer, leur exprimer collectivement, en tant qu'ancien chef militaire, la reconnaissance de la « Grande Dame » qui leur a tant demandé.

Pendant la guerre « de quatorze », un slogan courait les tranchées : ***« Pourvu que l'arrière tienne ! »***

Or, l'arrière, c'était essentiellement **les femmes** *qui élevaient les enfants, qui labouraient les champs, qui tenaient les entreprises, soignaient les blessés et tournaient les obus…*

Sous la devise « Ils ne passeront pas ! », la victoire de 1918 a été possible parce que les femmes de cette génération **ont tenu**.

Mais, dans des conditions différentes, leurs filles ont semblablement tenu dans les années noires de 1939 à 1945, et leurs petites-filles de 1946 à 1954, puis de 1954 à 1962… et depuis…

Quant à la génération actuelle, elle reste fidèle à la devise

« Ils sont là… Nous les soutenons… Ils partent… Nous assumons ! »

C'est grâce à toutes ces femmes que l'armée française a pu faire ce qu'on lui a demandé de faire.

– Elles ont d'abord accompli leurs tâches propres de femmes.
– Ensuite, elles ont remplacé, dans tous les domaines, les hommes absents.
– Enfin, elles ont soutenu moralement, de près ou de loin, leurs maris ou leurs fiancés.

C'est pourquoi, je fais entièrement mienne la conclusion du poème qui suit et qui dit en substance :

Ces médailles dont nous sommes si fiers ...
elles les mériteraient bien, elles aussi...
(L'une d'entre elles ajoute d'ailleurs malicieusement : « A eux le ruban... et à nous la croix »...)

Mesdames, faute de pouvoir vous décorer, permettez que, de la part de l'Armée et de la France... un grand Ancien vous dise modestement « Merci ».

Respectueusement et affectueusement à vous toutes.

Jean Delaunay

***

ARMEE DE TERRE
REPUBLIQUE FRANCAISE

ANNEXES

École spéciale militaire de Saint-Cyr
École Militaire Interarmes
École militaire du Corps Technique et Administratif
Le Général.

Coëtquidan le 1er juin 1982

Madame,

Étrange idée, direz-vous, que celle de m'adresser aux épouses d'officiers des Écoles de Coëtquidan. Il faut donc que je m'explique…

La date, d'abord, ne vous paraîtra pas de pur hasard. Dans quelques jours, ce sera la fête des mères.

Mais, venons-en au fond. Mois après mois, j'ai écrit à mes officiers, qui sont aussi vos maris, pour leur faire part de réflexions concernant la vie, leur vocation, leur métier de formateur aux Écoles.

Qu'est-ce que votre mari et, en général, qu'est-ce qu'un homme ?

Serait-ce un être qui aurait le corps, la sensibilité, le cerveau coupé en deux par une **cloison étanche** ?

D'un côté, « l'homme-métier » passionné pour sa fonction, y employant plus de la moitié des heures de sa vie et de ses pensées, et de l'autre, « l'homme-mari », « l'homme-père », voué à vous-même, à vos enfants, qui y consacrerait (je vous entends…) ce qui lui reste de temps ?

Je ne crois pas à cette cloison étanche. Bien sûr, il y a le jardin secret ; il existe, il doit exister, et je ne m'aventurerai pas dans ses allées qui doivent, pour votre bonheur à vous deux, être bordées d'arbres et de fleurs qui ont noms souvenirs, joies, épreuves, projets et rêves.

Je ne crois pas, dis-je, à une cloison étanche et même, bien souvent, les « rumeurs de la ville » atteignent votre jardin secret.

Autrement dit, Madame, vous êtes bien plus que « la moitié » de votre époux. C'est pourquoi j'ai pensé que les dix lettres écrites à votre mari seraient bien incomplètes si elles n'étaient pas complétées par une onzième.

***

Que vous dirais-je ? Qu'il faut vous remercier d'abord, et comme « il » a sans doute eu l'indiscrétion de lire cette lettre avant de vous la remettre, il le fera.

S'il est, le matin, dispos, en forme, prêt à attaquer la journée, et être, vis-à-vis de ses élèves, l'instructeur énergique, préparé, compétent et serein qu'il doit être, c'est à vous qu'il le doit, Madame.

Le premier objectif est donc de vous remercier alors que se termine une dure année scolaire, et que vous préparez peut-être le grand chambardement bi ou triennal qui va vous projeter je ne sais où, en France ou dans le monde.

***

C'est que votre rôle est bien plus important que vous l'imaginez.

Vous êtes celle qui écoutez, quelquefois sans entendre : ses lassitudes, ses doutes, le récit de ses fatigues, quelquefois celui de ses « campagnes »…

Vous êtes celle qui pardonnez, ses colères, ses absences, son désordre, ses treillis sales catapultés aux quatre coins de la chambre, ou bien ses rangers parachutés avec leur boue sur vos escarpins tout neufs… (pourtant, on n'en achète pas si souvent !)

Vous êtes celle qui regonflez parce que, je l'imagine, votre guerrier n'a jamais de faiblesse devant son public, ses cadres, ses élèves, mais sitôt le rideau baissé…

Enfin, et cela résume tout le reste, vous êtes celle qui est là, souriante même s'il ne l'est pas, réparatrice obstinée de son dynamisme, restauratrice discrète de sa « pêche » (comme il dit…).

***

Femme d'officier…

On dit aussi femme de marin, femme de médecin, ou femme de pilote…

On ne dit pas femme de vendeur de haricots ou de support–chaussettes…

À preuve qu'il y a pour les épouses de certaines vocations une dimension et une exigence singulières.

Ne voyez pas dans la lettre d'aujourd'hui un propos léger, badin ou anodin…

Je le crois au contraire essentiel. Il consiste à souligner combien, votre rôle est important dans la vie, le métier et la vocation de votre mari en particulier, et des officiers en général.

Comment du reste, le passer sous silence dans une École de formation où les côtés humains et éducatifs de notre tâche sont au minimum à égalité avec les aspects techniques et opérationnels.

Comment mieux attirer l'attention de vos maris sur le rôle que vous tenez à côté d'eux, sinon en m'adressant à vous qui l'assumez si bien, jour après jour ?

Comment mieux leur rappeler l'importance du choix que les élèves les plus jeunes feront un jour, sinon en leur faisant sentir, par votre intermédiaire, combien ce choix a eu d'importance dans votre propre vie ?

Comment leur faire comprendre aussi que leur rôle d'éducateur s'étend aussi à ce domaine, sinon par l'exemple que vous leur donnez chaque jour ?

***

Tels étaient les objectifs de cette lettre.

Pardonnez-moi s'ils vous ont paru sortir du cadre habituel de quelque discours de circonstances fait à l'occasion de la « fête des mères ».

N'en retenez alors, s'il vous plaît, que les remerciements du général à celles qui contribuent pour beaucoup, à la vie et à la réussite des Écoles dans l'accomplissement de leur mission.

Général Gilbert Forray

***

HOMMAGE A NOS ÉPOUSES

(*Extrait d'un bulletin de la Promo « Extrême-Orient »*)

Sans la diversité, la vie serait austère
Disait joyeusement la femme d'un militaire.
Privée d'un foyer fixe, sans jamais de répit,
Elle s'arrête partout où il pend son képi.
Dans une garnison ne reste que le temps
De faire quelques bonnes œuvres et d'avoir un enfant.
Elle loge en des maisons manquant parfois d'espace
Ou dans des H.L.M., jamais dans un palace.
Défait mille paquets et, quel que soit le temps,
Pose de la moquette entre deux accouchements.
Elle déplace les meubles ou prépare les lits,
Suspend là des rideaux faits d'anciens couvre-lits :
Chaque fois qu'elle déménage, pendant qu'il caracole,
Bébé a la coqueluche ou alors la rougeole.
Rien ne l'étonne plus car elle a tout appris,
Se faire belle, avoir du charme et de l'esprit.
Récite les traditions et chants du régiment,
À bientôt en mémoire sa gloire et ses victoires,
Danse avec des lieutenants, parfois entreprenants,
Avec le colonel, empli de sentiments,
Avale cent breuvages : gin ou whisky ou bière,
Modérément, bien sûr, « prend garde à sa carrière ».
Sa maison est toujours prête aux cérémonies
Mais il donne les chèques avec parcimonie.
Elle doit savoir chez elle accueillir à toute heure,
Peu importe le nombre d'amis, de visiteurs.
Une fois par mois, au moins, sonnant et trébuchant,

Elle a pour un festin ce qu'il lui faut d'argent.
Pourtant économise pour sa tenue ad hoc.
Le soir faufile sa robe pour ne pas être en loque
Et, lorsqu'elle a fini de payer l'uniforme,
La règle en a changé et rien n'est plus conforme.
Tantôt a domestiques, vit comme une princesse,
Et tantôt elle est seule à mener sa grossesse.
Et, par dessus tout ça, quand il part au combat,
Le vrai, car aujourd'hui ça arrive parfois,
C'est elle qui fait marcher la maison, les enfants
Et supporte sans plainte ce souci lancinant
D'apprendre une nouvelle
Qui mettrait une fin à ce qui est leur route.
Mais tout se finit bien et, au soir de sa vie,
Reste le boute-en-train de toute la compagnie.
Vieille dame énergique et jamais fatiguée,
Tout de même bien usée par trente années d'armée.
Et quand au bout du compte, lorsque la fin approche,
Elle ne regrette rien.
Reçue au front des troupes, au mérite, au malheur
Ou à l'ancienneté, malgré notre valeur,
C'est elle qui la mérite cette Légion d'honneur!

***

LA FEMME DE SOLDAT
Fable

Le Bon Dieu était en train de créer un modèle de « femme de soldat » et en était à son sixième jour de travail supplémentaire quand un ange apparut et lui dit : « Seigneur, il semble que Vous avez là beaucoup de soucis. Qu'est-ce qui ne va pas avec ce modèle ? ».

Le Seigneur répondit : « Avez-vous vu les instructions concernant cette commande ? Cette femme doit être totalement indépendante, posséder les qualités à la fois du père et de la mère, être une parfaite hôtesse pour quatre invités comme pour quarante, avec une heure de préavis, « marcher » au café noir, parer à toute urgence, sans manuel, être capable de poursuivre ses activités allègrement, même si elle est enceinte et grippée ; vouloir bien déménager dans un nouvel endroit dix fois en sept ans, et puis, elle doit avoir quatre bras ».

L'ange secoua la tête : « Quatre bras ? Impossible. »

Le Seigneur poursuivit : « Ne vous en faites pas. Nous ferons d'autres femmes de soldats pour l'aider. Et nous la doterons d'un cœur particulièrement fort pour qu'il puisse se gonfler de fierté au récit des exploits de son mari, supporter la douleur des séparations, battre régulièrement quand elle est débordée et fatiguée et être assez grand pour dire « je comprends », quand elle ne comprend pas, et « je t'aime », sans réserve ».

« Seigneur », dit l'ange en lui touchant le bras doucement, « allez Vous coucher et prenez un peu de repos. Vous pourrez terminer demain ».

« Je ne veux pas m'arrêter maintenant, dit le Seigneur. Je suis si près de réussir à créer quelque chose d'unique. Déjà ce type de femme guérit tout seul quand il est malade, peut héberger six invités imprévus pour le week-end, dire au revoir à son mari sur un quai, une piste ou une gare et comprendre pourquoi c'est important qu'il parte ».

L'ange fit le tour du modèle de « femme de soldat », la regarda de près et soupira : « Elle a l'air bien, mais elle est trop douce ».

« Elle a l'air peut-être trop douce, répliqua le Seigneur, mais elle a la force du lion. Vous n'imaginez pas tout ce qu'elle est capable de supporter. »

Finalement, l'ange se pencha et fit courir son doigt sur la joue de la création de Dieu : « Il y a une fuite, quelque chose ne va pas dans cette construction, annonça-t-il. Mais je ne suis pas surpris qu'il y ait une fissure, dit-il, Vous essayez d'en mettre trop dans ce modèle ».

Le Seigneur parut offensé par le manque de confiance de l'ange. « Ce que vous voyez, n'est pas une fuite, dit-Il. C'est une larme ».

« Une larme, demanda l'ange. Pourquoi donc ? »

Le Seigneur répondit : « C'est pour la joie, la tristesse, la douleur, la déception, la solitude, la fierté et c'est aussi une dédicace à toutes les valeurs auxquelles son mari et elle-même sont attachés ».

« Vous êtes un génie », s'exclama l'ange.

Le Seigneur parut embarrassé : « Cette larme, ce n'est pas Moi qui l'ai mise là, dit-Il ».

Commandant Loisy

***

INFORMATION SUR LES ASSOCIATIONS D'AIDE AUX FAMILLES MILITAIRES

ANFEM
Association Nationale des Femmes de Militaires
30 rue Bellechasse 75007 Paris - 00450 ARMEES
Tel : 01 42 19 69 42
Courriel anfem@free.fr Site www.anfem.org

***

ARIA
Association de Réflexion, d'Information et d'Accueil des familles de militaires en activité
19 boulevard de la Tour Maubourg
75007 Paris
Tel : 01 44 42 41 44 - PNIA 821 753 41 44
Courriel aria.paris@wanadoo.fr
Site www.aria-paris.org

***

Association pour le Développement des Œuvres d'entraide dans l'armée (ADO)
Ministère de la Défense
Fort Neuf de Vincennes
BP 104 - 00 481 Armées
Tel 01 41 93 35 04 - Fax 01 41 93 38 43
Courriel : ado. Paris @ wanadoo.fr

***

FRANCE-VALEURS

3 rue Bernard de Ventadour - 75014 Paris
Tel : 01 45 43 14 49
http/. WWW.francevaleurs.org

Après la parution de son premier livre : « *La Foudre et le Cancer* » en 1985, le général Delaunay a fondé en 1986 l'association France-Valeurs dont il est toujours président.

***

France-Valeurs cherche à identifier, définir et promouvoir les Valeurs Humaines qui permettent aux personnes et aux sociétés de « tenir debout », notamment le courage, le sens de l'honneur et de la responsabilité, celui de l'autorité conçue comme un service, la générosité, le civisme, l'attachement à la famille et au patrimoine national.

Elle a rédigé sur ce thème un argumentaire intitulé : « *Des munitions pour le combat des idées* ». Elle publie une *Lettre* bimestrielle dans le même esprit et son site internet présente le résultat de plus de 15 années d'études et de réflexions mises au point à l'occasion de nombreuses conférences.

Les droits d'auteur de cet ouvrage seront reversés à l'association France-Valeurs.

***

REMERCIEMENTS

J'exprime ma gratitude amicale à toutes les personnes, les femmes notamment, qui ont pris la peine de m'adresser leurs témoignages. Ce sont ceux-là qui font l'intérêt du livre.

J'ai essayé d'en présenter le maximum mais j'ai été souvent forcé d'y opérer des coupures, j'espère sans en altérer l'esprit.

Je suis confus d'avoir dû en écarter quelques-uns, pour cause de double emploi patent.

Je remercie les membres du Comité de Lecture qui ont bien voulu relire mon ébauche de manuscrit en me conseillant pour ordonner ces inestimables documents. Parmi eux, je suis heureux de citer Madame André Faure. Son aide attentive et sa connaissance du milieu m'ont été particulièrement précieuses.

J. D.

***

SOMMAIRE

Achevé d'imprimer par Corlet Numérique - 14110 Condé-sur-Noireau
N° d'Imprimeur : 25972 - Dépôt légal : septembre 2005 - *Imprimé en France*